十二か月の

# 和の小箱と飾り物

飾って使える 愛らしいひとそろい

西浦美喜子

## はじめに

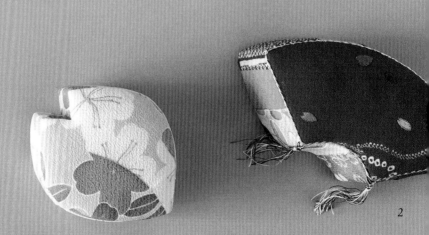

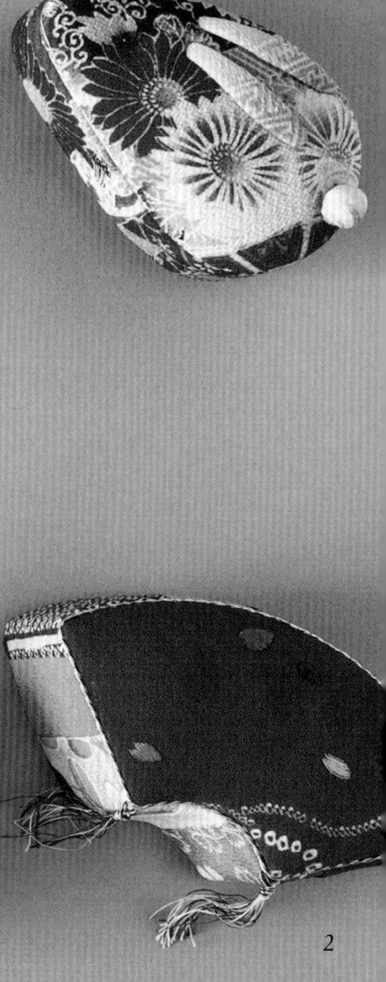

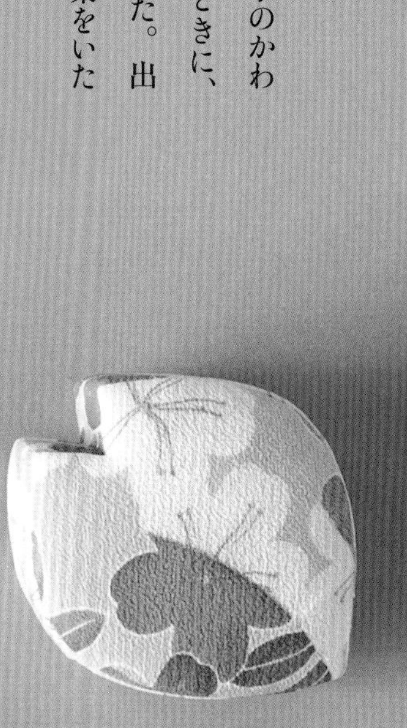

私が箱作りを始めたのは、大阪の浜寺にあるギャラリーで入れ子のかわいい古作の小箱を見たのがきっかけです。作ってみたいなと言ったときに、ギャラリーのオーナーさんが大事な小箱を快く貸してくださいました。出来上がった小箱をお持ちすると大変喜んでくださり、励ましの言葉をいただいた時から箱作りが楽しくてずっと続けています。

ちりめん細工をしておりますといろいろな布が集まってきます。色も手触りもすばらしい江戸ちりめん、ちりめん、綸子などの表地。長襦袢や羽織の裏地のかわいい柄、楽しい柄、粋な柄、特に男物の隠れたおしゃれには驚かされます。これらの古布は見ているだけで嬉しくなり、大好きです。小さい小さいはぎれも捨てられません。

もうひとつ捨てられないものが菓子箱です。皆さんも捨てられずに何個もお持ちではないでしょうか。ふたに布をはると楽しくてよいのですが、側面にもはると上下が合わなくなってしまいます。そこで箱も布も好きで

かわいいものを使いたい、という望みを解決するのが自分で作る布箱です。自分で作ると丸、三角、四角、大きさも深さも思い通りに作ることができます。

表には好きな布や思い出の布を使い、ふたをあけると「わっ！かわいい！すてき」と思わず声がでるような裏地を使ってみてください。捨てられない洋服や着物もアレンジ次第で使えます。祖母や母の着物や帯も箱に作り替えて、兄弟姉妹にプレゼントすればきっと喜ばれることでしょう。厚みのある紙を切るのは少し大変ですが、出来上がりはきっと満足していただけるかと思います。

この本では、実用的な箱に飾りの要素をプラスして、飾って使える小箱にしました。手のひらに乗る小さなものですが、ひとつあるだけで嬉しくほっこりとするような、そんな小箱たちになることを願っています。

西浦美喜子

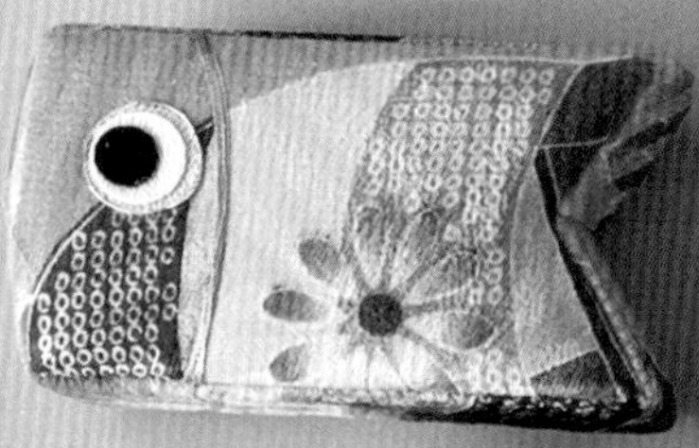

# 目次

はじめに　2
箱の種類　6
箱のパーツの名称　7
いちばんシンプルな箱　8

1月＊十二支の箱　10
丑の作り方　14

2月＊節分の箱　16

3月＊ひな祭りの箱　18
おひな様の作り方　20

4月＊お花見の箱　22、24

5月＊端午の節句の箱　26

6月＊ジューンブライドの箱　28

7月＊七夕の箱 30

8月＊夏の涼の箱 32

9月＊重用の節句の箱 34

10月＊秋の夜長の裁縫箱 38

11月＊秋の和菓子箱 40、42

12月＊クリスマスの箱 46

つまみ細工の作り方 36

押し絵の作り方 37

五色豆の作り方、円柱の和菓子の作り方 44

半円の和菓子の作り方 45

基本のふっくらふた上の作り方 48

中をくり抜くぺたんこふた上の作り方 49

一段下がりのふたの作り方 50

基本のかぶせぶたの箱の作り方 51

のせぶたの箱の作り方 54

印籠ぶたの箱の作り方 56

巻き箱の作り方 60

道具と材料 62

作品の作り方 65

# 箱の種類

ふたの形状によって4種類の箱の形を掲載しています。

## かぶせぶたの箱

いちばんよくあるタイプの箱。身（ふたではなく、物を入れるほう）よりもふたがひと回り大きくなっていて、すっぽりとかぶさる形です。作りやすくて実用的、ふたもあけやすいのが特徴です。

## 印籠ぶたの箱

薬籠ぶたとも言います。ふたと身の口がぴったりとくっつくので密閉性があります。印籠タイプには身の内側に立ち上がりがあるものと、ふたの内側に立ち上がりがあるものがあります。

## のせぶたの箱

身と同じサイズのふたが乗っているだけの箱。ふたの裏に身の内寸に合わせて桟をつけると、四方桟というふたになります。桟がついたのせぶたの紹介をしています。

## 巻き箱

ふたではありませんが、身を平らなパーツでくるんでひもでしばる形です。和菓子の箱などによく使われています。ひもを止める金具が必要になりますが、ほかの箱とは形が違うので楽しさがあります。

# 箱のパーツの名称

箱にはパーツが多いので、名称を覚えておくと便利です。

## 身

物を入れる側を身と言います。

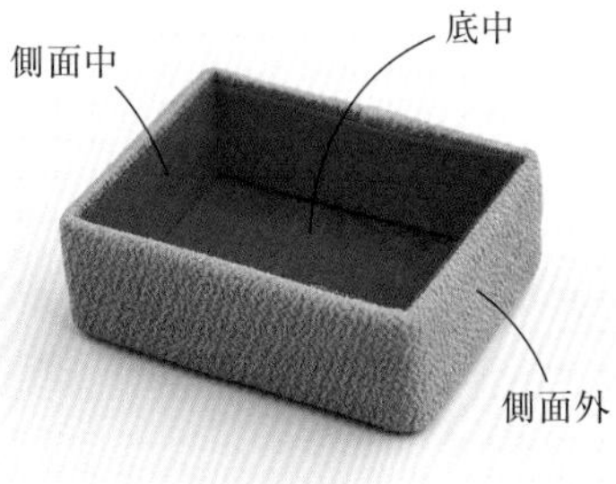
側面中
底中
側面外

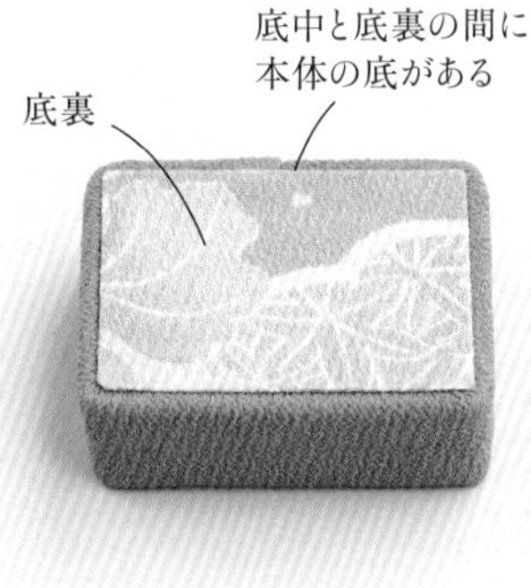
底中と底裏の間に
本体の底がある
底裏

側面中と底中はケント紙に布をはって作ります。側面外は厚紙（板目表紙）に薄手キルト綿を巻き、布をはります。布に両面接着シートをはっておき、アイロン接着すると簡単です。中と外はボンドではり合わせます。印籠ぶたは、身かふたのどちらかの側面中をのばして立ち上がりにします。

底裏はケント紙に布をはって作ります。布に両面接着シートをはっておき、アイロン接着します。本体の底は見えませんが、厚紙（板目表紙）をサイズにカットして側面外の内側に入れてボンドではります。

## ふた

ふたの種類はいろいろありますが、基本的なパーツはほぼ同じです。

### のせぶた

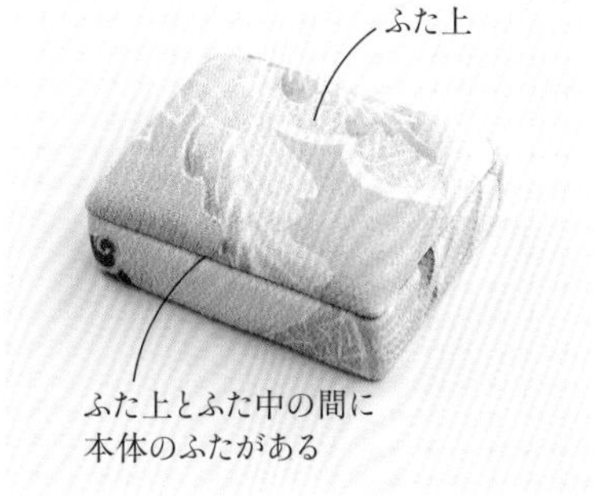
ふた上
ふた上とふた中の間に
本体のふたがある

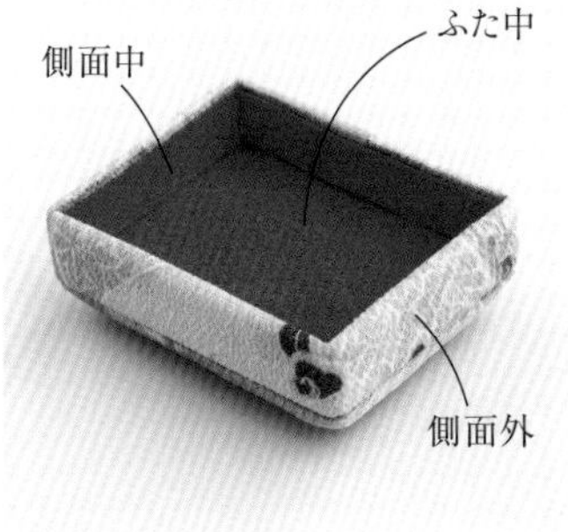
ふた中
側面中
側面外

のせぶたの桟

ふた上は厚紙（板目表紙）にキルト綿を3枚重ね（重ねないタイプもあります）、布をはって作ります。布に両面接着シートをはっておき、アイロン接着します。本体のふたは見えませんが、厚紙（板目表紙）をサイズにカットして側面外の内側に入れてボンドではります。

側面中とふた中はケント紙に布をはって作ります。側面外は厚紙（板目表紙）に薄手キルト綿を巻き、布をはります。布に両面接着シートをはっておき、アイロン接着します。

桟のあるのせぶたです。ふたにふた中をはり、ふた中に合わせて桟をはります。厚紙（板目表紙）を細くカットして2重にし、布でくるみます。布に両面接着シートをはっておき、アイロン接着します。

# いちばんシンプルな箱

上から印籠ぶたの箱、のせぶたの箱、かぶせぶたの箱。シンプルな長方形で、少し小さめ。同じサイズでもふたの形状によって微妙に変わります。まずはここから始めて基礎を覚えてみても。

印籠ぶたの箱 5.3×6.8×4cm　のせぶたの箱 5.3×6.8×3cm
かぶせぶたの箱 5.3×6.8×2.5cm
作り方 —→ 66ページ

印籠ぶたは身側に立ち上がりをつけたタイプです。印籠ぶたとかぶせぶたの深さはほぼ同じですが、印籠ぶたは身とふたが突き合わさるので背が高くなります。のせぶたはふたに高さがないので、身を少し深くしています。

# 1月
## 十二支の箱

一年の始まりは、おめでたい柄の鶴と季節を合わせて椿柄の布を使いました。黒地がきりりと気持ちまで引き締めてくれそうです。ふたをあけると愛らしい十二支が並んでいます。本体の形はすべて同じで、耳や角などのパーツで十二支をあらわします。十二支が動いてしまわないように、きちんと仕切りも作ります。

箱 17×13×3.5cm　十二支 直径 3cm
作り方 ―→ 14、68ページ

## 子

丸い耳と前歯がポイントです。少ないパーツで特徴を捉えて作ります。

## 丑

いちばんの特徴は、白黒模様。自由な形にカットした黒ちりめんをはるだけです。

## 寅

虎縞模様はペンで描きます。ちょっととぼけた表情がかわいいポイント。

## 卯

耳の立ち上がり具合はお好みですが、箱に入れることを考えて。

## 辰

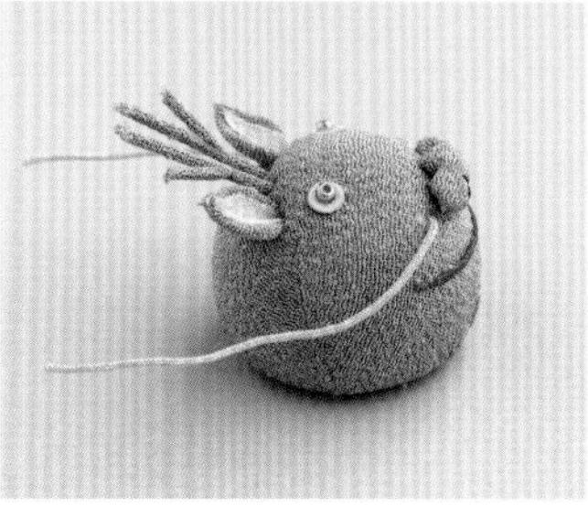

金色ビーズの目がぴったりです。口もほかの動物に比べて大きめに。

## 巳

巳の細長い形は難しいので、押し絵で表現することで、かわいくできます。

## 午

たてがみと手綱、顔の中心に入れた白いラインで午らしく見えます。

## 未

黄色みのある白とやさしい顔で、未らしい柔らかさをだします。

## 申

頭の飾りは孫悟空の緊箍児（きんこじ）。ここではかわいい飾りとして。

## 酉

立派なとさかと肉だれが特徴です。いまにも鳴きだしそうなイメージで。

## 戌

垂れ耳にちょっぴり困り顔がかわいい戌。愛犬に似せて作っても。

## 亥

布の柄をうまくいかしました。布をはって柄を作ってもかまいません。

# 丑の作り方

胴、耳、角、目などのパーツの作り方は、形は違っても共通です。

**材料**

胴用（耳、底分含む）、牛模様用、角用、鼻用（内耳分含む）ちりめん各種　直径0.2cm組ひも2.5cm　直径0.15cmビーズ2個　28番ワイヤー10cm　直径3cmスチロール球1個　両面接着シート、穴糸、薄手キルト綿、ケント紙各適宜

実物大型紙と構成図は70ページ

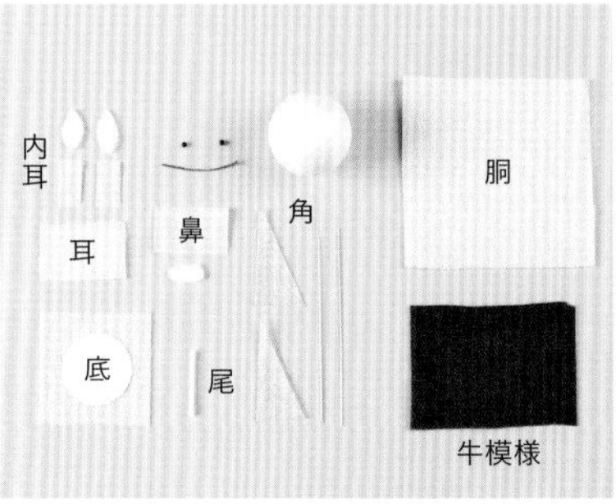


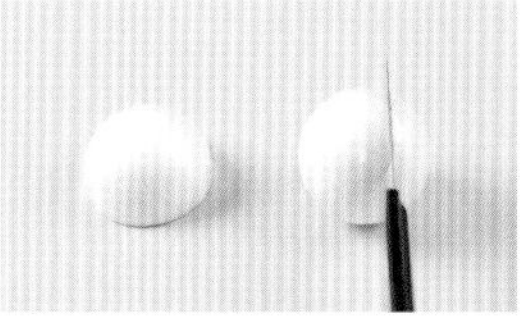

1　ちりめんの裏にはすべて両面接着シートをはります。耳と鼻には薄手キルト綿を重ねます。スチロール球は1/3あたりでカットし、底を平らにします。

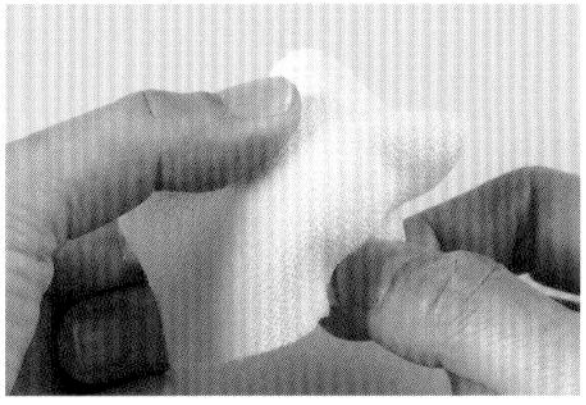

2　胴用ちりめんにアイロンをかるくあて両面接着シートの剥離紙をはがします。スチロール球に筆でボンドをぬり、ちりめんを重ねて引っ張りながら球に沿わせてくるみます。

3　余分なちりめんをカットしてアイロンをあて、なじませます（44ページ参照）。アイロンを長くあてすぎるとスチロール球がとけるので注意してください。

4　底のケント紙をちりめんでくるみます。折り代0.3cmほどをつけて底に合わせてカットし、アイロンで折り返しながらはります（48ページ参照）。

5　鼻をケント紙に薄手キルト綿を重ねて底と同様にくるみ、表から目打ちで穴をあけます。

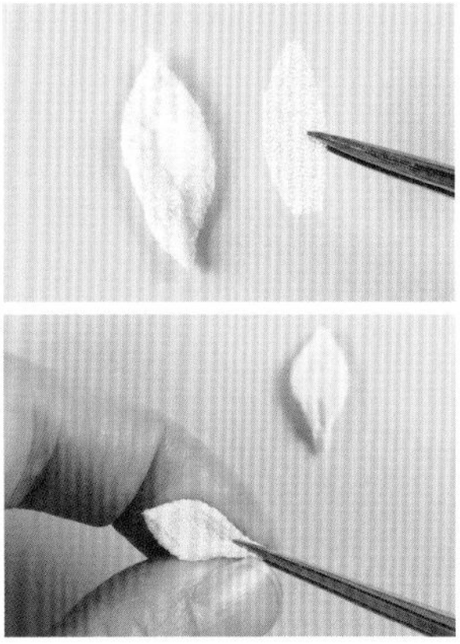

6　耳をケント紙に薄手キルト綿を重ねて鼻と同様にくるみます。裁ち切りの内耳を重ねてはり、下側をピンセットと指でつまんで細く形をつけます。

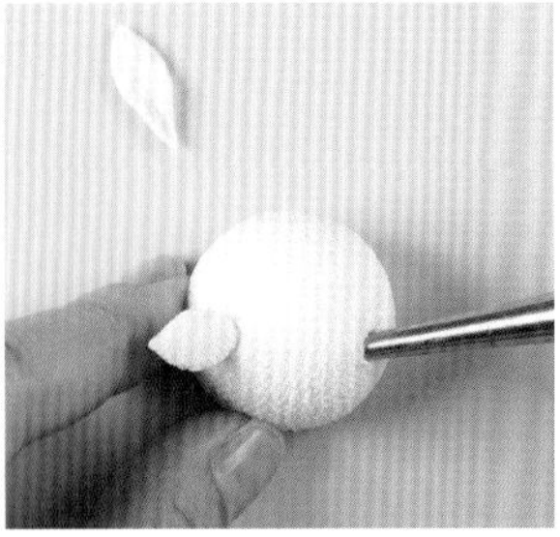

7　胴に太い目打ちで、中心よりも少し後ろの位置に穴をあけます。穴にボンドをつけ、耳を内耳を下向けてさし込みます。

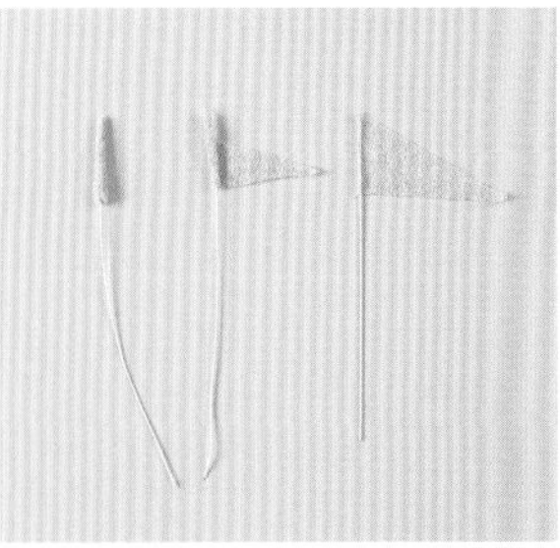

8　角を作ります。角用のちりめんにアイロンをかるくあてて両面接着シートの剥離紙をはがします。ワイヤーを端に合わせてくるくると巻きます。

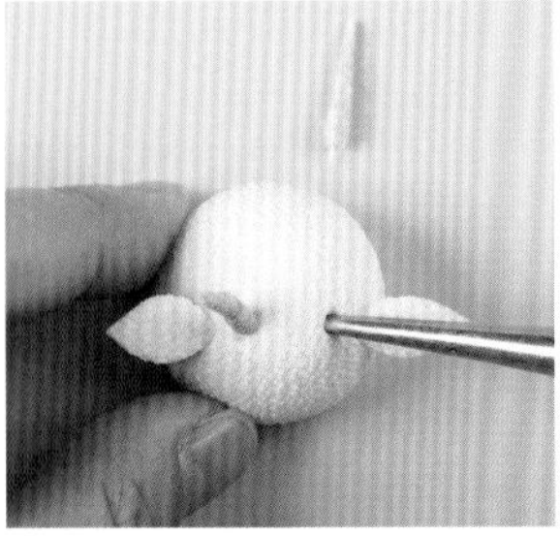

9　耳の横に太い目打ちで穴をあけて内側にボンドをつけます。余分なワイヤーをカットした角をさし込みます。

10　角を内側に曲げて形を作ります。

11　尾の先を目打ちで0.5cmほどほぐし、油性ペンでほぐした部分に色をつけます。

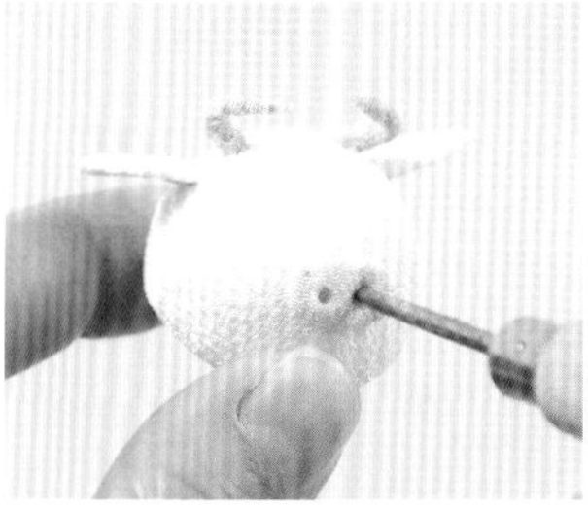

12　鼻にボンドをつけてはり、目打ちの先にボンドをつけて鼻の穴にさし込んでしっかりと穴をあけます。

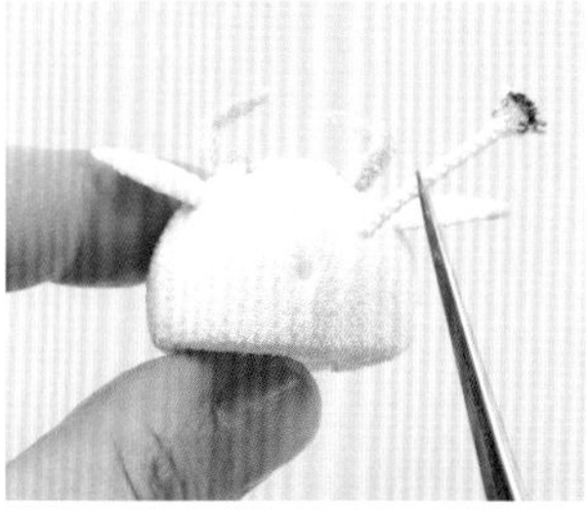

13　後ろに目打ちで穴をあけてボンドをつけ、尾をさし込みます。

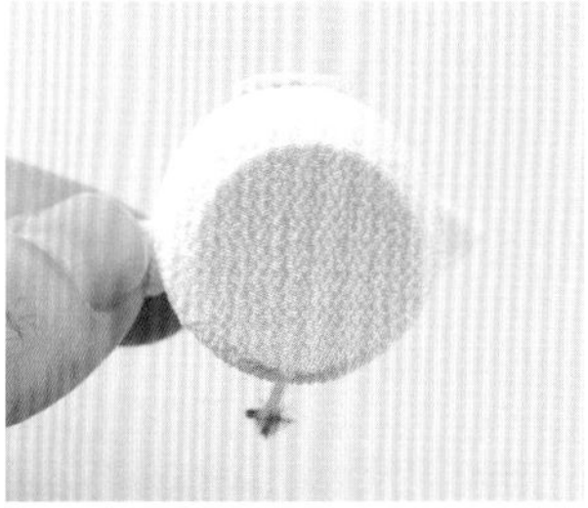

14　底にボンドをつけ、胴にはりつけます。

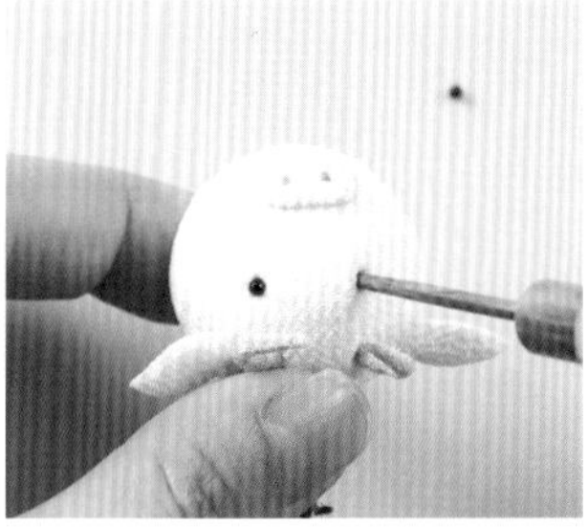

15　角の下に目をつけます。目打ちで穴をあけてボンドをつけ、目のビーズを入れ込みます。

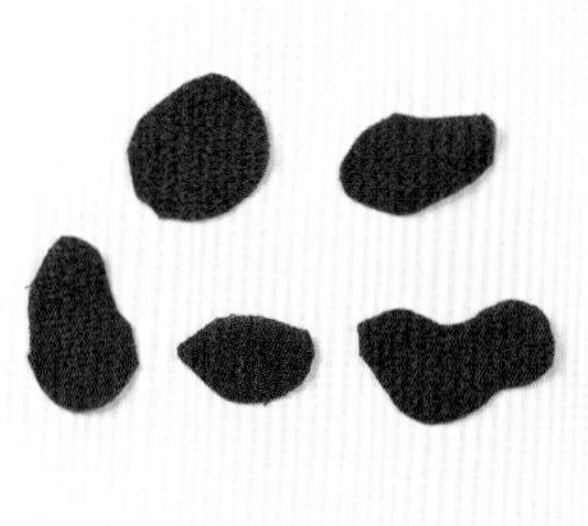

16　牛模様を自由にカットします。大きさや形がばらばらになるようにします。

17　両面接着シートの剥離紙をはがし、好きな場所に模様を合わせてアイロンではります。

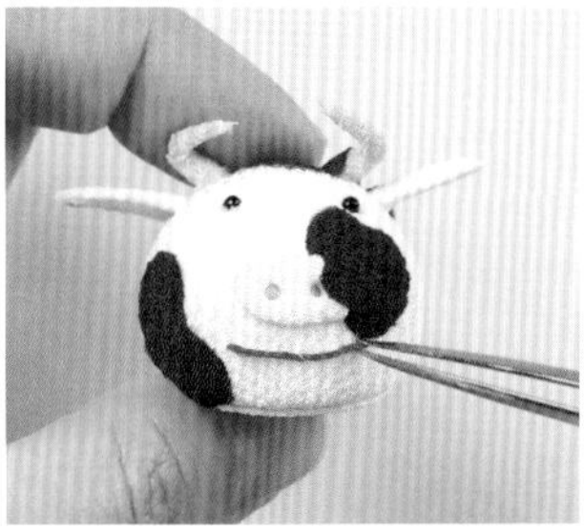

18　穴糸にボンドをつけて口の位置にはります。これで完成です。

# 2月
## 節分の箱

鬼は外、福は内。お多福の箱で遊んでみませんか。特徴のあるぷっくらとしたほっぺと顔の形は、箱にしてもお多福だとわかります。箱の中には仕切りを作って五色の豆を入れました。スチロール球をちりめんでくるむだけで簡単にかわいく作れます。箱の内側の布も、お多福と鬼柄で遊んでみました。

箱正面 8.8×9×4cm　横向き 8.5×7.7×4cm
五色豆 直径1.3cm
作り方 ―→ 44、74、76 ページ

# 3月

## ひな祭りの箱

縁起のよい扇形の箱は、おひな様の収納箱と飾り台を兼ねています。箱から出してふたの上に飾るだけで、桃の節句の出来上がりです。側面は繧繝《うんげん》柄のように布を接ぎ合わせて房飾りをつけて華やかに。片付けるときもおひな様をやわらかい布や紙に包んで箱に入れるだけなので簡単です。この小さな箱があるだけで華やかになります。

箱 14×7.5×5.5cm　おひな様 高さ4～5cm

作り方 ── 20、79ページ

# おひな様の作り方

男びなと女びなは、いちばん上の着物の巻き方と小物以外は同じ作り方です。

**材料（1体分）**

着物用（袖、着物の衿分含む）、衿2種（1種は底、袴分含む）、ふき、扇用（男びなは烏帽子と笏）ちりめん各種　顔用、衿用絹各種　直径3cmスチロール球バラ芯1個　おもり（釣り用などでOK）1個　釵子1個（女びな）　直径0.1cm組ひも15cm（男びな）　すが糸（女びな）、絹糸（女びな）、薄手キルト綿、ケント紙、両面接着シート各適宜

実物大型紙と構成図は79ページ

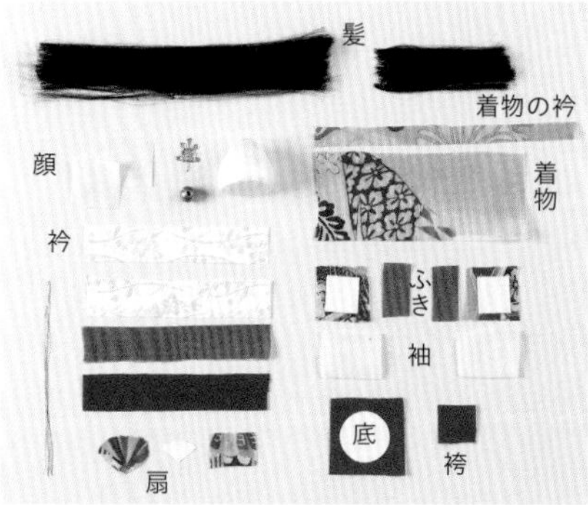


1　ちりめんや絹の裏には顔用以外すべてに両面接着シートをはります。袖には薄手キルト綿を重ねます。女びなのすが糸は7cmにカットして片側をボンドで固めたものを幅5cm、16cmにカットして中心にミシンステッチをかけて押さえたものを幅5cm用意します。

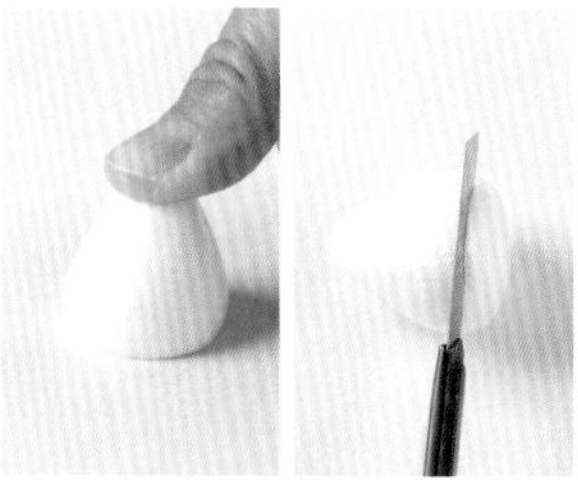

2　バラ芯の底部分をカットし、頂点を押さえてつぶします。

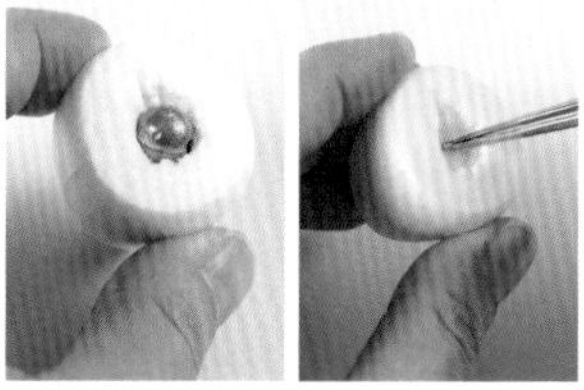

3　バラ芯の底にピンセットなどで穴をあけ、おもりを入れます。

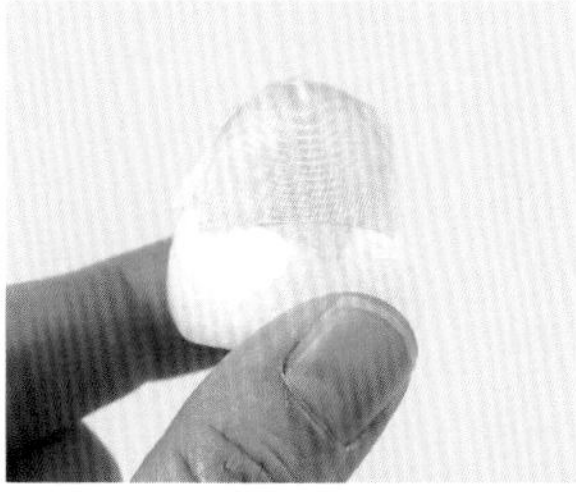

4　芯上部にボンドをつけて顔用の布を2枚重ねてはります。

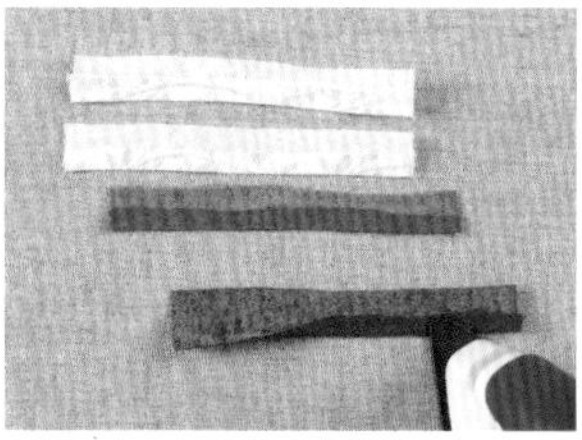

5　衿の両面接着シートの剥離紙をはがし、1/3を折ってアイロンではります。

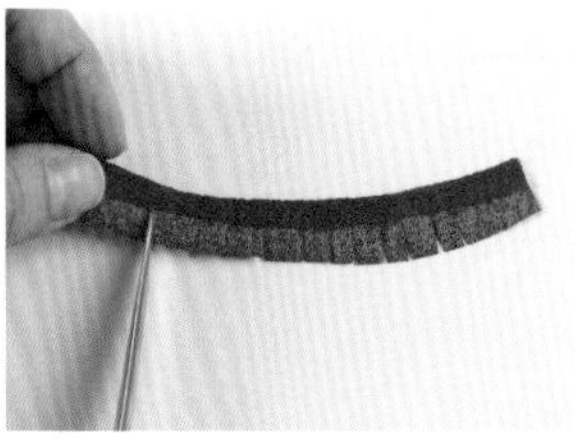

6　衿の1/3に切り込みを入れます。

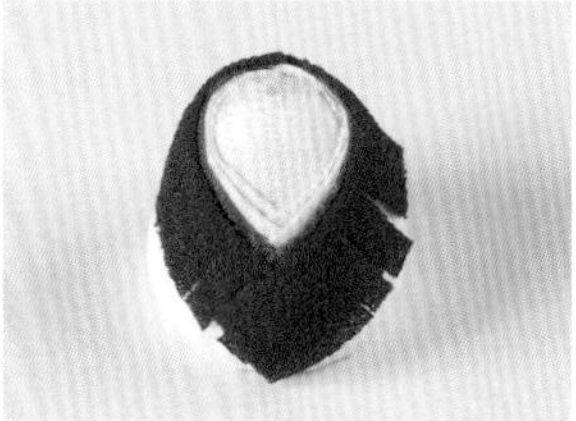

7　衿を白2枚、オレンジ、赤の順に巻き、少しずつずらして重ねてはります。衿を半分にカットして右側左側と別々にはってもかまいません。

8　衿の下側に袴をはります。

9　着物にアイロンをあてて両面接着シートの剥離紙をはがし、衿の上に巻いてはります。女びなは袴が見えるように前をあけて巻き、男びなはぐるりと脇まで重ねて巻きます。底に折り込む分を残して余分をカットします。

10　かるくアイロンをあてて底にはります。

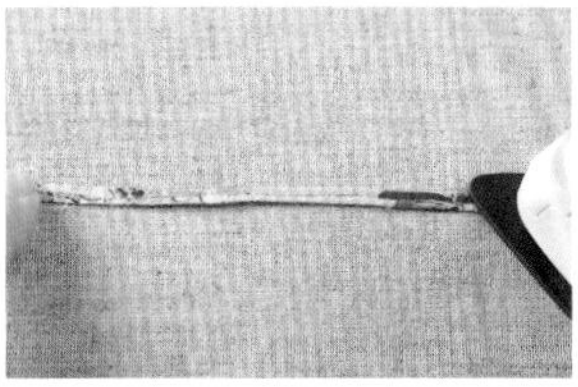

11　着物の衿を作ります。両面接着シートの剥離紙をはがし、三つ折りしてアイロンではります。

12　後ろから、着物の端に合わせてボンドではります。女びなは底に折り込み、男びなはぐるりと巻いて脇で余分をカットします。

13　底のケント紙をちりめんでくるんで作ります。底にボンドをつけ、はります。

14　袖のケント紙に薄手キルト綿を重ね、ふきの両面接着シートをはがして袖の片側をくるんではります。裏（ケント紙側）に布を1/3折り返すくらいです。

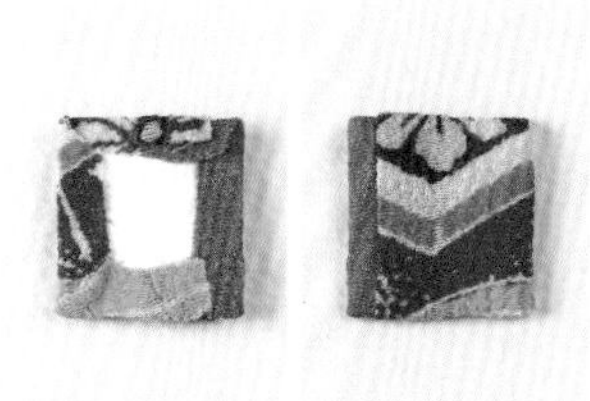

15　袖の袖口側を少し折り、ふきの上に重ねてくるんではります。

16　脇にボンドで袖をはります。

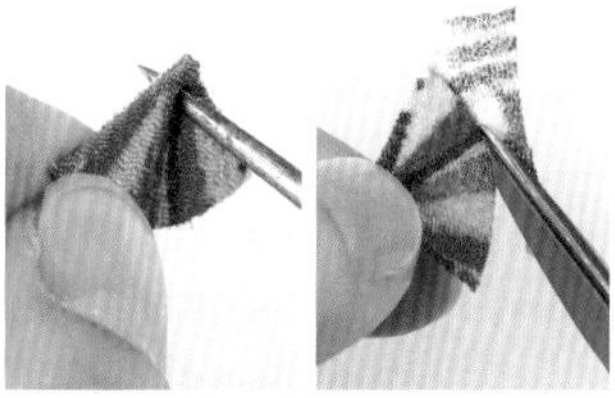

17　扇を作ります。ケント紙に表側の布をはってくるみます。裏側の布もはって形に合わせて余分な布をカットします。要部分に目打ちで穴をあけます。男びなの笏も同様に作ります。

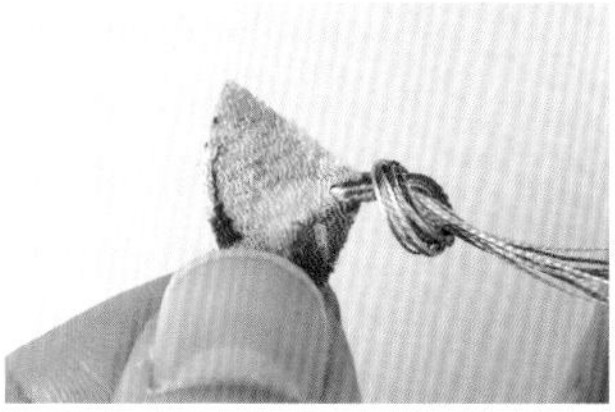

18　5色の絹糸を束ね、先にボンドをつけて細く固めます。要の穴に通してひと結びし、適当な長さでカットします。

19　短い方のすが糸を三等分し、頭の後ろ中央、その左右の順にはります。

20　長い方のすが糸を縫い目を中心にして上に重ね、ボンドではります。

21　歯ブラシですが糸をとかしてアイロンをかけて落ちつかせ、胴体と一緒にティッシュペーパーで巻きます。底に合わせて髪をカットしてボンドをつけてとめます。髪が落ちつかない場合は、水で溶いたでんぷんのりをつけてもかまいません。

22　扇をボンドではり、頭に釵子をさし込んで顔をペンで描けば完成です。男びなは烏帽子の両側に組ひもをボンドでつけ、前でリボン結びをしてボンドではります。

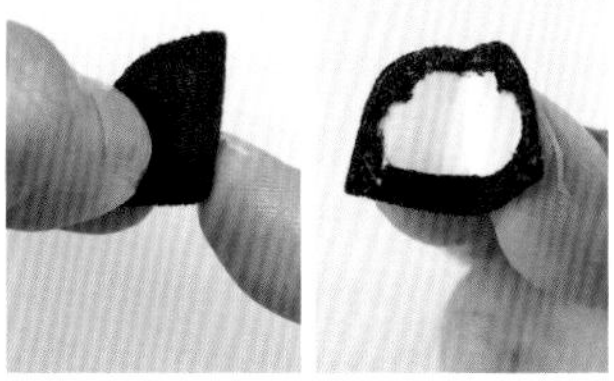

23　男びなの烏帽子を作ります。ケント紙に布をはり、底以外の裏にボンドをつけて二つ折りしてはり合わせます。輪になっている部分の下側を指で押してへこませれば完成です。

# 4月

## お花見の箱

桜の花びら形にすると、とても愛らしい箱になりました。ひとつでもとてもかわいいですが、5つ並べて桜の形にしてもすてきです。もちろん使っているちりめんは桜柄。中には薄い不織布で包んだ干菓子を入れました。作り方は44ページの五色豆と同じですが、グラデーションのちりめんや2色を組み合わせています。

箱 9.6×8.6×4.5cm　干菓子 直径1.3cm

作り方 ── 44、48、51、82ページ

お花見に持って行くような丸い三段重の箱は、桟つきののせぶた仕様です。こちらも華やかに桜柄を使いました。一の重と二の重の底にも桟をつけてしっかりとはまるようになっています。お花見さながら、布で作ったお寿司などを詰めて遊んでみても。後ろのお重のように、布の接ぎ目に縦に金糸をはってアクセントにしてもきれいです。

箱手前 高さ7.5cm 直径7.5cm
作り方 —→ 54、84ページ

# 5月

## 端午の節句の箱

空高くおよぐこいのぼりの箱です。真鯉、緋鯉、子鯉と大中小の入れ子になっています。外側はこいのぼりのように鮮やかな柄の布を使い、内側は端午の節句らしくきりりとしたシックな柄の布を合わせました。入れ子はぴったりの寸法にするのがポイントですが、布の厚みなどによっても変わってくるので、微調整をしながら作ってください。

大 7.5×13×4.5cm　中 6×10.5×3.5cm　小 4.5×8×2.5cm
作り方 —→ 85ページ

# 6月
# ジューンブライドの箱

6月の花嫁は幸せになれるという言い伝えから、つまみ細工で飾ったリングピローならぬリングボックスにしました。真っ白なウエディングケーキのように大きな花を咲かせるか、小さな花で埋めつくすかはお好みで。内側は綿を入れてふっくらとさせたリングピローです。ふたと身の口がぴったりと合う印籠ぶたになっています。36ページでつまみ細工の作り方を解説しています。

8×11×5cm

作り方 —— 36、88ページ

# 7月

## 七夕の箱

星形というだけで目を引きますが、さらにふたが透明になっていて中の飾りが見える楽しい仕様です。中には七夕の笹や短冊などを入れてそのままでも、出して飾ってもかわいいセットです。箱の側面は星のとんがりごとに黄色の布を変えて華やかに。星のとんがりをきれいに布でくるんで角を出すようにしてください。

箱 15.5×15×5.5cm　笹 長さ14cm

作り方 —→ 91ページ

# 8月

## 夏の涼の箱

暑い夏の日でも凛と涼しげに咲く桔梗の花を箱にしました。中心に丸い花芯をつけることで、ぐっと花らしくなります。使った布も紫の桔梗柄です。中には涼しげな絽で作った小さなうちわを入れてお楽しみに。イメージに合わせて布の色や柄、素材を選ぶことは、手作りならではの醍醐味です。

箱 11×11×4.5cm
うちわ大 長さ8cm　中 長さ7.5cm　小 長さ4.5cm
作り方 → 94ページ

# 9月

## 重用の節句の箱

旧暦の9月は今の10月にあたり、ちょうど菊がきれいな時期だったこと、菊が不老長寿の薬とされていたことから菊の節句とも言われます。新暦となった現在の9月では菊の時期には早いですが、華やかな菊箱でお祝いしてみませんか。小さな丸い箱に、押し絵とつまみ細工で花を咲かせました。飾りがきれいに見えるように、ふた上はドーム形に作ります。

直径 5.5cm 高さ3.5～4cm
作り方 ― 36、37、50、100 ページ

# つまみ細工の作り方

つまみ細工には丸つまみと剣つまみがあります。ここでは作品に使っている丸つまみを解説します。

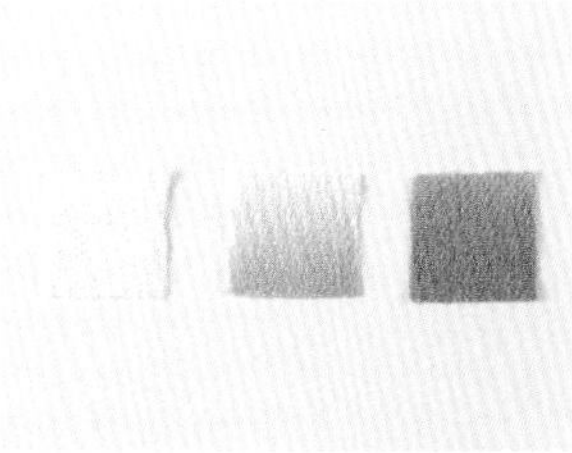

1　2cm角にちりめんをカットします。立体感やニュアンスをつけるために、白っぽいものからピンクまでの3段階のグラデーションに分けます。

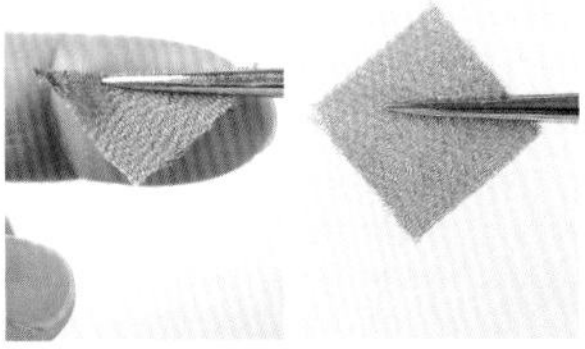

2　ひし形の向きにピンセットで中心をはさみます。後ろに指をあててピンセットを手前に返して半分に折り、三角形にします。

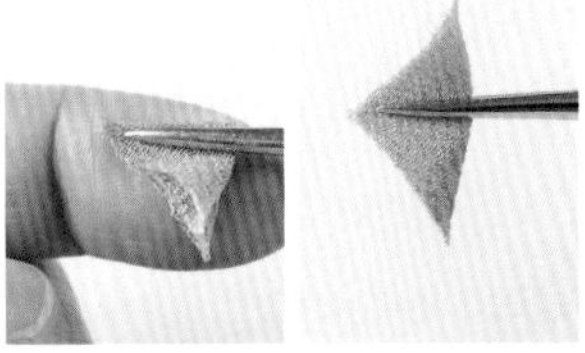

3　2の三角形を縦にして中心をはさみ、同様に半分に折ります。四つ折りになりました。

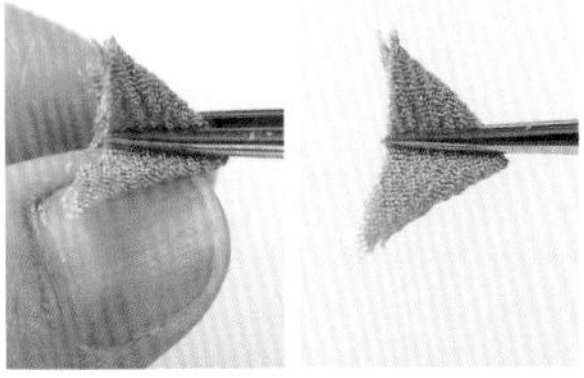

4　3の三角形を縦にして中心をはさみます。下に人差し指と親指をあて、中心を軸にして端をそれぞれ両側に割って折り上げます。

5　折り上げた端をつまんでピンセットを引き抜きます。カーブ部分をやや内側に折るようにして丸く整えます。

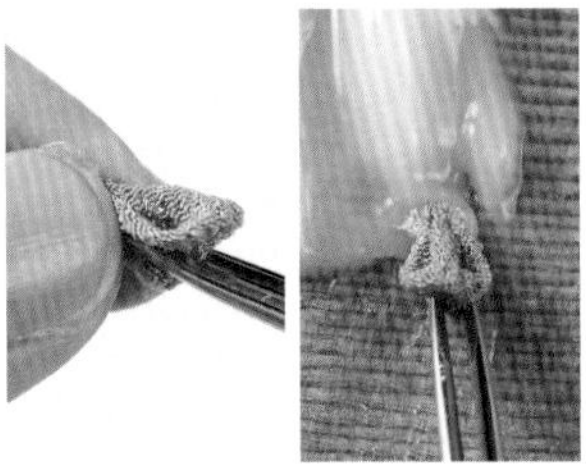

6　5の根元をピンセットではさみ、端と下にでんぷんのりをつけます。指ではさんで布が開かないように整えます。

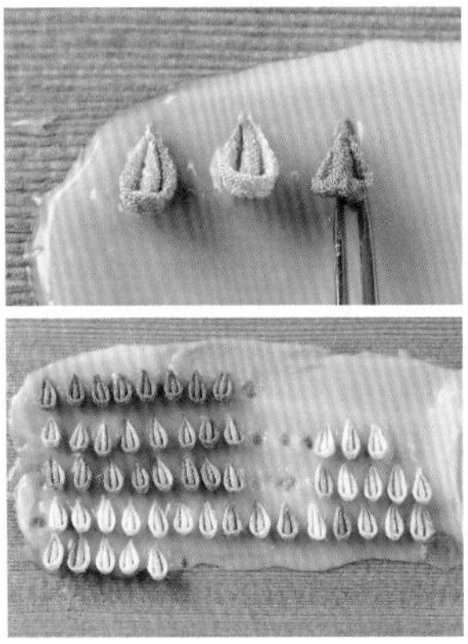

7　のり台にでんぷんのりをたっぷり引き、できたつまみの輪側を手前にして並べます。色別に分かりやすいように並べます。

8　ふたにのりをつけ、中心にまち針を刺して目安にします。中心から並べていきます。

9　まず4枚均等に並べます。次に間にさし込んで8枚を均等に並べます。これで1段目ができました。

10　2段目は1段目のつまみの間にさし込んでいきます。入れたら根元をピンセットで少し開いて形を整えます。

11　2段目は16枚、3段目は28枚です。これでふたがつまみで埋まりました。

12　まち針を抜き、中心に花芯をのりでつけます。花芯は37ページのようにペンチで巻いて作ります。ビーズを6、7個のせてもOKです。

# 押し絵の作り方

布でケント紙をくるんで、図案に合わせて並べます。図案の上にセロハンを重ね、その上ではり合わせると作業がしやすいです。

1　図案をケント紙に写します。薄手キルト綿をケント紙の裏にはり、花びらごとに切り分けます。

2　布に両面接着シートをはり、折り代0.2cmほどをつけてカットします。剥離紙をはがして1のケント紙を重ねてくるみます。アイロンで折り代を持ち上げてはります。

3　3段になっている花びらの各パーツを布でくるみました。ほかのパーツと重なる部分はくるまずにそのままにしておきます。

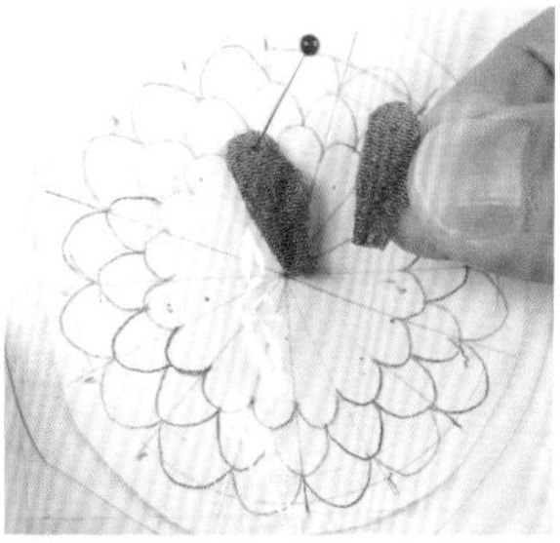

4　図案の上にセロハンを重ね、1段目の花びらを合わせてのせます。1枚目の花びらをまち針でとめ、2枚目は折り代をくるんでいない上に重ねてボンドではります。

5　くり返して重ね、1段目ができました。段ごとに色が淡くなるように布を選んでいます。

6　ボンドが乾いたら1段目をはがし、裏の花びらの先にボンドをつけます。

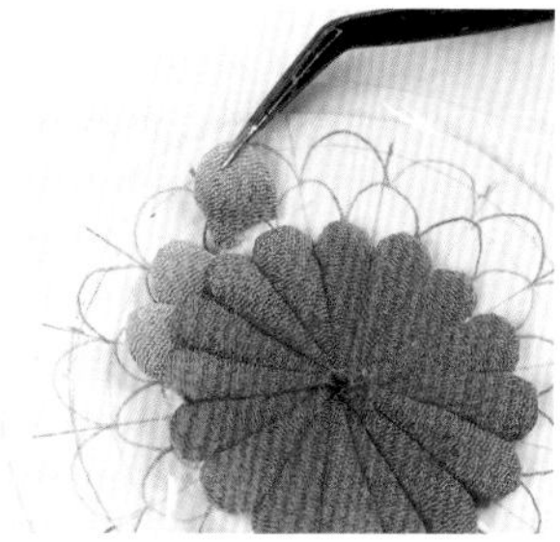

7　再度図案の上にのせ、2段目のパーツを合わせます。1段目の花びらの下にさし込むようにして合わせ、1周します。

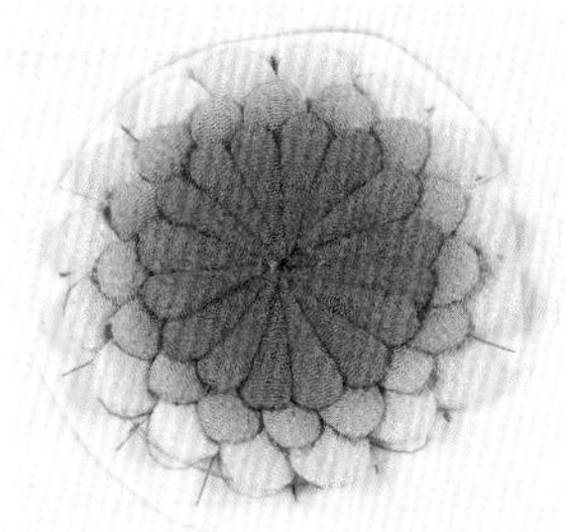

8　1段目同様に花びらの先にボンドをつけ3段目も同様にして合わせます。箱のふたにボンドをつけ、押し絵の花をはりつけます。

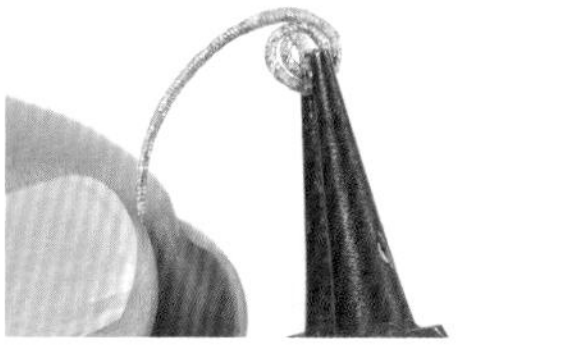

9　花芯を作ります。ワイヤーに金糸を巻くか、金の水引を使います。ペンチで端から順に巻きます。

10　4回ほど巻いて適当な大きさになったらカットし、花びらの中心にボンドをつけてのせます。

11　ボンドが乾けば完成です。

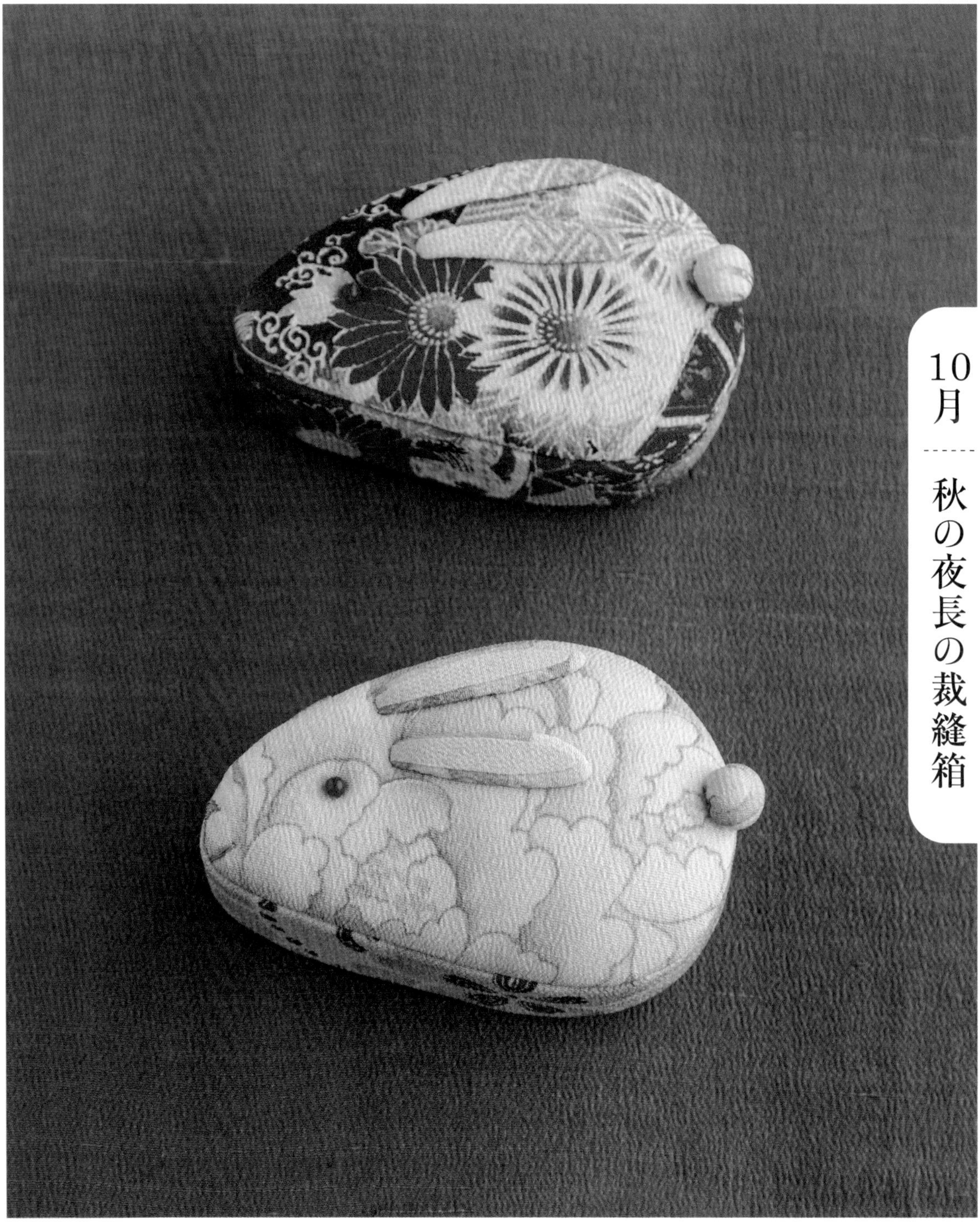

# 10月

## 秋の夜長の裁縫箱

かわいいうさぎ形の箱の中身は、小さな裁縫道具です。飾りとしての小さなセットですが、サイズや布を工夫して実用的なセットにしてもかまいません。使う布によって、ずいぶんとうさぎの印象が変わるのも布箱の楽しさのひとつです。

箱 11×7×4cm　はさみケース 3.2×2.5cm
針山 直径 3.5cm　ほかは参考作品
作り方 —→ 97 ページ

# 11月

## 秋の和菓子箱

秋は栗や芋などの素材が増え、和菓子には楽しみな季節です。長方形の箱を左右からくるむ形の巻き箱は、とめ金や組ひもの合わせもすてきです。生菓子や干菓子、それぞれの箱によって好みで詰め合わせました。ケント紙やスチロールをくるんだり、布を巻くだけで和菓子っぽくなります。

箱 9×4×3cm
作り方 ―― 45、60、102 ページ

手提げ盆のついた二段重箱です。重箱の中は季節の和菓子。桔梗に撫子、萩、ススキと植物で季節感をだします。重箱の箱はぴったりとじる印籠ぶたになっています。手提げ盆は、重箱がスムーズに出し入れしやすい少し大きいくらいのサイズがきれいです。

箱 8.2×8.2×7cm　和菓子 直径 3cm
作り方 ⇀ 44、45、56、104 ページ

## 五色豆の作り方

16、22ページの箱の中に入っている丸いお菓子です。スチロールに布をはる方法の基本になります。

1　直径1.3cmのスチロール球と5×2.5cmのちりめんを用意します。ちりめんの裏には両面接着シートをはっておきます。

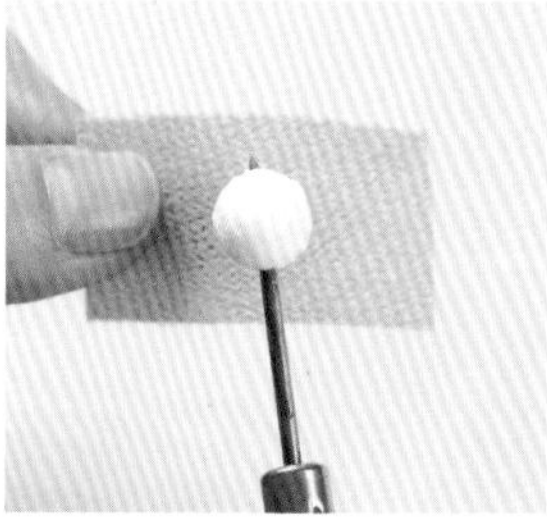

2　ちりめんにアイロンをあてて両面接着シートの剥離紙をはがします。目打ちでスチロール球をさしてボンドを薄くぬり、ちりめんに重ねます。

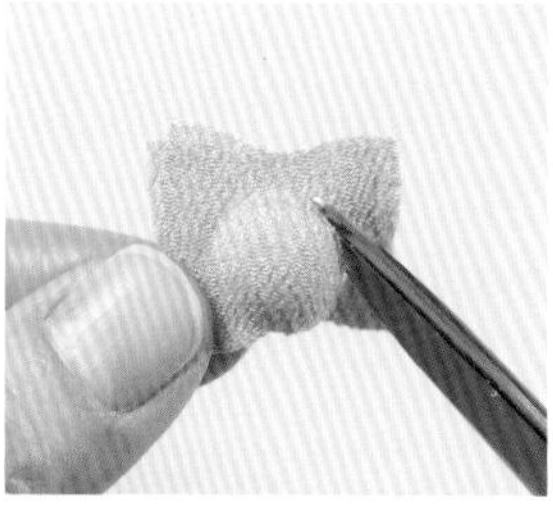

3　中心から二つ折りしてスチロール球の周囲を指でつまんで密着させます。形に沿って周囲の余分なちりめんをカットします。

4　切り目にアイロンをかるくあててなじませます。こうすることで境目が分かりにくくなります。これで完成です。

## 円柱の和菓子の作り方

上に押し絵の植物などの飾りがつくタイプです。

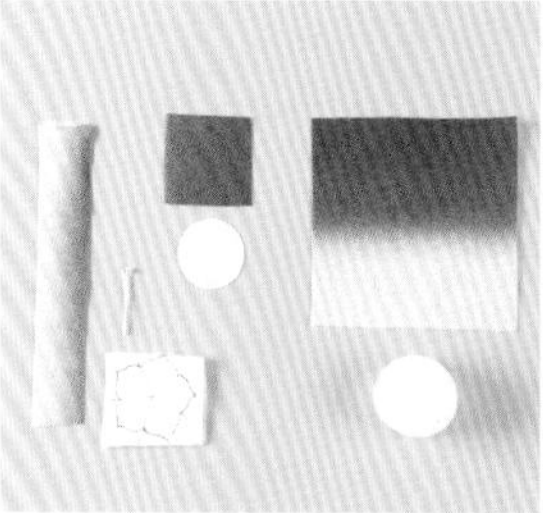

1　本体の円柱は直径3cmの棒状のスチロールを1.8cmにカットします。底と押し絵の型紙用のケント紙、薄手キルト綿、花芯用の素玉ペップ、本体・底・押し絵用のちりめんには裏に両面接着シートをはって用意します。

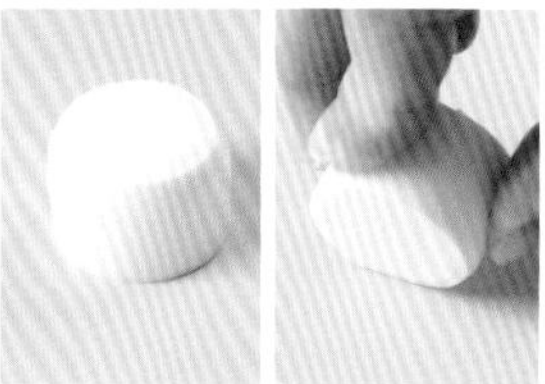

2　本体の上の角を押しあててへこませ、ややドーム形にします。

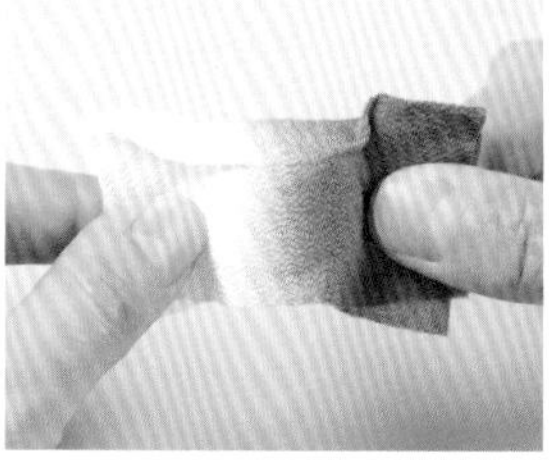

3　五色豆と同様に本体にボンドをつけてちりめんでくるみ、指でつまんで密着させます。

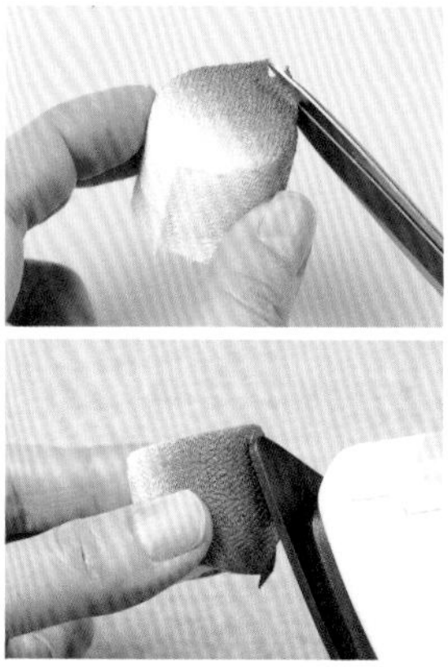

4　余分な布をカットして切り目にアイロンをかるくあててなじませます。

5　底をちりめんでくるみ、本体底側にボンドをつけてはります。

6　37ページを参照して押し絵の花びらを作ります。ここでは押し絵同士を重ねないので、折り代はすべて裏にくるみます。

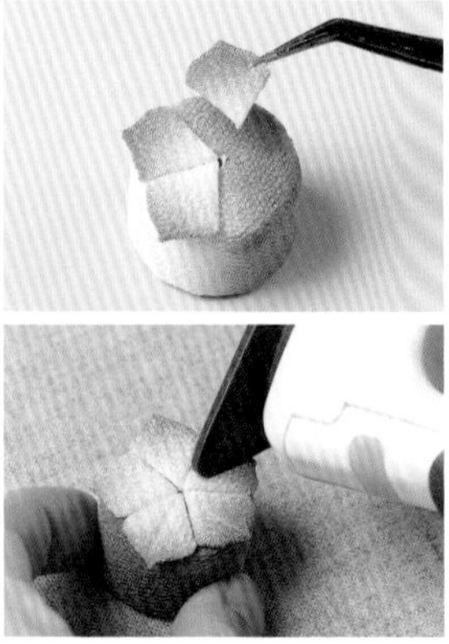

7　本体の中心に目打ちで穴をあけ、穴に合わせて花びらをボンドでつけます。花びらの中心にアイロンをあてて線をつけます。

8　ペップ5本をまとめてボンドをつけ、穴にさし込みます。これで完成です。

## 半円の和菓子の作り方

周囲の細かい飾りパーツは、布をひたすら細かくカットしたものでもかまいません。

1　直径2.5（3）cmのスチロール球、底用ケント紙、本体・底・飾り用のちりめんには裏に両面接着シートをはって用意します。ワイヤーは飾り用ちりめんを巻くために使います。

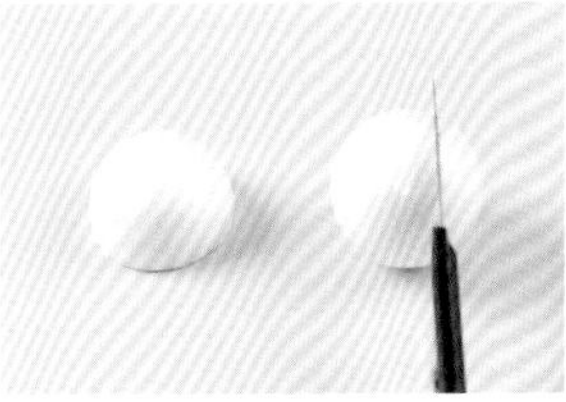

2　スチロール球を中心より0.3cmほど端の位置でカットします。これで底が平らになりました。

3　15×1cmほどの長方形のちりめんの端にワイヤーを重ね、アイロンで端をくるみます。

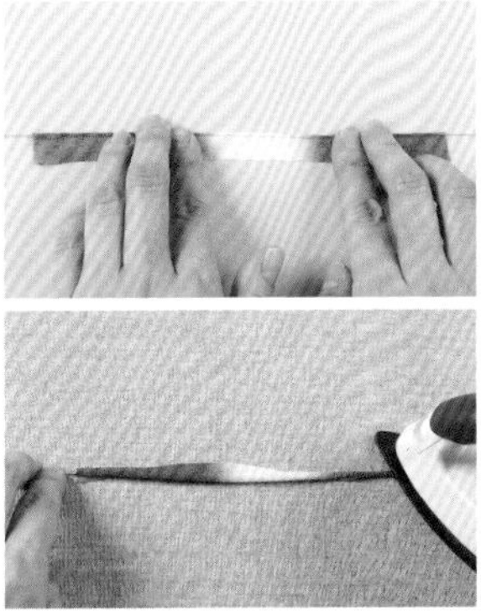

4　指でくるくると巻いたら、アイロンでころころと転がしながらさらに細く巻いてはります。

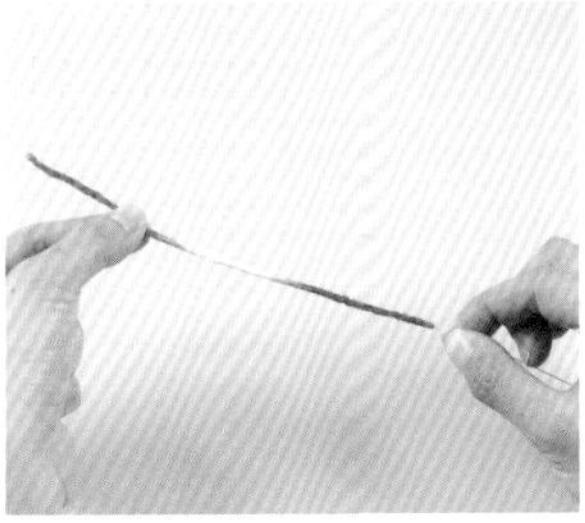

5　細くなったら端からワイヤーを引き抜きます。

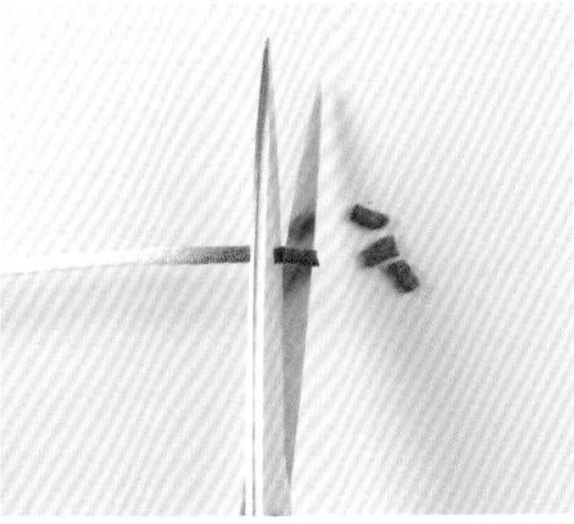

6　0.3～0.5cmの長さにカットします。これを緑色でも作ります。

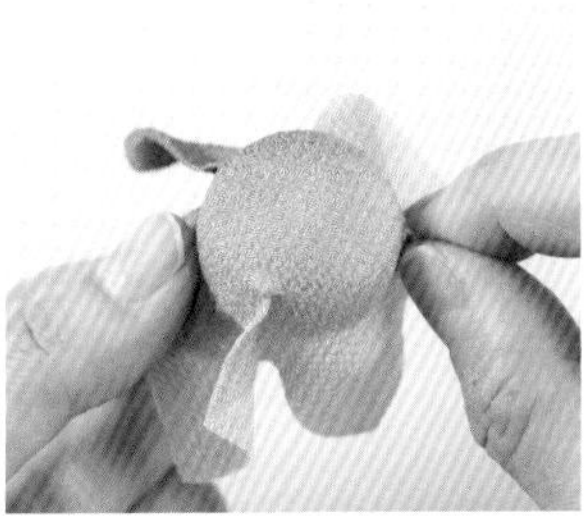

7　44ページの五色豆と同様に、スチロール球にちりめんをはります。カーブに合わせてならし、3か所を指でつまんでだぶつきをなくします。

8　余分な布をカットしてかるくアイロンを切り目にあててならします。底も折り代を残してカットします。

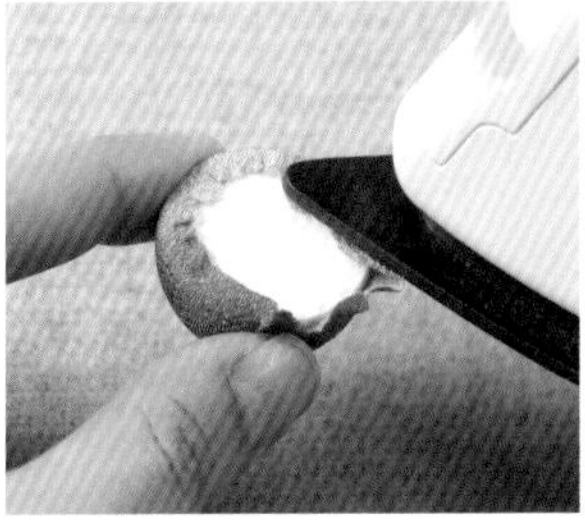

9　折り代を底にまわしてアイロンではります。アイロンは強くあてすぎないように。

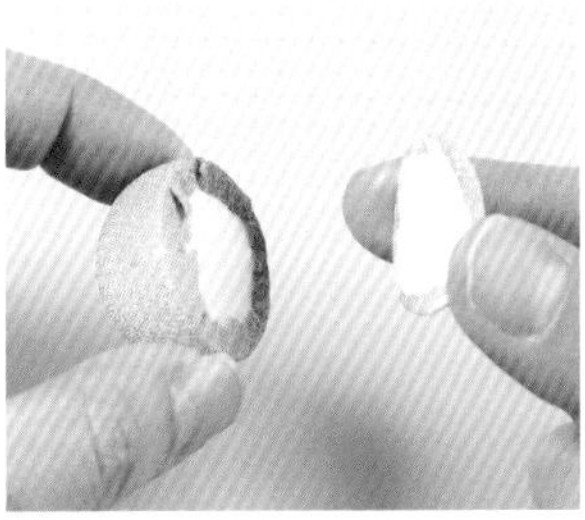

10　底をちりめんでくるみ、ボンドをつけて本体の底にはります。

11　本体にボンドをつけて、6でカットした飾りパーツをはります。

12　全体にはれたら、さらにピンセットですき間にはります。ピンクのパーツもはれば完成です。

# 12月

## クリスマスの箱

ツリー形の箱も、和布で作ればしっとりと落ちついた華やかさのある箱に。少し大きめに作って、中にミニツリー、雪だるま、プレゼントボックスなどのクリスマスの飾り物を作って入れておきます。クリスマスには箱と小物を一緒に飾れば賑やかなクリスマスセットになります。

箱 21.5×17.5×4.5cm　ツリー大 高さ8cm　小 高さ5.5cm
雪だるま 高さ5.5cm
作り方 ― 107ページ

# 基本のふっくらふた上の作り方

キルト綿を重ねてふっくらとさせるふた上の作り方を、桜の花びら箱で解説します。中にキルト綿を入れずに作るとぺたんこのふた上になります。

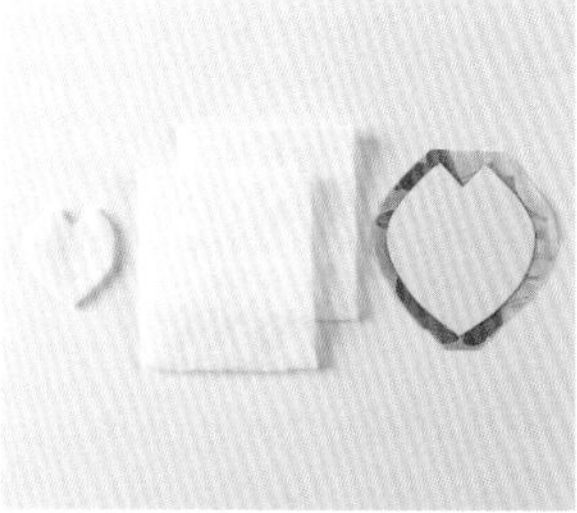

1　ふた上の厚紙、折り代0.8～1cmをつけたふた上用ちりめん、厚紙より大きい長方形のキルト綿2枚、厚紙より周囲1～2cmほどずつ小さいキルト綿1枚を用意します。ちりめんの裏には両面接着シートをはっておきます。

2　ふた上の厚紙の中心に小さいキルト綿をボンドではります。

3　長方形のキルト綿2枚にかるくボンドをつけてはり合わせます。

4　ふた上の厚紙のキルト綿側に長方形のキルト綿を重ね、ボンドではります。厚紙に沿って余分なキルト綿をカットします。

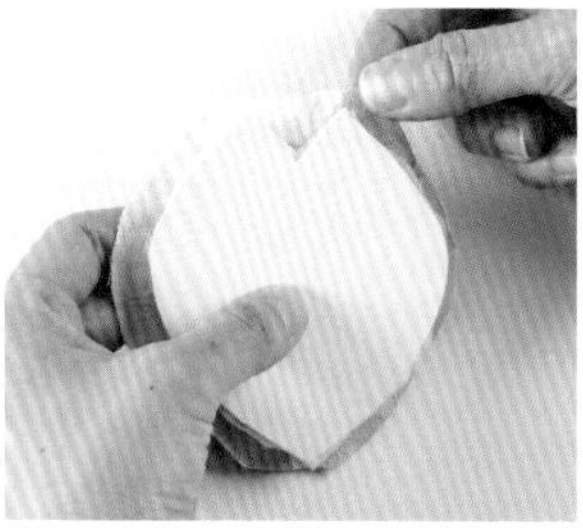

5　両面接着シートの剥離紙をはがし、4を重ねます。へこんだ部分の折り代には0.1～0.2cmきわまで切り込みを入れ、とがった部分の折り代は0.1cmほど残してまっすぐにカットします。

6　カーブ部分の形を作ります。厚紙を指で押さえ、ちりめんをアイロンで持ち上げながら厚紙に沿ってアイロンをあてます。次に折り代を厚紙側に倒してはります。

7　とがった部分まではれたら、へこんだ部分をはります。厚紙にボンドをつけ、切り込みにアイロンをあててちりめんを折り返します。

8　下のとがった部分も同様です。片方をはり、ボンドをつけてもう片方をはります。

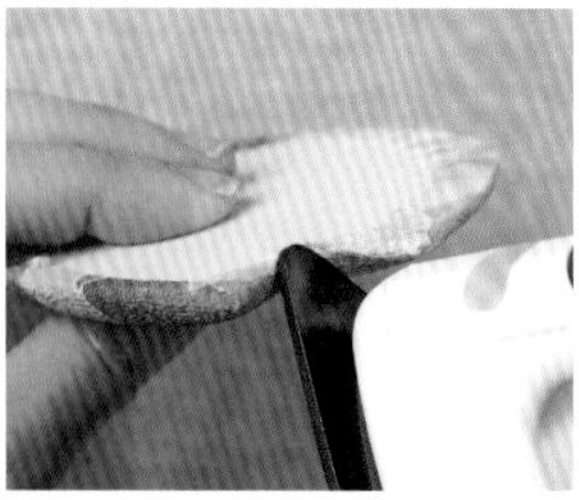

9　へこんだ部分にアイロンを沿わせてあて、きれいなへこみを作ります。

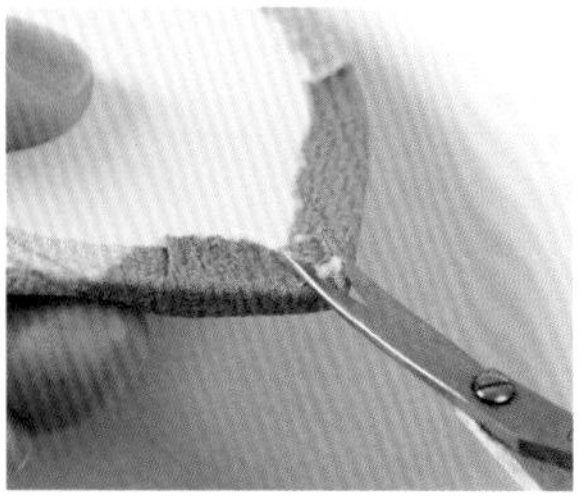

10　ちりめんの飛び出た部分は先のとがったはさみでカットして平らにしておきます。

11　カットした切り口はアイロンで押さえてならします。

12　ふっくらしたふた上ができました。大小のキルト綿を3枚重ねるのがポイントです。

# 中をくり抜くぺたんこふた上の作り方

ここでは中をくり抜いてアレンジした七夕のぺたんこふた上を解説します。

1　中をくり抜いた厚紙、折り代をつけたちりめん、厚紙よりも0.5cmほど周囲を小さくカットした透明なプラスチックシートを用意します。ちりめんの裏には両面接着シートをはります。折り代のへこみ部分は切り込み、とんがり部分は0.1〜0.2cm残してカットします。

2　両面接着シートの剥離紙をはがし、ふたの厚紙を重ねてアイロンを厚紙に沿わせて布を持ち上げて形を作ります。角は片方を倒したらボンドをつけ、もう片方も倒します。

3　すべての周囲を折り込んだら内側をくり抜きます。折り代0.8cmほど残してカットします。

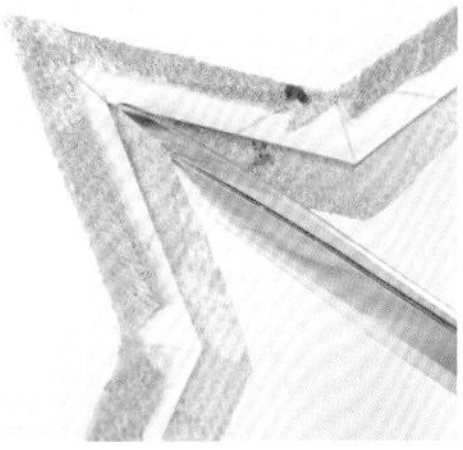

4　へこみ部分には切り込みを入れます。

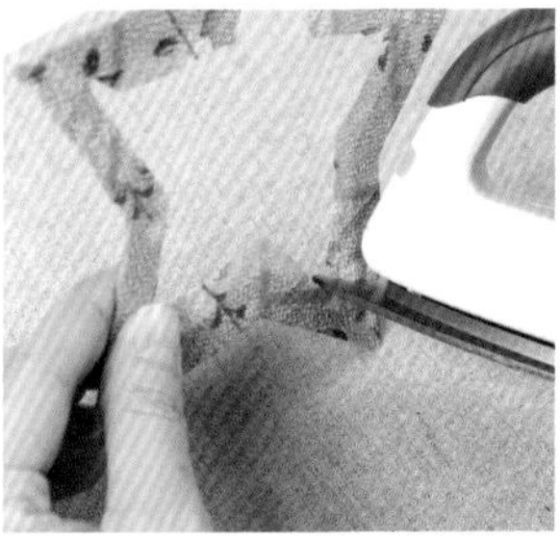

5　内側のちりめんを裏に折り込みます。へこみ部分は厚紙を立てて角にアイロンをあて、しっかりと形を作ります。

6　裏に折り代を折り返してアイロンではります。これでぺたんこのふた上ができました。

7　次に作っておいたふたにボンドをつけ、プラスチックシートを重ねてはります。

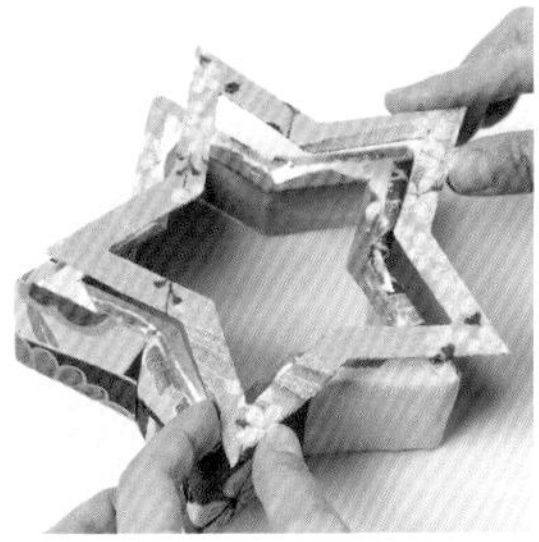

8　ふた上の裏にボンドをつけ、ふたからはみ出ないように合わせて重ねます。これで中をくり抜いたふたの完成です。

# 一段下がりのふたの作り方

34ページの菊の箱のように、つまみ細工や押し絵などの立体的な飾りをつけるときのふた上です。つまみ細工が上に飛び出さずにきれいにおさまります。

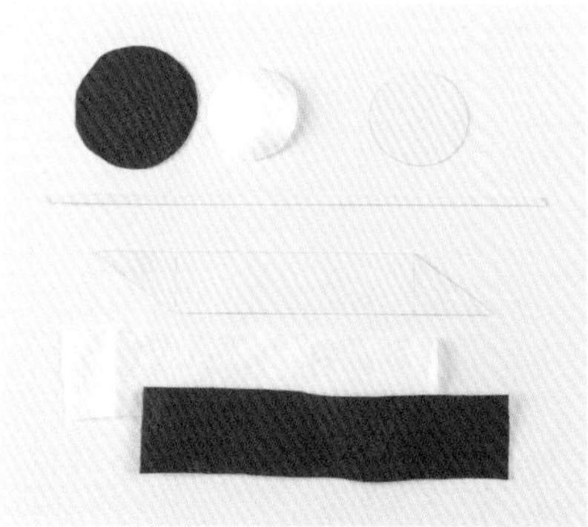

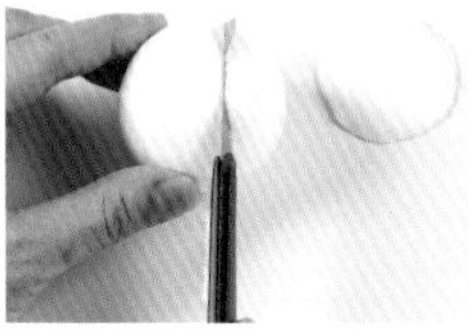

1　ふた本体厚紙、直径8cmスチロール球をカットしたもの、かぶせ布、側面外用の厚紙と布（裏に両面接着シートをはる）と薄手キルト綿、0.5cm幅の段差用の側面中厚紙を用意します。スチロール球はドーム形になるようにカットします。ほかにも実際に作るときは内側用のパーツも必要です。

2　側面外の厚紙をペンなどでしごいてカーブをつけます。

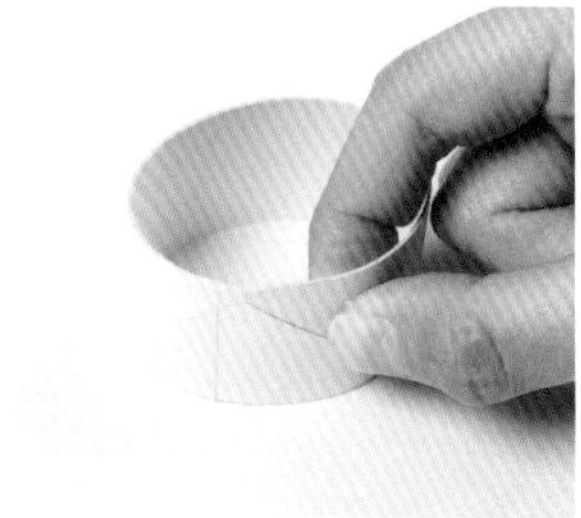

3　端の斜めの切り口を合わせてサージカルテープで内側からとめます。

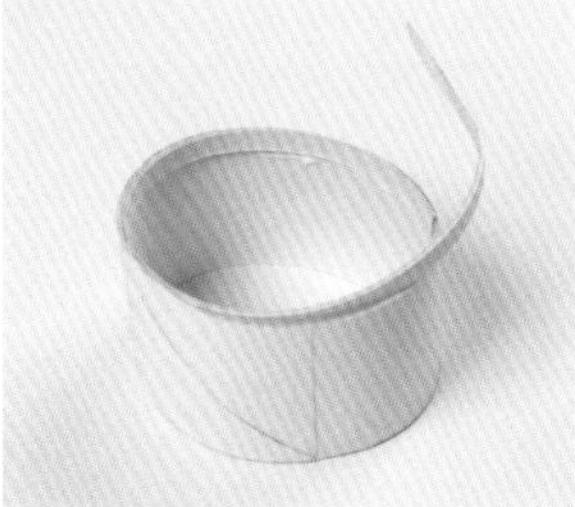

4　縁の内側にボンドをつけ、段差用の側面中厚紙を縁を合わせてつけます。長さを合わせて余分な厚紙はカットします。

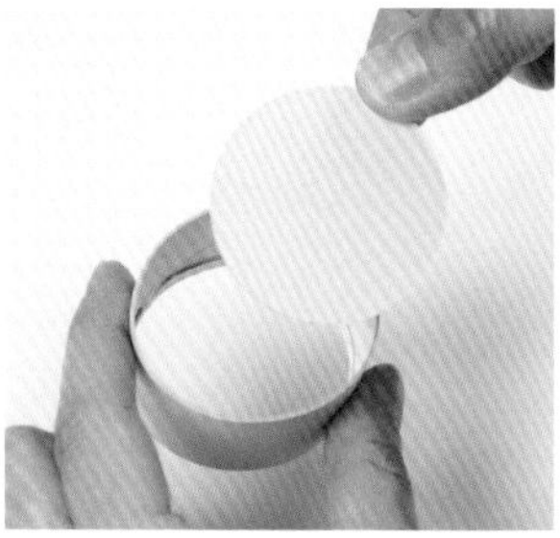

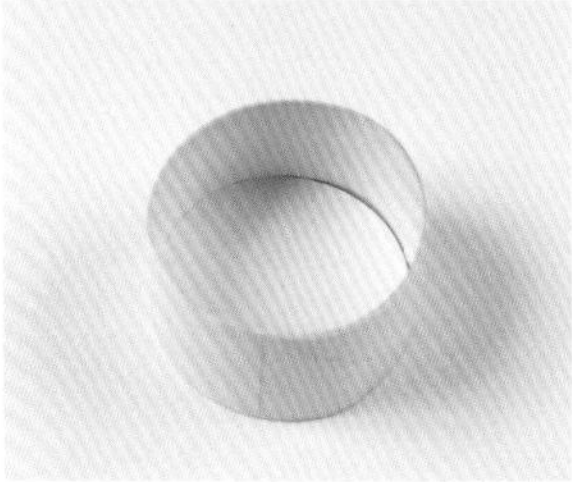

5　段差の下側にボンドをつけ、ふた本体の厚紙を入れ込みます。ふたが段差でとまっている状態です。

6　側面にボンドをつけ、薄手キルト綿をぐるりとはります。

7　側面の布にアイロンをあてて裏の両面接着シートの剥離紙をはがし、6に巻きます。片側の端は折ってボンドをつけて重ねます。上は段差に合わせて指先で引っ張り気味に折り返します。

8　ふた本体にボンドをつけ、カットしたスチロール球をはめこみます。

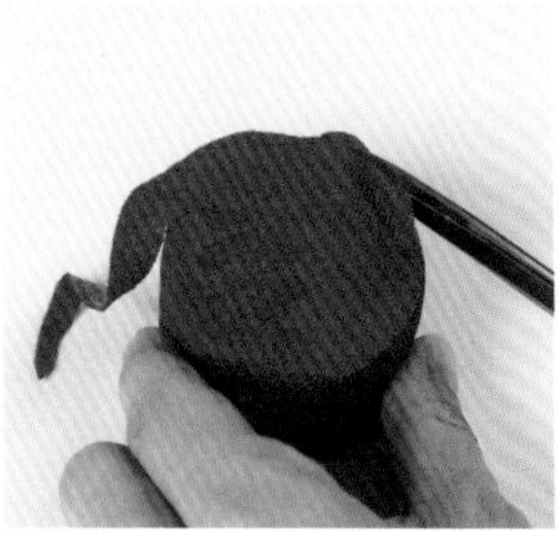

9　かぶせ布をスチロール球にかぶせ、余分な布をカットします。

10　カーブに沿って布をはり、端は指先で押し込みます。これで外側は完成です。このカーブの上につまみ細工や押し絵をのせます。

# 基本のかぶせぶたの箱の作り方

布のはり方や身の作り方などは、ふたのタイプが違っても共通です。まずはここから始めてみてください。4月の桜の花びら箱で解説します。

**材料**

ふた上用（ふた側面外分含む）、身側面外用（身底裏分含む）ちりめん各種　ふた側面中（ふた中、身底中、身側面中分含む）絹適宜　キルト綿、薄手キルト綿、厚紙、ケント紙、両面接着シート各適宜

実物大型紙と構成図は82ページ

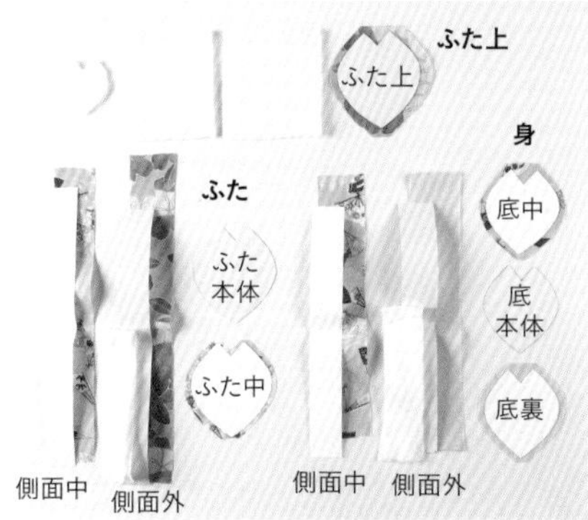
ふた上
ふた上
身
ふた
ふた
本体
ふた中
底中
底
本体
底裏
側面中
側面外
側面中
側面外

1　布の裏にはすべて両面接着シートをはります。ふた上の作り方は48ページ参照。布の折り代は0.8～1cmつけます。中になるパーツと身底裏の紙はケント紙、外になるパーツの紙は厚紙です。

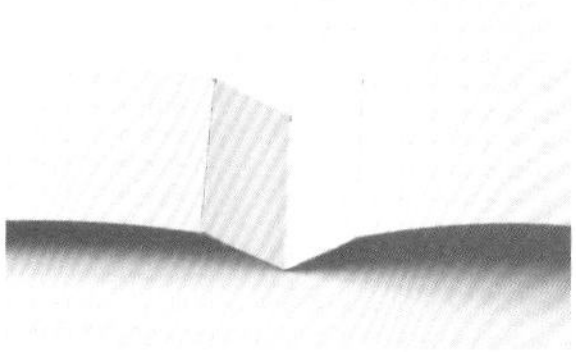

2　側面外の厚紙に型をつけます。花びらの形に合わせてとがった部分とへこんだ部分に薄く切り込みを入れてそれぞれの方向に折り曲げます。カーブはペンなどでしごいておきます。側面中はかるく折っておきます。

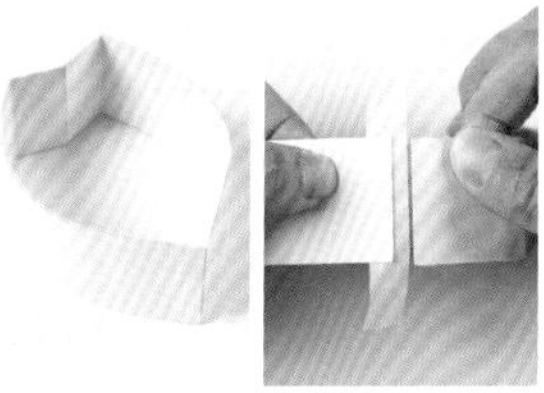

3　端を突き合わせて内側からサージカルテープでとめます。花びらの形になりました。

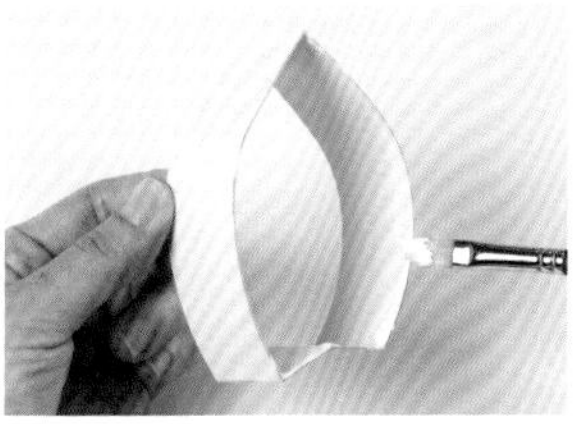

4　ふたを作ります。側面外内側の片側の口にボンドをつけます。

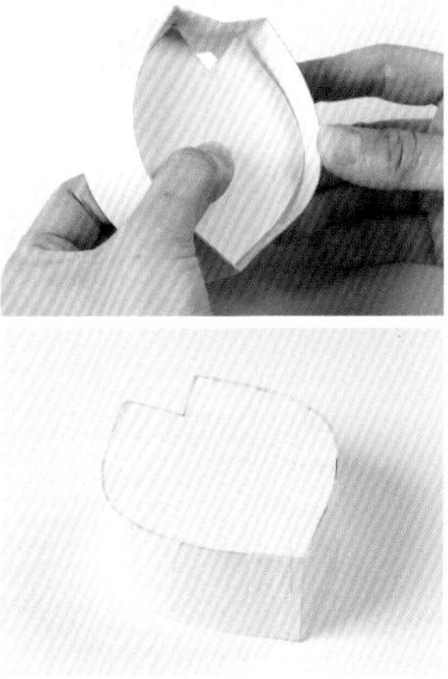

5　側面外の内側にふた本体を入れてボンドをつけた口に合わせてはります。サージカルテープで所々をとめてもかまいません。

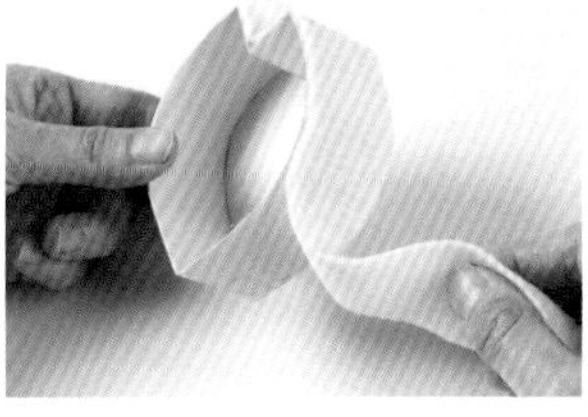

6　側面外にボンドをつけ、薄手キルト綿を巻きます。端は突き合わせて重ならないようにします。

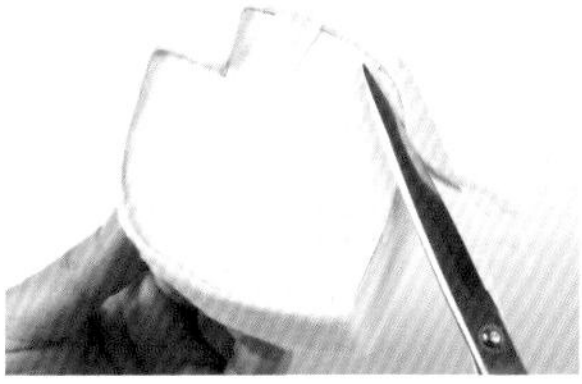

7　はみ出た薄手キルト綿はカットします。

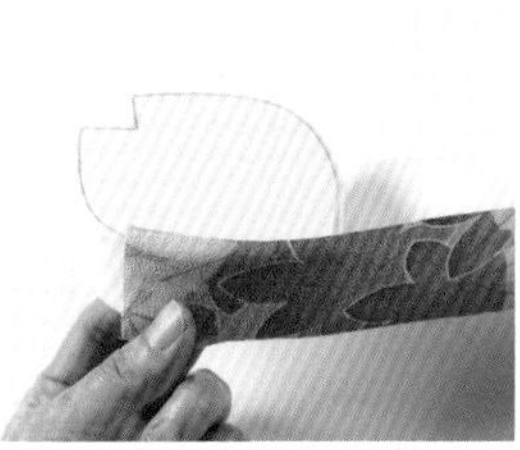

8　側面外のちりめんにアイロンをあて、裏の剥離紙をはがしながら薄手キルト綿の上に巻いていきます。少し引っ張り気味に巻きます。

9　へこんだ部分は引っ張らないようにし、アイロンをあてて形を出します。

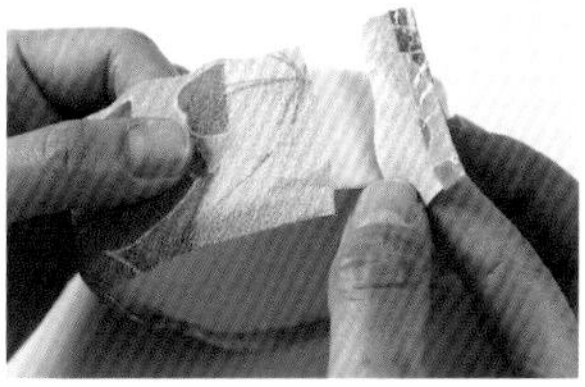

10　端は片方を折ってボンドをつけ、もう片方の端に重ねます。

11　アイロンをあてて折り代をふた側に倒します。

12　へこんだ部分にもしっかりとアイロンをあてます。

13　引っ張り気味に巻いたので、自然と折り代がきれいに倒れます。

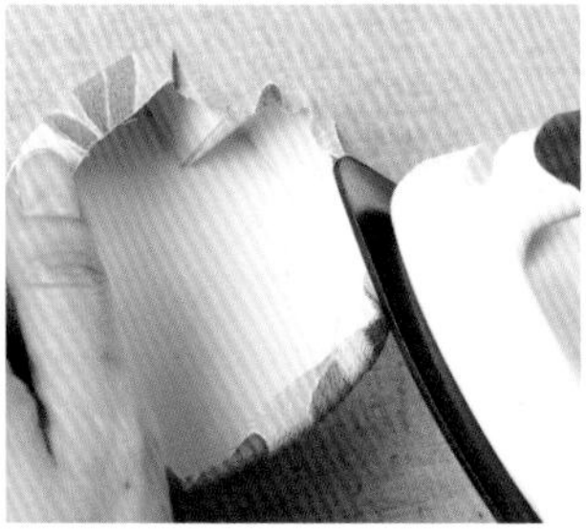

14　側面の内側にも折り代を倒してくるみます。厚紙の縁に沿ってアイロンをあててから折り込みます。

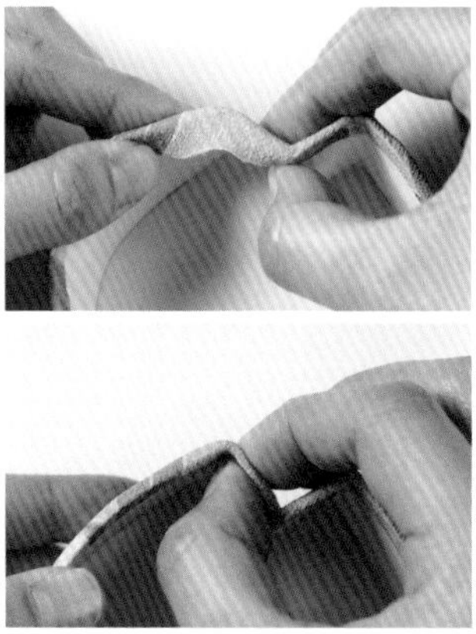

15　とがった部分は角を両側に引っ張って開き、角にちりめんを入れ込みます。

16　折り代を倒したら指で押さえてならします。

17　ふた中を作ります。布にアイロンをあてて裏の剥離紙をはがし、ケント紙を重ねてはります。折り代は折り込みません。

18　ふたの内側にボンドをつけます。

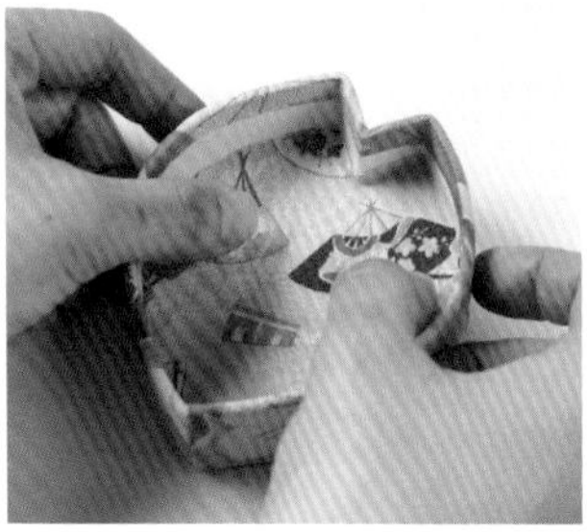

19　ふた中をそのまままっすぐに入れ込み、ふたにはります。

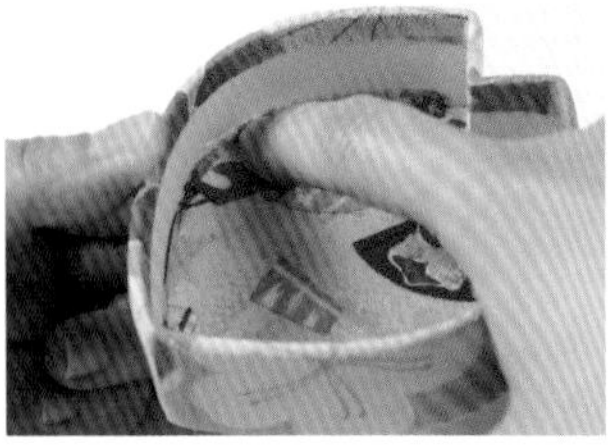

20　周囲を指先で押し込み、浮き上がらないようにきちんとはります。

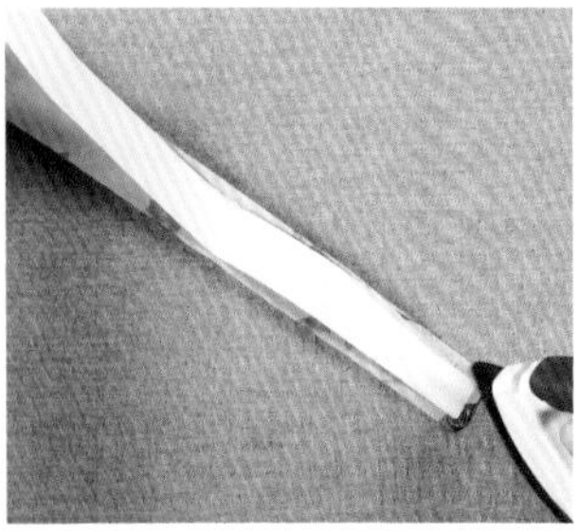

21　ふた側面中を作ります。布の剥離紙をはがし、ケント紙を重ねます。端の折り代を折ってはり、布をかるく引っ張りながら上下の折り代をアイロンで折ってはります。

22　布の上下が折れました。もう片方の端はのばしたままにしておきます。

23　ボンドをつけ、ふたの内側に入れてはり合わせます。まず、のばしたままの端側からはります。

24　アイロンで押さえながらはっていきます。角はアイロンで押さえてきれいなとんがりをだします。

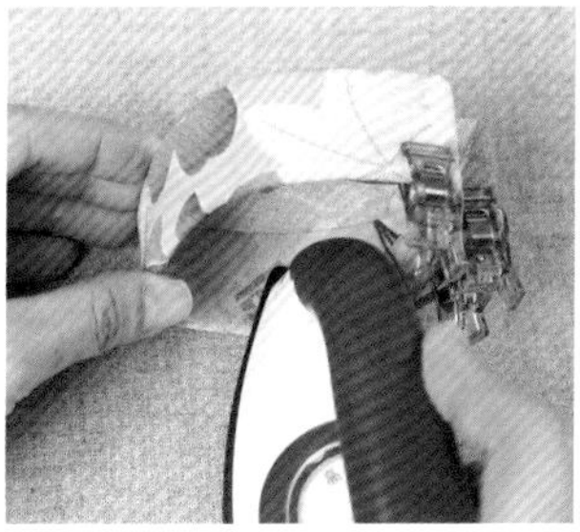

25　はった部分はクリップではさんで落ちつかせます。ぐるりとはり、折り込んだ端を重ねます。

26　ふたの中心とふた上（48ページ参照）の周囲にボンドをつけます。

27　はみ出さないようにはり合わせます。これでふたの完成です。

28　身もふたと同様に外と中を作ってはり合わせます。

29　身底裏を作ります。ケント紙をちりめんでくるみます。48ページのふた上のように、へこんだ部分ととがった部分をきれいにくるみます。

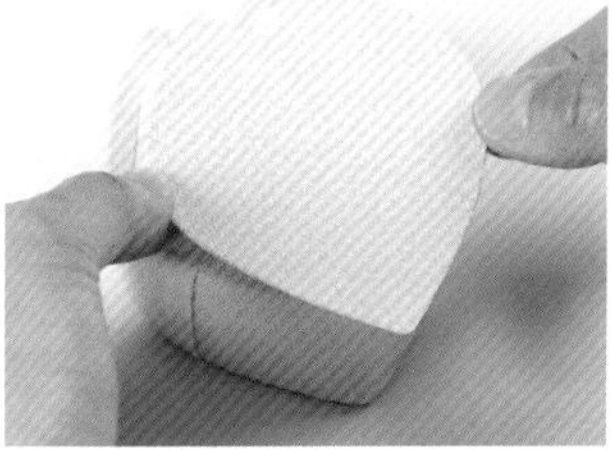

30　身の底の中心と底裏の周囲にボンドをつけてはり合わせます。これで身の完成です。

31　ふたを身にかぶせれば完成です。

# のせぶたの箱の作り方

ふたは48ページのふっくらふた上、身は51ページの基本と同じです。違いは桟がつくことです。4月の丸い三段重で解説します。

**材料**

ふた用（身側面外、身底裏分含む）ちりめん適宜　身側面中（ふた中、身底中、身底裏、桟分含む）絹適宜　キルト綿、薄手キルト綿、厚紙、ケント紙、両面接着シート各適宜

実物大型紙と構成図は84ページ

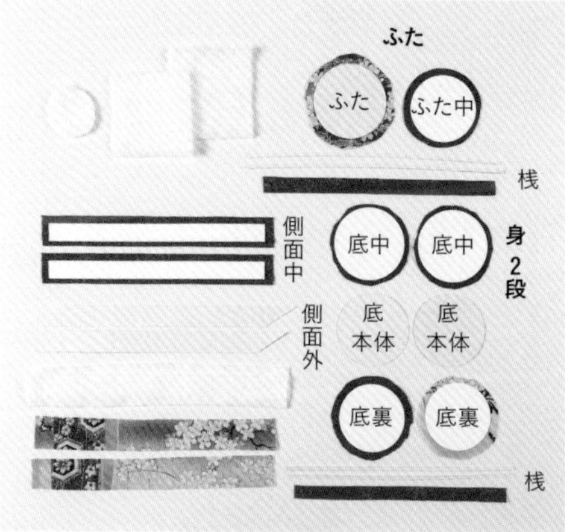


1　布の裏にはすべて両面接着シートをはります。ふたの作り方は48ページのふた上参照。布の折り代は0.8〜1cmつけます。中になるパーツと身底裏の紙はケント紙、外になるパーツの紙は厚紙です。

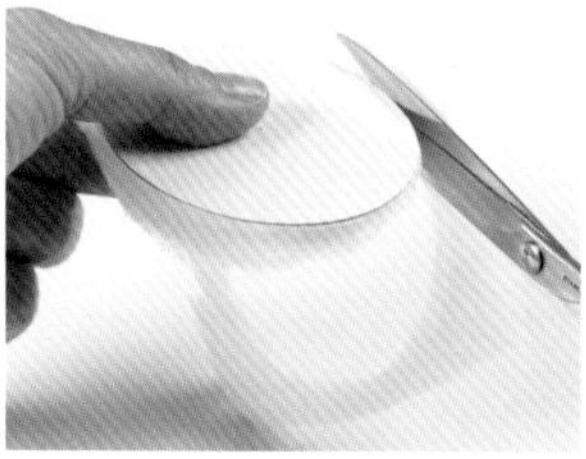

2　ふた上の作り方と同様に、厚紙に小さくカットしたキルト綿、正方形のキルト綿2枚の順に重ねてはり、厚紙に合わせて余分をカットします。ほかのタイプの箱のふた上が、ふたになります。

3　ふたのちりめんにアイロンをあてて剥離紙をはがし、2を重ねてくるみます。アイロンで布端を持ち上げてしわがよらないようにはります。

4　ケント紙を布でくるんではり、ふた中を作ります。ふたとふた中ができました。

5　ふたの裏にふた中をボンドではります。

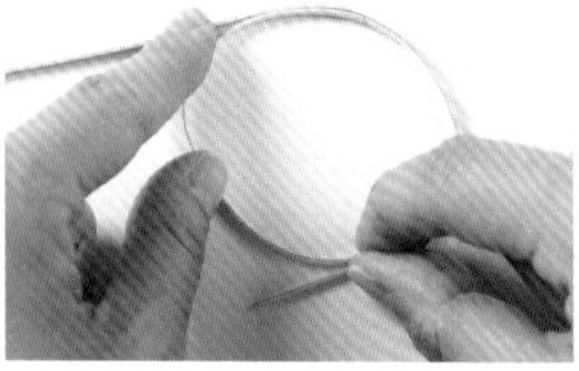

6　桟を作ります。ふた中の円周と同じ長さの厚紙1本を輪にします。ボンドをつけてもう1本重ね、クリップなどでとめてはります。

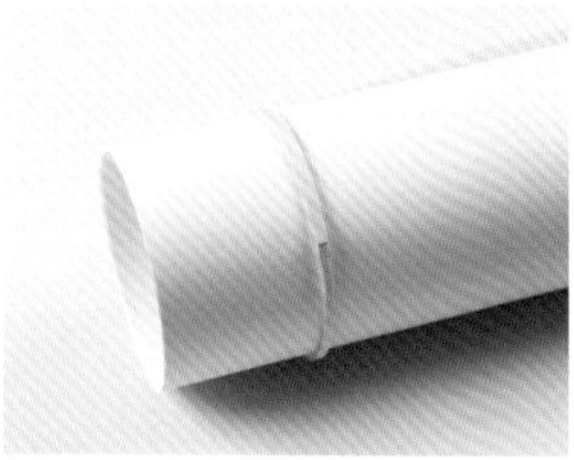

7　筒状のものに通して形を整えます。

8　桟の布にアイロンをかけて剥離紙をはがし、厚紙をくるみます。上下を決めて、上で布をつまんで巻きます。

9　布の余分をカットします。上はふたにつけるので、布の切り目や境目は気にしなくてかまいません。

10　桟の上にボンドをつけてふた中にはります。

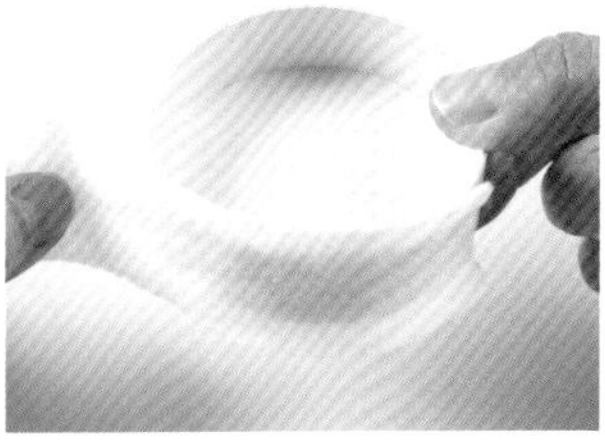

11　身を作ります。51ページの基本と同様に側面外と底本体の厚紙をはり合わせ、周囲にボンドをつけて薄手キルト綿を巻きます。側面はペンなどでしごいてカーブをつけてから輪にするときれいです（50ページ参照）。

12　側面外のちりめんにアイロンをあてて剥離紙をはがし、薄手キルト綿の上に巻いてはります。上下の折り代を折り返して内側と底にはります。

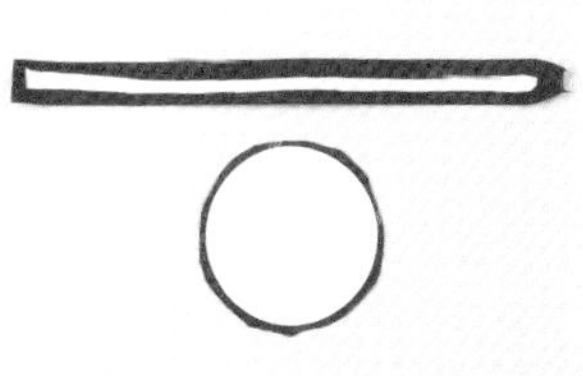

13　側面中は端の片側のみを残してケント紙に巻き、底中はケント紙にはり、折り代は折り込みません。

14　12の内側にボンドをつけて底中を入れてから、側面中にボンドをつけてはります。のばしたままの端から入れ、1周してもう片方の端を重ねます。これを2つ作ります。

15　底裏2つと桟を作ります。底裏はケント紙を布でくるみます。桟の作り方は6〜9と同じです。

16　身の底に底裏をはります。底裏にボンドをつけて重ねます。ちりめんの底裏のほうが、二の重の底になります。

17　一の重の身にも底裏をはり、続けて桟をはります。桟をつけることで二の重とずれないようにしています。これで完成です。

# 印籠ぶたの箱の作り方

ふたや身の作り方は、48ページのふっくらふた上、51ページの基本と同じです。違いはふたの側面外に厚みを出し、側面中に立ち上がりがつくことです。11月の手提げ盆のついた二段重箱で解説します。

**材料**

ふた上用（ふた側面外、身側面外、盆側面外、持ち手外分含む）ちりめん適宜　ふた側面中（ふた中、身底中、身底裏、身側面中、盆側面中、盆底中、盆底裏、持ち手中分含む）絹適宜　キルト綿、薄手キルト綿、厚紙、ケント紙、両面接着シート各適宜

実物大型紙と構成図は104ページ

## 手提げ盆

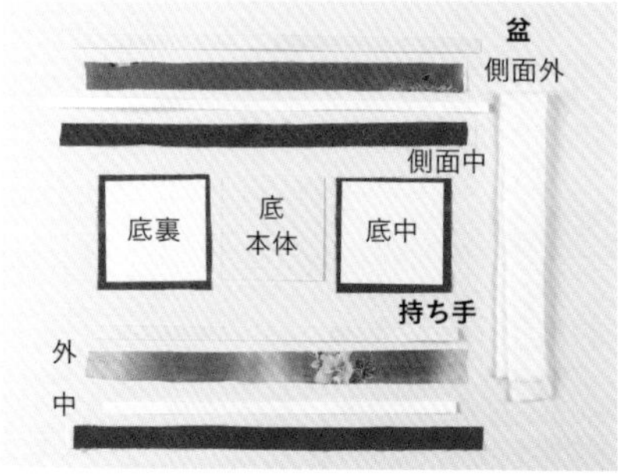


1　布の裏にはすべて両面接着シートをはります。布の折り代は0.8～1cmつけます。中になるパーツと盆底裏の紙はケント紙、外になるパーツの紙は厚紙です。

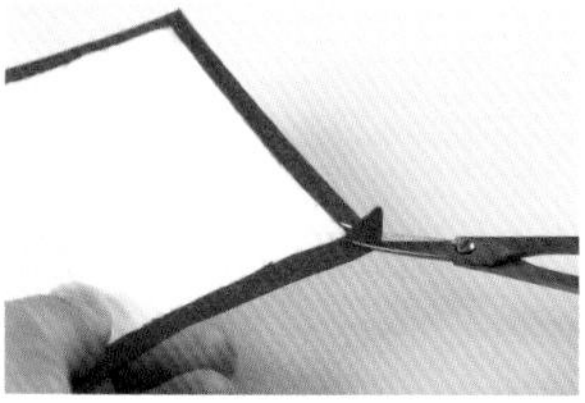

2　盆底裏を作ります。布の剥離紙をはがしてケント紙を重ね、辺を角で突き合わせるようにして折り代を折ります。角の飛び出た折り代の余分はカットします。

3　51ページの基本の身の作り方と同様に、側面外と底本体をはり合わせて薄手キルト綿を巻き、上にちりめんを巻いてはります。

4　底中はケント紙に布をはり、角をカットします。折り代はくるみません。側面中は片側の端を残してケント紙をくるみます。盆部分のパーツができました。

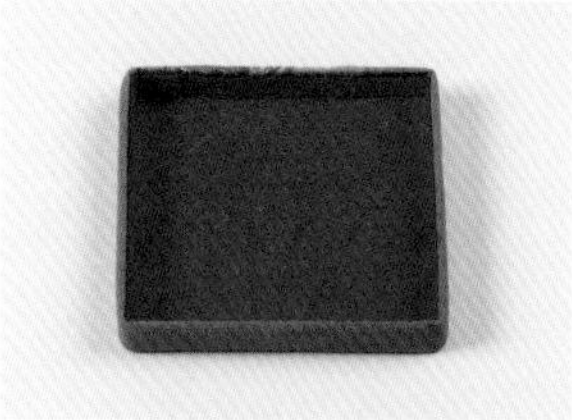

5　3の内側にボンドをつけて底中を入れ、側面中にボンドをつけて側面内側にはります。

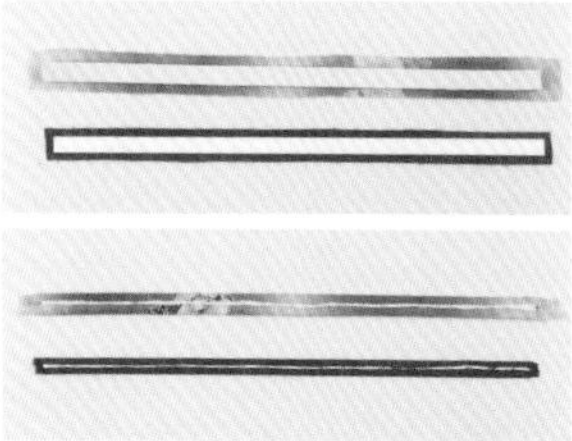

6　持ち手を作ります。外は厚紙と薄手キルト綿、中はケント紙をそれぞれ布に重ね、上下の折り代のみをくるんで左右の端はのばしたままにします。端の折り代は外のほうが長くなるようにしておきます。

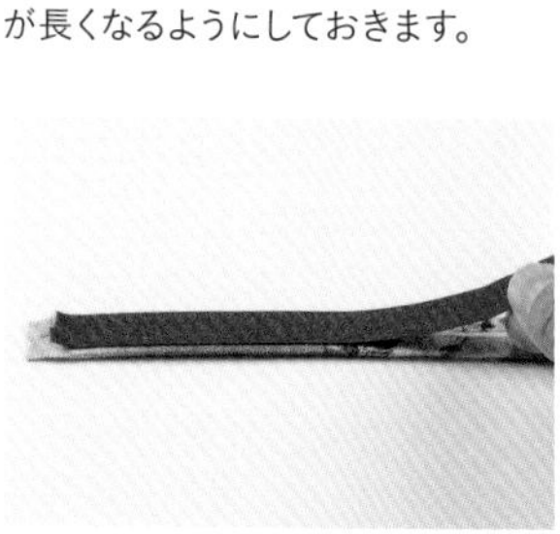

7　持ち手中にボンドをつけて外に重ねて端から順にはります。

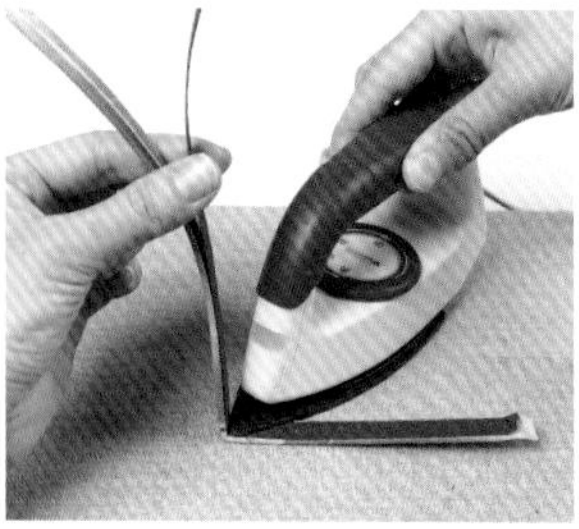

8　折り位置で直角に折ります。直角に折ってからアイロンをあててはります。そのまま次もはり、反対側の折り位置でも直角に折ってからはります。

9　盆の底に持ち手をはります。中心を合わせてボンドをつけ、持ち手の折り代のみを底に折り返してはります。

10　ボンドをつけて底と底裏をはります。これで持ち手の端がかくれます。

11　手提げ盆の完成です。

## ふた

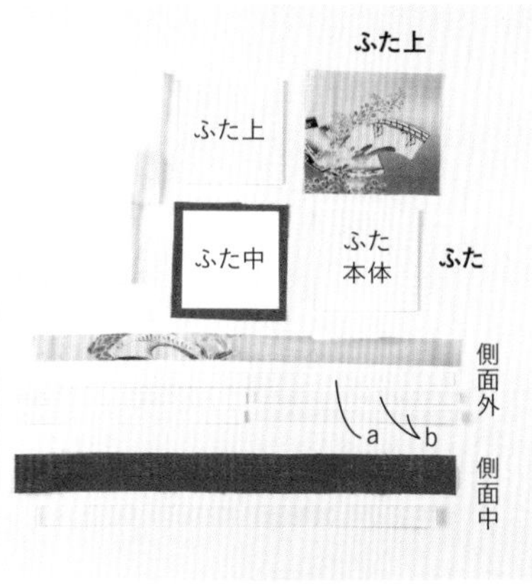


12　布の裏にはすべて両面接着シートをはります。ふた上の作り方は48ページ参照。布の折り代は0.8〜1cmつけます。ふた中の紙はケント紙、外になるパーツと側面中の紙は厚紙です。基本的に側面中はケント紙を使いますが、立ち上がりになる場合は厚紙を使います。

13　48ページを参照してふた上を作ります。ここではキルト綿は2枚だけ重ねます。

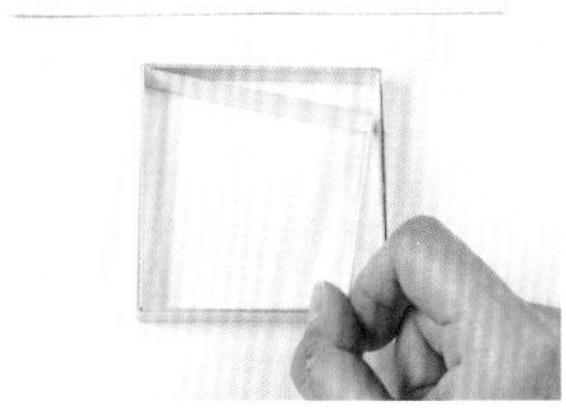

14　側面外aとふた本体の厚紙をはり合わせ、さらに側面外bの厚紙を内側にはります。側面外bは2辺分でカットしておき、側面の内側に入れてはります。bを2枚ずつはります。

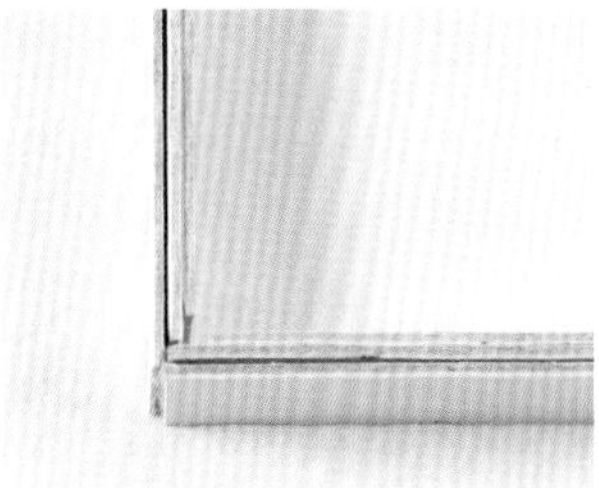

15　側面bが入りにくいときは長さをカットして調整します。角にすき間があいてもかまいません。

16　側面外にボンドをつけて薄手キルト綿を巻き、上にちりめんを巻きます。内側に折り代を折り返します。側面外は3枚重なっているので厚みがあります。角は厚紙を広げながら布を入れ込むときれいですが、厚みで難しいのでアイロンで布を押さえて指で入れ込みます。

17　側面中を作ります。片側の端を残して厚紙をくるみます。立ち上がり分が外に出て見えるので、折り代を片側に多めにずらしてくるみます。

18　ふたのパーツができました。ふた中の折り代は折り込まずに、ケント紙に布をはっただけです。

19　ふたの内側にボンドをつけ、まずふた中を入れます。次に側面中を角から合わせます。折り込んだ端を角に合わせて1周入れます。折り込んでいない端の折り代を斜めにカットしておきます。

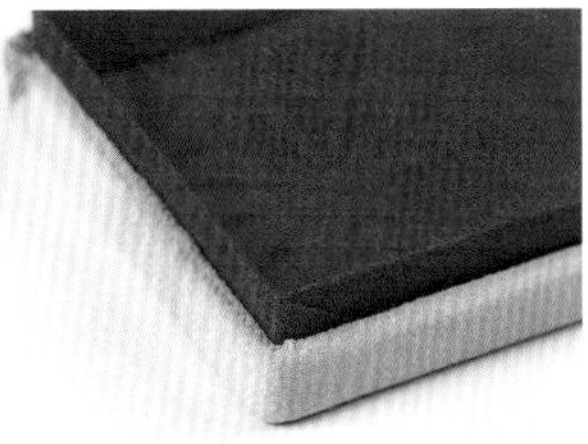

20　折り込んだ端の裏に折り代をさし込みます。これで端の重なりがきれいに見えます。側面外よりも中のほうが出た状態です。これが印籠ぶたの立ち上がりになります。

21　ふた上をはれば、完成です。

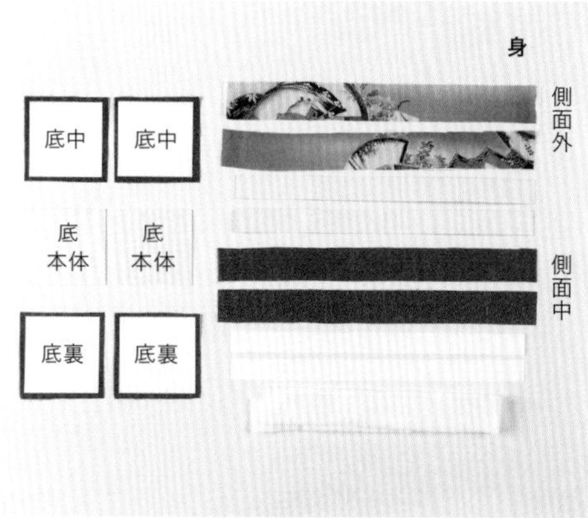


## 身

22　作り方は基本の51ページの身と同じです。布の裏にはすべて両面接着シートをはります。布の折り代は0.8〜1cmつけます。中になるパーツと底裏の紙はケント紙、外になるパーツの紙は厚紙です。2段重なので身を2つ作ります。

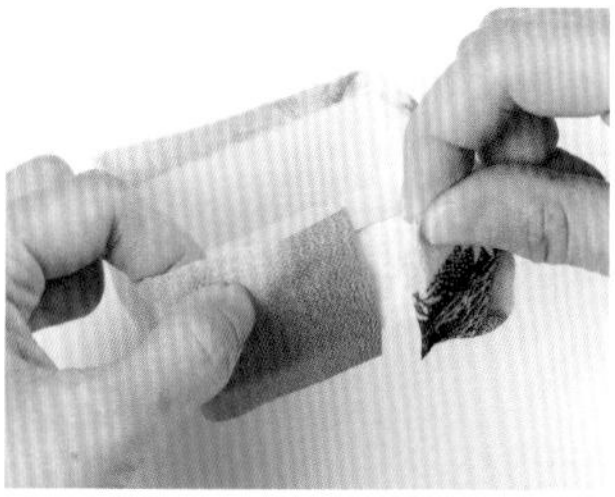

23　51ページと同様に、側面外と底本体をはり合わせます。薄手キルト綿をはり、上にちりめんを重ねてはります。端は片側を折って重ねます。

24　盆と同様に、周囲をくるんだ底裏、周囲をくるまずに角をカットした底中、片側の端を残してくるんだ側面中を作ります。これでパーツがそろいました。

25　内側にボンドをつけ、まず底中を入れます。次に側面中を端を残したほうから入れて重ね、アイロンで押さえます。

26　底に底裏をはります。これで身の完成です。

27　重箱のセットができました。身は2つ作って二段重にします。

この箱も印籠ぶたの箱です。
様々な布を合わせてパッチ
ワーク風に仕上げました。
参考作品

# 巻き箱の作り方

身の作り方は、51ページの基本と同じです。違いは身の中に和紙を使うこと、巻きぶたに菊座カンでひもをつけることです。11月の和菓子の巻き箱で解説します。

**材料**

巻きぶた外、身側面外用ちりめん各種　巻きぶた中用絹適宜　身側面中用（身底中、身底裏分含む）和紙適宜　菊座カン2個　薄手キルト綿、厚紙、両面接着シート、直径0.15cm組みひも各適宜

実物大型紙と構成図は102ページ

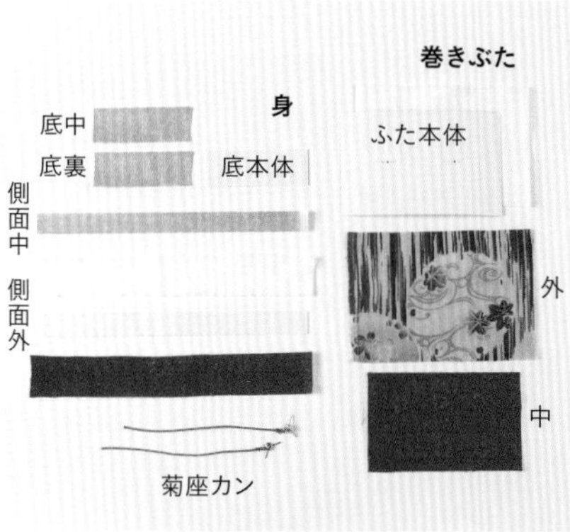

1　布の裏にはすべて両面接着シートをはります。布の折り代は0.8～1cmつけます。身の中は和紙、巻きぶたの中は裁ち切りの布、外になるパーツの紙は厚紙です。菊座カンに組ひもを通して糸でとめておきます。

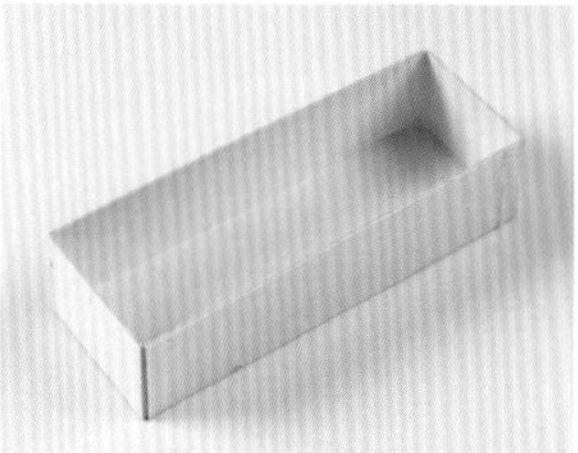

2　身側面外を長方形に折ってサージカルテープでとめ、内側にボンドをつけて底本体を入れてはり合わせます。側面に薄手キルト綿をボンドではります。

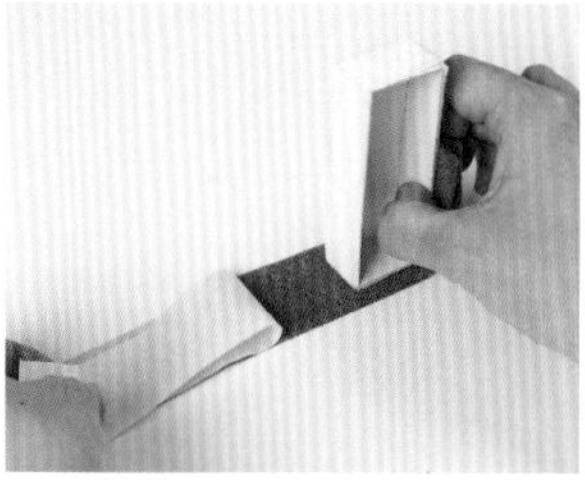

3　身側面外の布にアイロンをあてて剥離紙をはがしながら、2の側面にはります。上下は底と内側に折り込んではります。

4　ボンドをつけ、底に底裏の和紙をはります。底裏の角は少しカットしておきます。

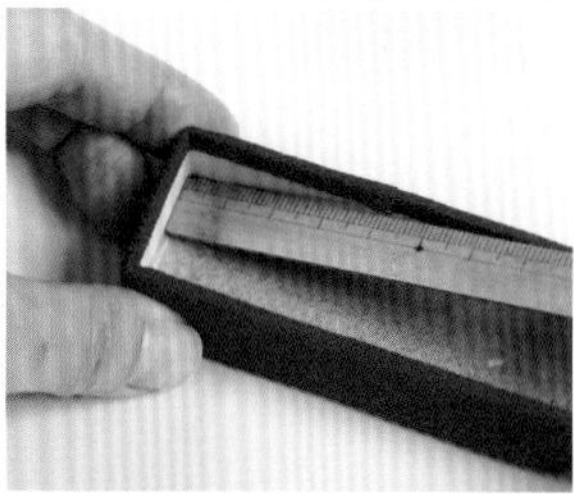

5　内側にボンドをつけ、底中の和紙を入れ込みます。定規を角に沿わせて入れ込み、きれいに角をだします。

6　側面中にボンドをつけ、内側に和紙をはります。底を合わせて端から順にはり合わせます。

7　巻きぶたの厚紙に折り位置をつけます。折り位置にかるくカッターで切り目を入れ、曲げやすいようにします。

8　ボンドをつけて薄手キルト綿をはります。余分なキルト綿はカットします。

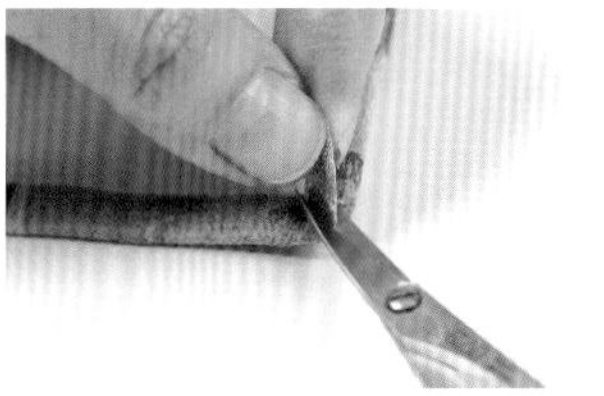

9　8をちりめんでくるみます。アイロンをかけて剥離紙をはがし、8を重ねて折り代を裏にくるみます。辺をくるんでから角を両側からアイロンをあてて余分な布をつまみ、カットします。

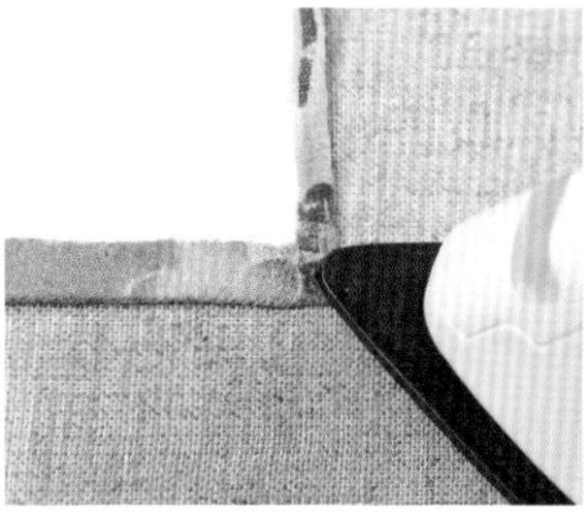

10　カットした切り口をアイロンで押さえてなじませます。

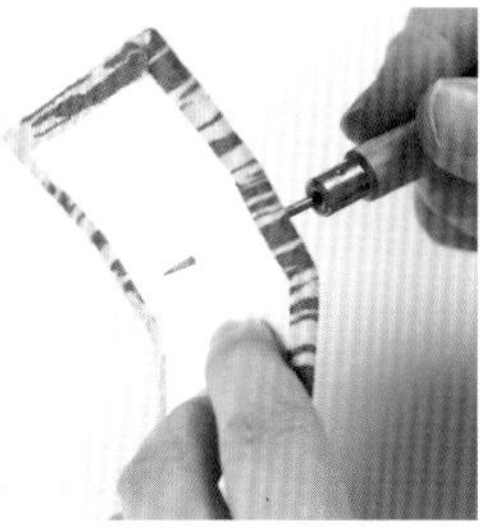

11　菊座カンつけ位置に目打ちで穴をあけます。

12　菊座カンを穴に外側から通します。

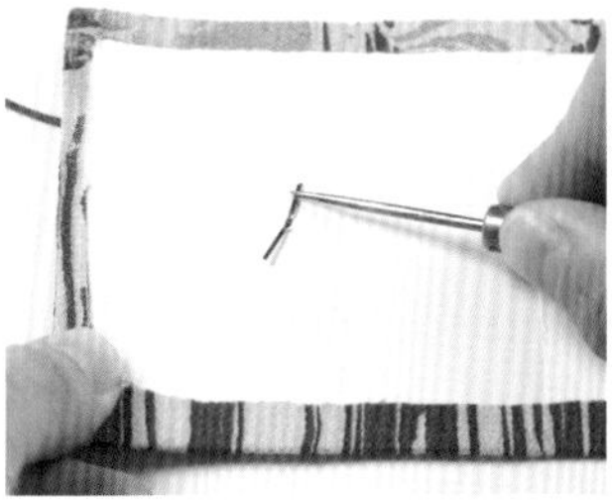

13　内側でカンの足を開いて固定します。

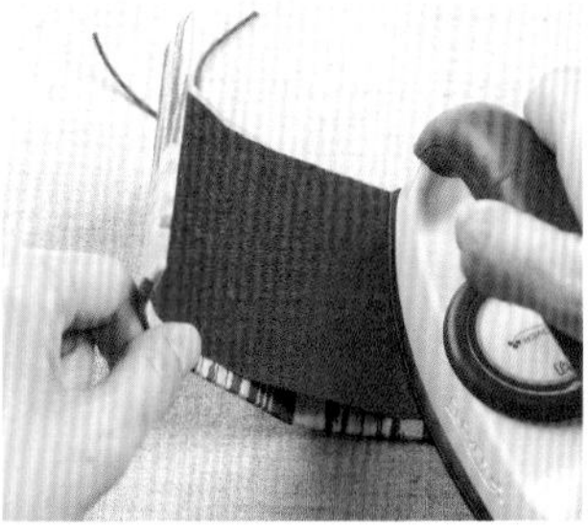

14　巻きぶたの中をはります。布にアイロンをあてて剥離紙をはがします。中の布は小さめなので、片方の端から1/4ほどつけたらもう片方の端を合わせてアイロンをあて、厚紙がかるく曲がった状態で全体をはります。

15　これで完成です。巻きぶたは開ききらずにカーブした状態になります。こうすることでふたを閉じたときに中の布がもたつかずに、すっきりときれいにできます。

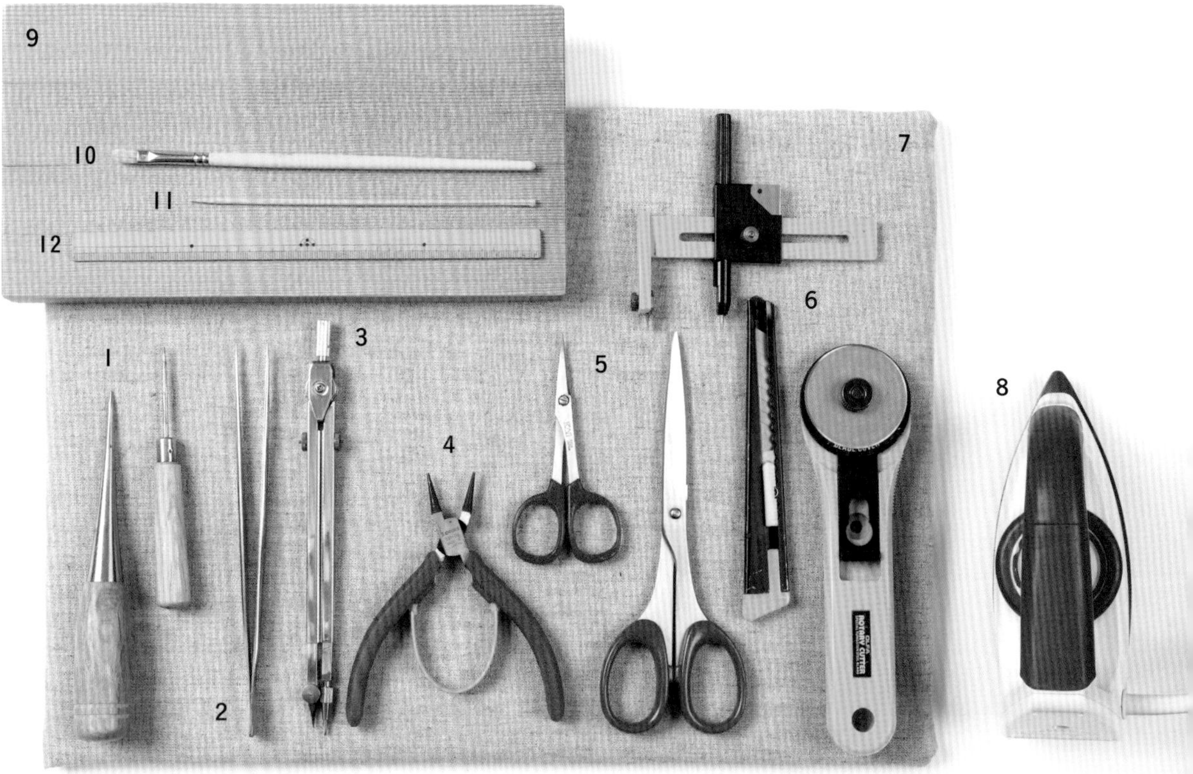


# 道具と材料

この本で使っている基本的な道具と材料を紹介します。道具は自分の使いやすいものを使ってください。

## 道具

**1.** 目打ち　普通の太さのものと太い目打ちの２本があれば便利です。　**2.** ピンセット　細かい作業やつまみ細工に使います。　**3.** コンパス　型紙を作るときに使います。　**4.** ペンチ　ワイヤーを曲げたり、花芯を作るときなどしっかり持って作業をするときに。　**5.** 細かい部分をカットする先のとがった糸切りばさみと布を切る用、紙切り用を使い分けます。　**6.** カッターとロータリーカッター　上は円を切る専用のロータリーカッターです。　**7**、**8.** アイロン台とアイロン　アイロンは小さいものを。コテなどでもかまいません。　**9.** のり台　でんぷんのりを引いてつまみ細工を並べておく台。　**10.** 筆　ボンドをつけるときに使います。　**11.** 竹串　ボンドをつけるときや、細かい作業に。　**12.** 定規　短いもので十分です。　ほかにもクリップなどがあると便利です。

## いろいろな材料

右上はサージカルテープ。厚紙同士をはり合わせるときに使います。右下はスチロール球。上からバラ芯、球、円柱です。おひな様や干支の胴、和菓子に使います。中央のボンドは定番の木工用です。隣はつまみ細工に使うでんぷんのりです。左中は和菓子の花芯に使う素玉ペップ。ペップは好みのものでかまいません。左上はアートフラワー用のワイヤーです。干支などの飾り物に使います。

## 内側の布

箱の内側には羽織の裏布や綸子をよく使います。地模様の入った赤を使うことが多いですが、表の布と関連を持たせた柄を使うとおもしろさがアップします。巻き箱のように和紙をはることもあります。布の場合はケント紙にはって使いますが、和紙は1枚で使うため厚みに違いがでるので微妙なサイズ調整が必要です。

## 外側の布

主にちりめんを使っています。ちりめんは伸縮性があるので、だぶついたりしわになったりせずに、箱にきれいにはることができます。箱には季節の柄を選び、中の飾り小物には無地をよく使います。ぼかしやグラデーションのある無地をそろえておくと表情がでて便利です。そのほかに綸子などを使うこともあります。

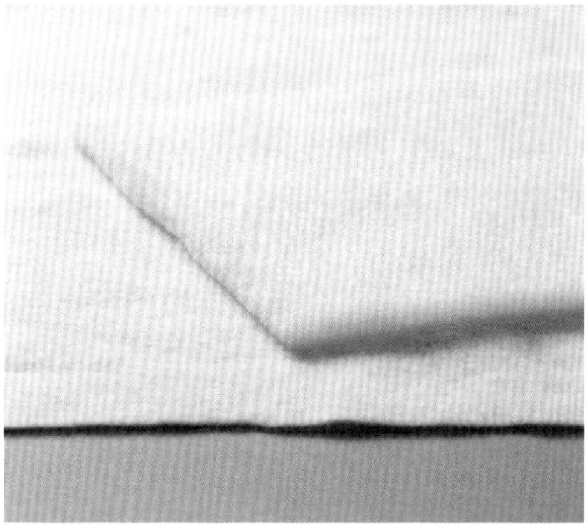

## キルト綿

ふたや身の外側には、キルト綿を重ねてふっくらとさせます。上のキルト綿は厚さ0.5cmほどのふっくらとしたものです。下の薄手キルト綿は厚さ0.1～0.2cmの極薄タイプを使用しています。どちらも接着樹脂のついていないキルト綿です。

## 厚紙、両面接着シート

上からクモの巣状の接着樹脂と剥離紙がセットになっている両面接着シート。剥離紙をはがして接着します。ほぼすべての布の裏にはっておきます。中は箱の外側、本体になる厚紙です。板目表紙を使います。下は内側や底裏の布に使うケント紙です。

押し絵の花箱。六角形の箱の中に小さな丸い箱が7つ入ります。六角形にぴったり納まる大きさです。基本の箱が作れるようになったら手の込んだオリジナルの箱を考えてチャレンジしてみてください。

参考作品

# 作品の作り方

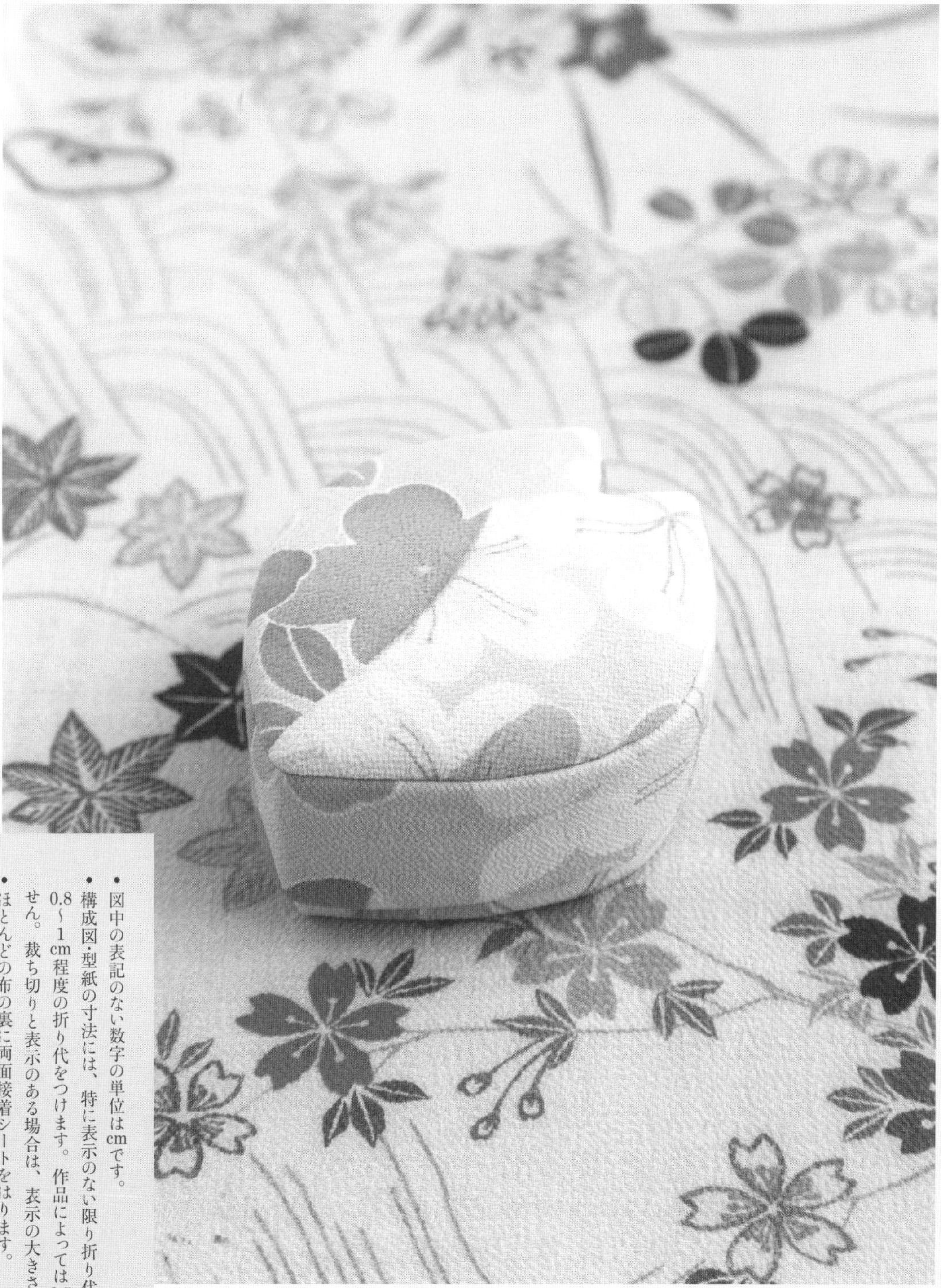

- 図中の表記のない数字の単位はcmです。
- 構成図・型紙の寸法には、特に表示のない限り折り代は含みません。通常、0.8～1cm程度の折り代をつけます。作品によっては0.5cm程度でもかまいません。裁ち切りと表示のある場合は、表示の大きさに布を裁ちます。
- ほとんどの布の裏に両面接着シートをはります。
- 作品の出来上がりは、図の寸法と多少差が出ることがあります。
- 布によって厚みが違います。厚い布を使うときなどは、箱の閉まりが悪くなることもあるので微調整してください。

*P.8*

# いちばん<br>シンプルな箱3種

**材料**

**・共通**

キルト綿、薄手キルト綿、厚紙、ケント紙、両面接着シート各適宜

**・かぶせぶたの箱**

ふた上用布（ふた側面外、身底裏分含む）25×15cm　身側面外用布25×5cm　ふた中用布（ふた側面中、身底中、身側面中分含む）25×15cm

**・のせぶたの箱**

ふた用布（身側面外、身底裏分含む）25×15cm　ふた中用布（桟、身底中、身側面中分含む）25×15cm

**・印籠ぶたの箱**

ふた上用布（ふた側面外、身側面外、身底裏分含む）25×15cm　ふた中用布（ふた側面中、身側面中、身底中分含む）25×15cm

**出来上がり寸法**　かぶせぶたの箱5.3×6.8×2.5cm　のせぶたの箱5.3×6.8×3cm　印籠ぶたの箱5.3×6.8×4cm

**作り方のポイント**

●箱の作り方は48・51～58ページ参照。

●布の裏にはすべてに両面接着シートをはる。

●布の折り代は0.5～1cmつける。

●ふた上のキルト綿や側面の薄手キルト綿は大きめにカットしておき、厚紙にはってからそろえてカットする。キルト綿の1枚は厚紙より1～2cm小さくカットする。

●側面中のケント紙は長めに用意しておき、実際に内側に合わせて長さを調整してから布でくるむとよい。

●のせぶたの箱の身中は千代紙などを使ってもよい。そのときは身底中のサイズを身底本体よりも0.2～0.3cm大きくカットする。

**作り方**

①ふた上は48ページ、かぶせぶたの箱は51ページ、のせぶたの箱は54ページ、印籠ぶたの箱は57ページを参照して作る。

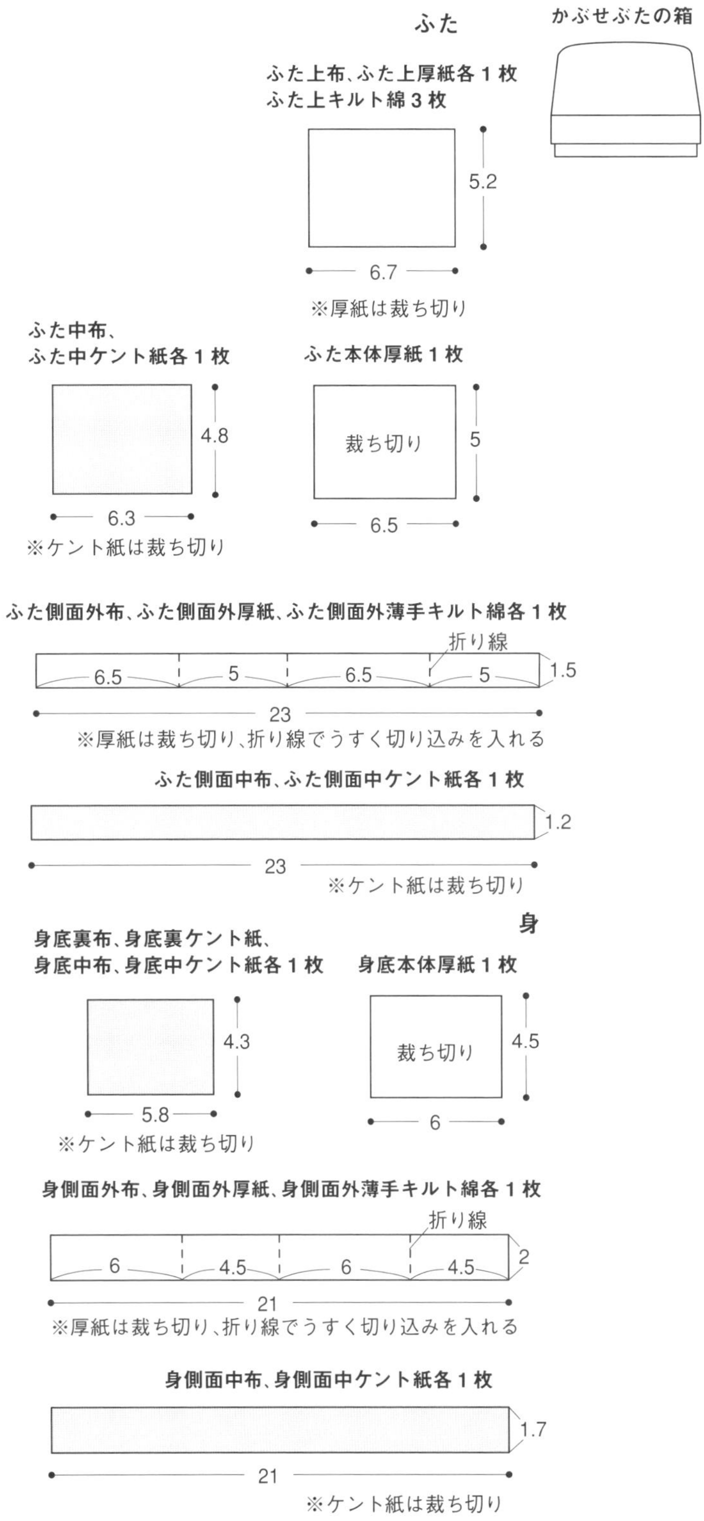

かぶせぶたの箱
ふた
ふた上布、ふた上厚紙各１枚
ふた上キルト綿３枚
5.2
6.7
※厚紙は裁ち切り
ふた中布、
ふた中ケント紙各１枚
4.8
6.3
※ケント紙は裁ち切り
ふた本体厚紙１枚
裁ち切り
5
6.5
ふた側面外布、ふた側面外厚紙、ふた側面外薄手キルト綿各１枚
折り線
6.5
5
6.5
5
1.5
23
※厚紙は裁ち切り、折り線でうすく切り込みを入れる
ふた側面中布、ふた側面中ケント紙各１枚
1.2
23
※ケント紙は裁ち切り
身
身底裏布、身底裏ケント紙、
身底中布、身底中ケント紙各１枚
4.3
5.8
※ケント紙は裁ち切り
身底本体厚紙１枚
裁ち切り
4.5
6
身側面外布、身側面外厚紙、身側面外薄手キルト綿各１枚
折り線
6
4.5
6
4.5
2
21
※厚紙は裁ち切り、折り線でうすく切り込みを入れる
身側面中布、身側面中ケント紙各１枚
1.7
21
※ケント紙は裁ち切り

## のせぶたの箱
栈あり

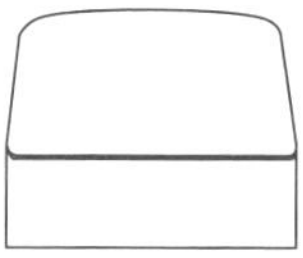

### ふた

**ふた内側、栈の位置**

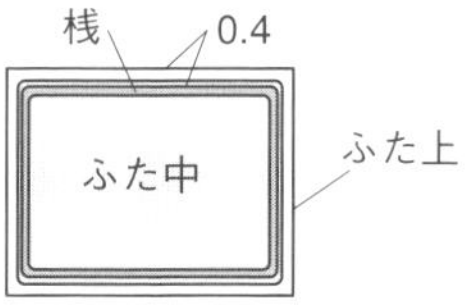


ふた中の上に沿わせて
ボンドでつける

**ふた中布、**
**ふた中ケント紙各１枚**

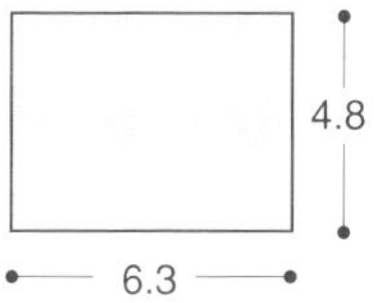


※ケント紙は裁ち切り

**ふた布、ふた厚紙各１枚**
**ふたキルト綿３枚**

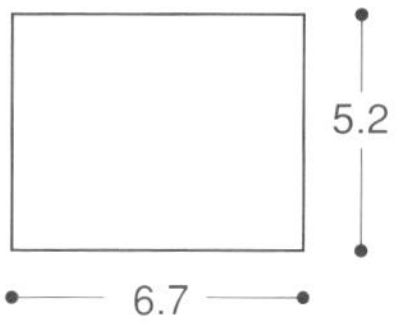


※厚紙は裁ち切り

**栈布１枚**

**栈厚紙２枚**

※１枚はもう１枚の内側に合わせてカットする
※折り線でうすく切り込みを入れる

### 身

**身側面外布、身側面外厚紙、身側面外薄手キルト綿各１枚**

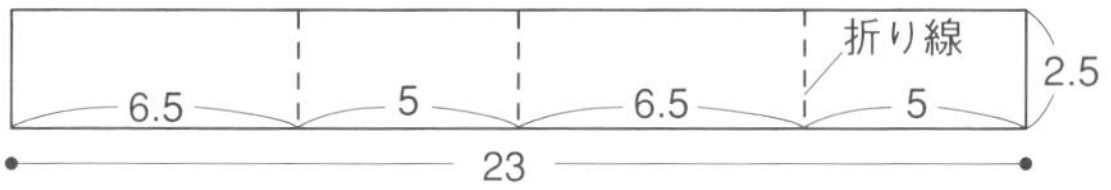


※厚紙は裁ち切り、折り線でうすく切り込みを入れる

**身側面中布、身側面中ケント紙各１枚**

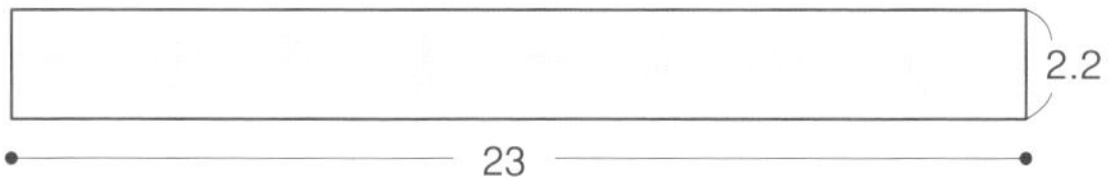


※ケント紙は裁ち切り

**身底裏布、身底裏ケント紙、**
**身底中布、身底中ケント紙各１枚**

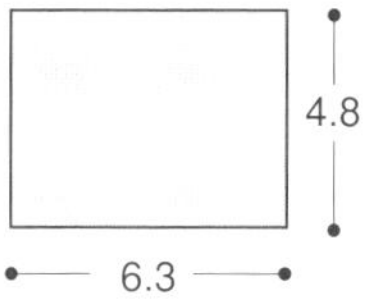


※ケント紙は裁ち切り

**身底本体厚紙１枚**

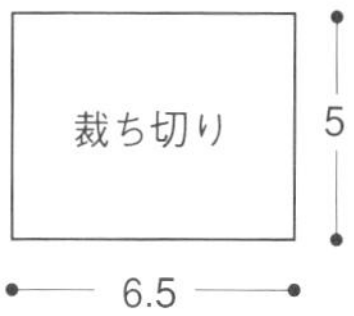


## 印籠ぶたの箱

### ふた

**ふた中布、**
**ふた中ケント紙各１枚**

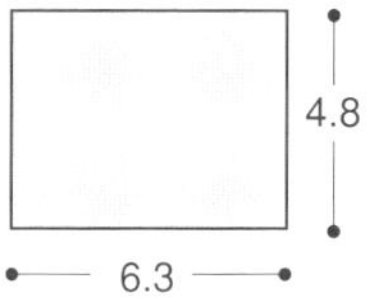


※ケント紙は裁ち切り

**ふた本体厚紙１枚**

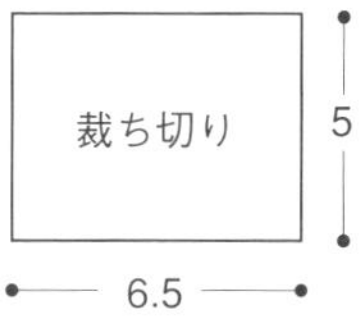


**ふた上布、ふた上厚紙各１枚**
**ふた上キルト綿３枚**

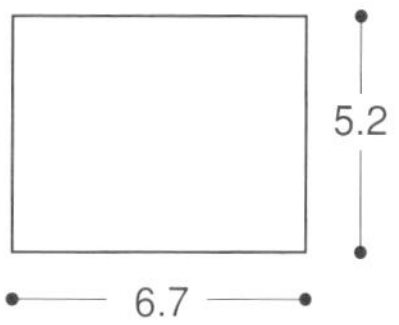


※厚紙は裁ち切り

**ふた側面中布、ふた側面中ケント紙各１枚**

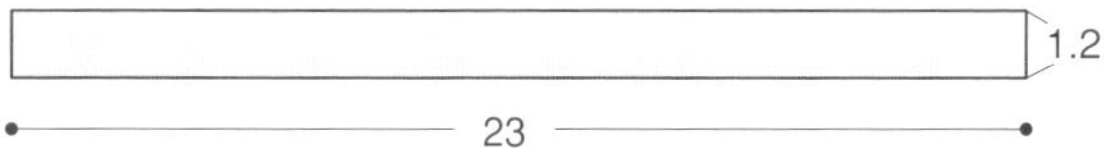


**ふた側面外布、ふた側面外厚紙、ふた側面外薄手キルト綿各１枚**

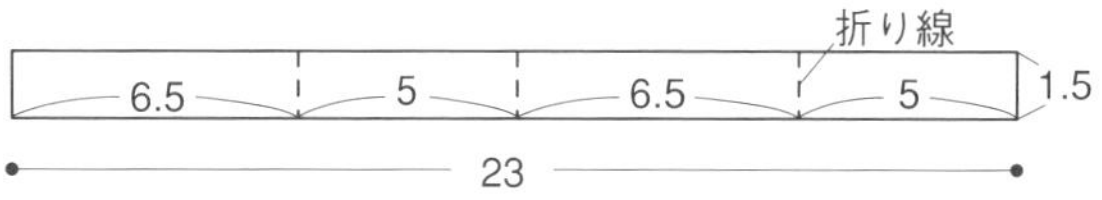


※厚紙は裁ち切り、折り線でうすく切り込みを入れる

### 身

**身側面外布、身側面外厚紙 a、身側面外薄手キルト綿各１枚**

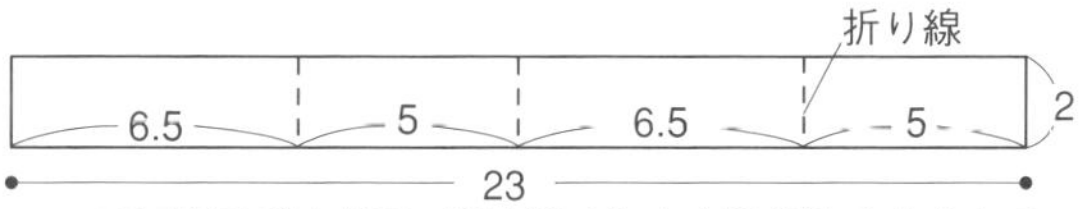


※厚紙は裁ち切り、折り線でうすく切り込みを入れる

**身側面外厚紙 b 各１枚**

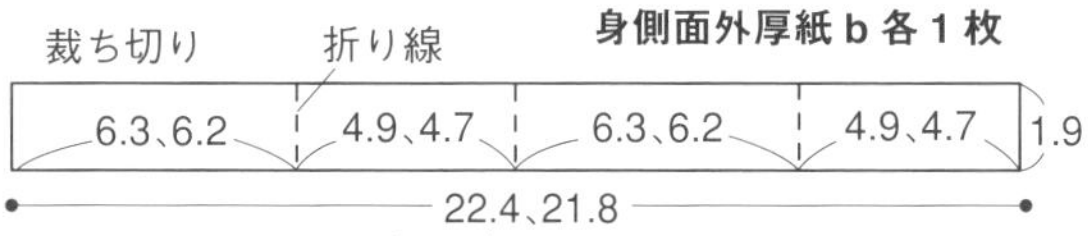


※折り線でうすく切り込みを入れる

**身側面中布、身側面中厚紙各１枚**

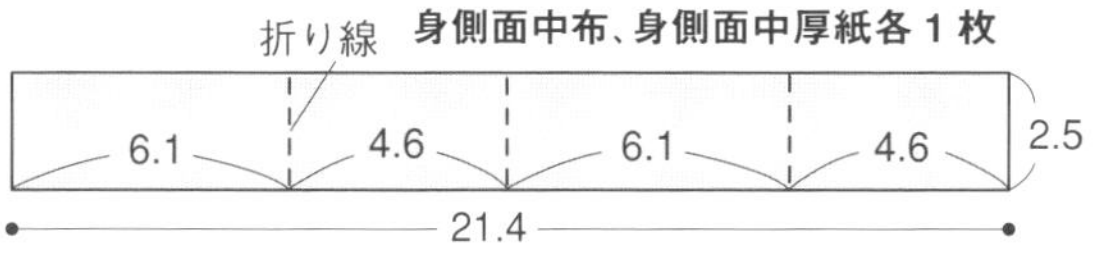


※厚紙は裁ち切り、
折り線でうすく切り込み
を入れる

**身底裏布、身底裏ケント紙、**
**身底中布、身底中ケント紙各１枚**

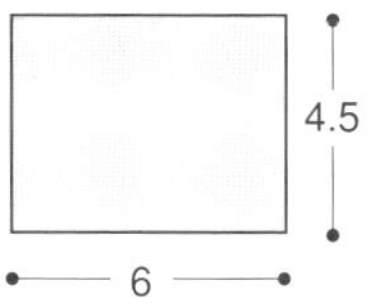


※ケント紙は裁ち切り

**身底本体厚紙１枚**

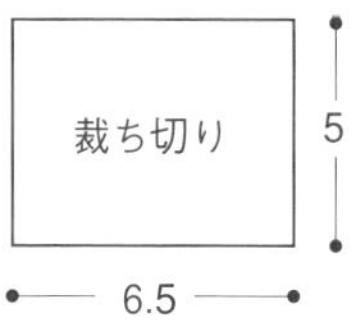


**身の立ち上がり**

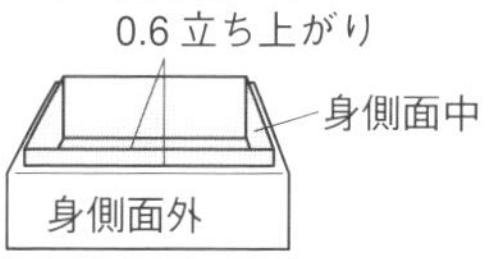


身側面中が立ち上がりになる

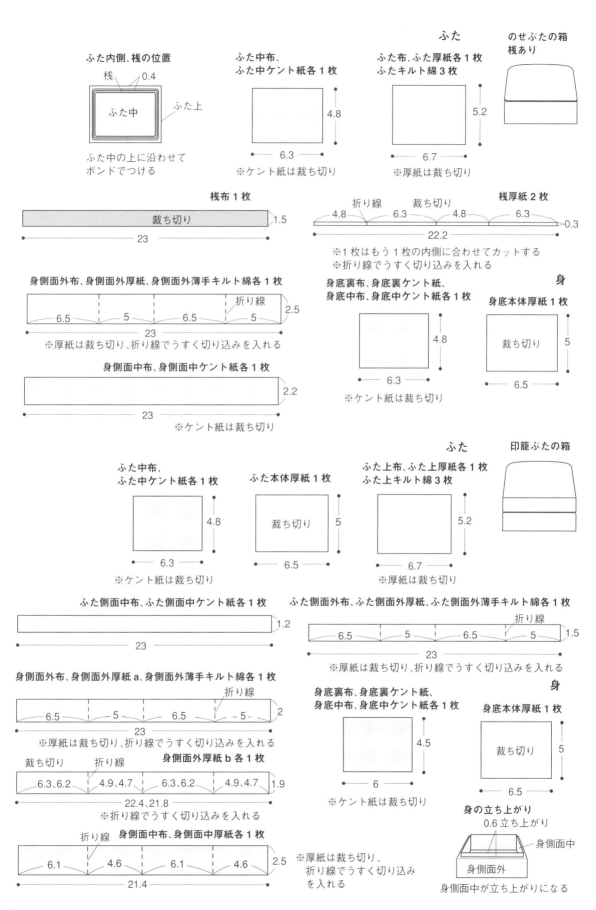

P.10

# 1月 十二支の箱

ふた

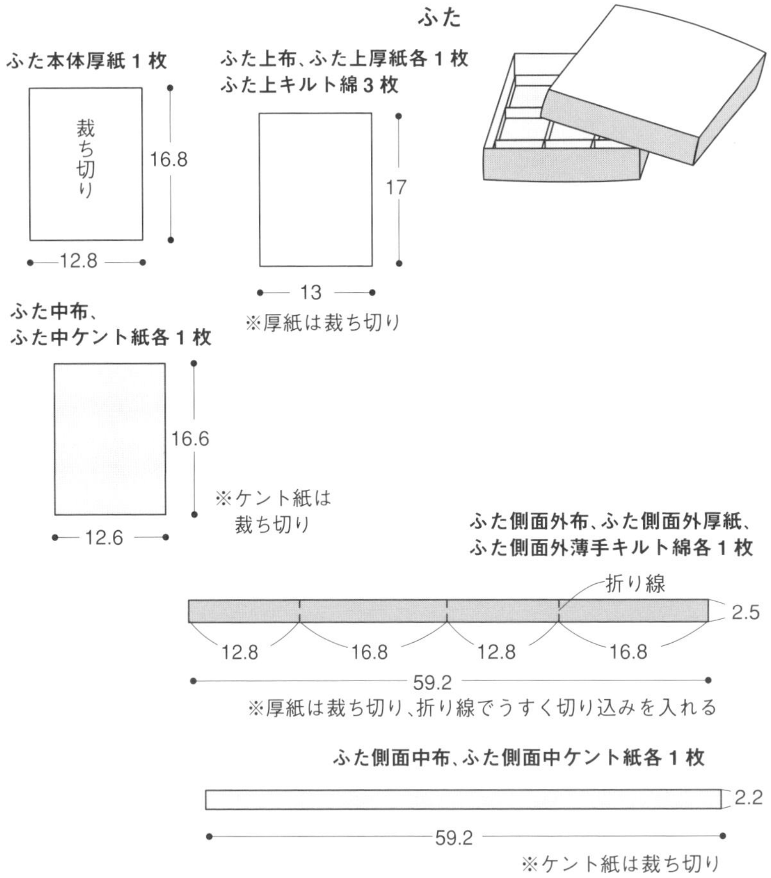


身

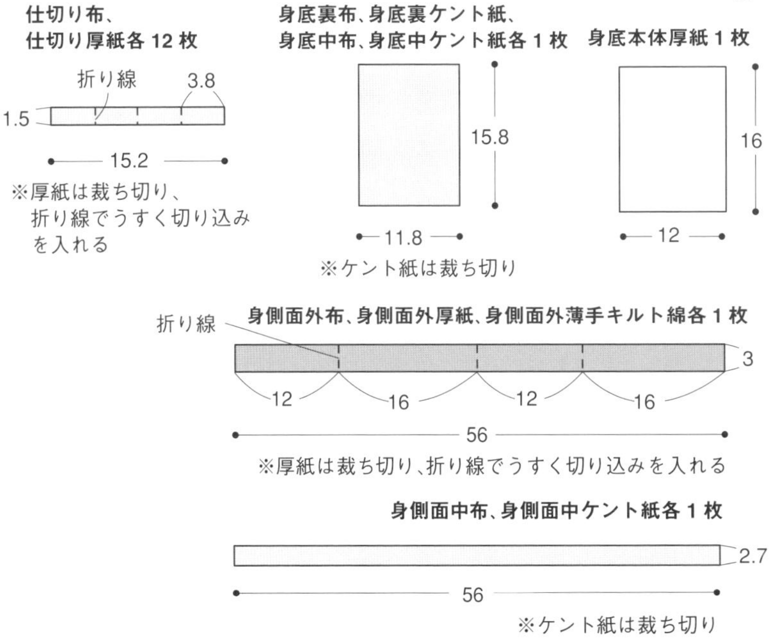


**材料**

**・共通**

薄手キルト綿、ケント紙、両面接着シート、口用穴糸各適宜　胴用直径3cmスチロール球1個

**・箱**

ふた上用布15×20cm　ふた側面外用布5×65cm　身側面外用布（身底裏分含む）20×65cm　ふた中用布（ふた側面中、身側面中、身底中、仕切り分含む）35×65cm　キルト綿、厚紙各適宜

**・子**

胴用布（耳、底、尾分含む）15×15cm　内耳用布2×2cm　歯用布1×1cm　直径0.15cmビーズ2個　直径0.35cmビーズ1個　28番ワイヤー5cm　すが糸適宜

**・丑**

胴用布（耳、底分含む）15×10cm　鼻用布（内耳分含む）5×5cm　角用布5×5cm　牛模様用布10×10cm　尾用直径0.2cm組ひも5cm　直径0.15cmビーズ2個　28番ワイヤー10cm

**・寅**

胴用布（耳、底分含む）15×10cm　内耳用布2×2cm　口用布2×2cm　尾用直径0.15cm組ひも5cm　直径0.15cmビーズ2個　直径0.35cmビーズ1個　すが糸適宜

**・卯**

胴用布（耳、耳裏、底、尾分含む）15×10cm　内耳用布5×1cm　直径0.2cmビーズ2個　すが糸適宜

**・辰**

胴用布（耳、底分含む）15×10cm　内耳用布2×2cm　直径0.2cmビーズ2個　28番ワイヤー10cm　ひげ用水引（またはワイヤーに糸を巻く）適宜

**・巳**

胴用布（底分含む）15×10cm　へび用布5×5cm　直径0.2cmビーズ1個

**・午**

胴用布（耳、底分含む）15×10cm　内耳用布2×2cm　鼻用布5×2cm　胴白ライン用布5×5cm　尾用直径0.2cm組ひも5cm　直径0.2cmビーズ2個　手綱用直径0.15cm組ひも10cm　すが糸適宜

## 仕切りの作り方

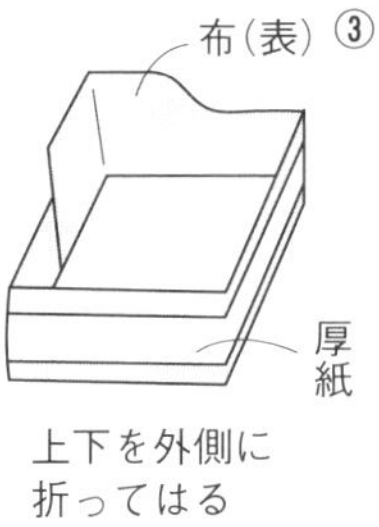

布(表) ③
厚紙
上下を外側に
折ってはる

①
折り線で箱型に折り
ボンドと
サージカルテープではる


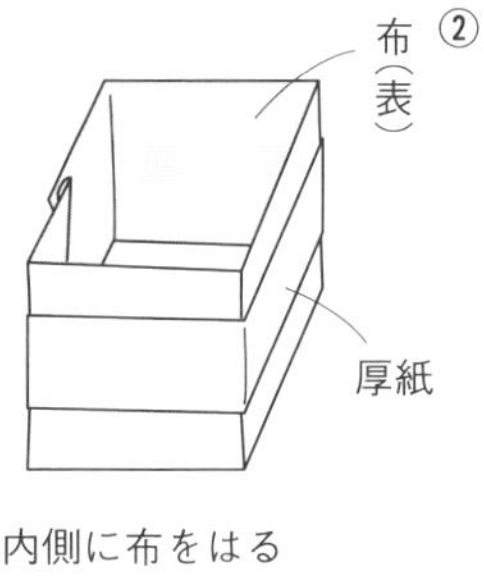

布(表) ②
厚紙
内側に布をはる


## 仕切りのまとめ方

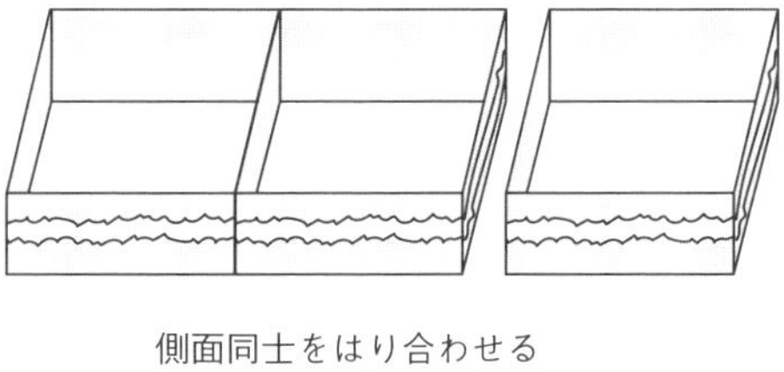

側面同士をはり合わせる


## 十二支の共通材料と作り方

**底ケント紙1枚**

2.5
裁ち切り


**胴1枚**

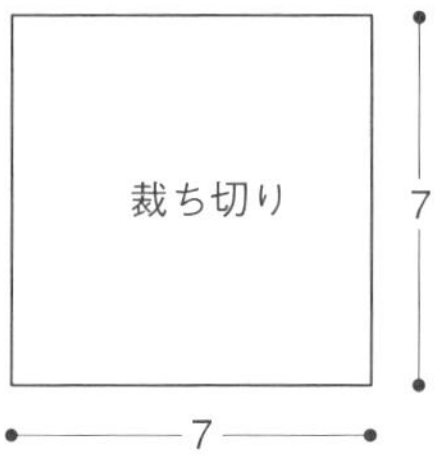

裁ち切り
7
7


**スチロール球1個**

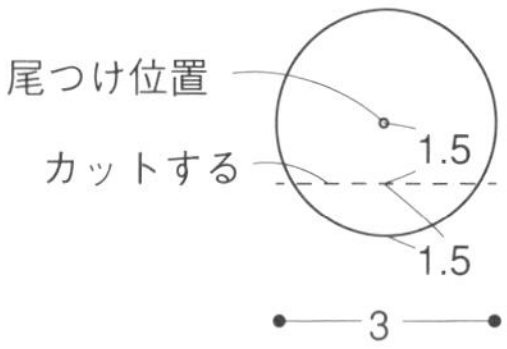

尾つけ位置
カットする
1.5
1.5
3


**底1枚**

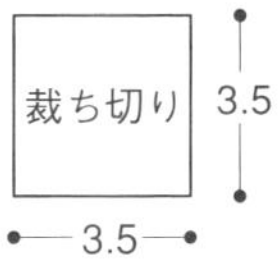

裁ち切り
3.5
3.5


**尾の作り方**

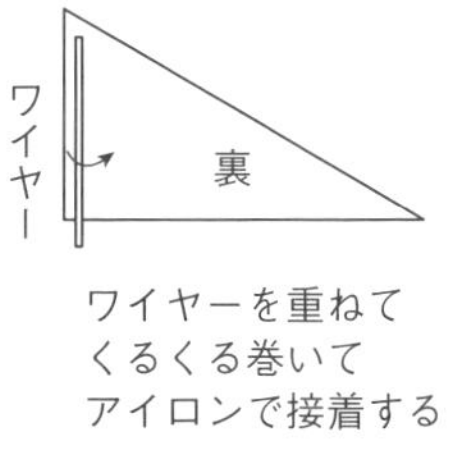

ワイヤー
裏
ワイヤーを重ねて
くるくる巻いて
アイロンで接着する


**耳の作り方**

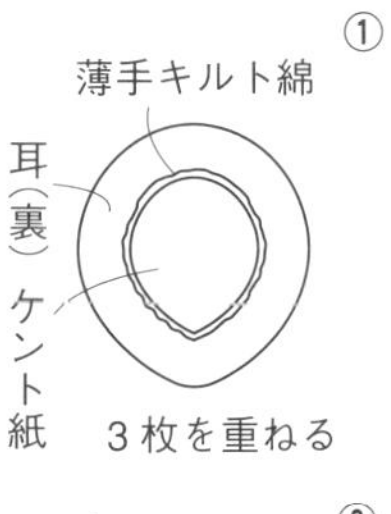

①
薄手キルト綿
耳(裏)
ケント紙
3枚を重ねる

②
ケント紙
耳でケント紙を
くるんではる

③
内耳
内耳をはる


**・未**

胴用布(耳、底分含む)15×10cm　内耳用布2×2cm　顔用布5×5cm　角用布5×5cm　尾用直径0.2cm組ひも5cm　直径0.15cmビーズ2個　28番ワイヤー15cm

**・申**

胴用布(耳、底、尾分含む)15×10cm　内耳用布2×2cm　顔用布5×5cm　直径0.15cmビーズ2個　きんこじ用ワイヤー(または水引き)10cm　28番ワイヤー5cm

**・酉**

胴用布(底分含む)15×10cm　くちばし用布1×1cm　とさか用布(肉だれ分含む)10×5cm　直径0.15cmビーズ2個

**・戌**

胴用布(底分含む)15×10cm　耳用布(尾分含む)5×5cm　直径0.15cmビーズ2個　直径0.2cmビーズ1個　28番ワイヤー5cm

**・亥**

胴用布(耳、底分含む)15×10cm　内耳用布2×2cm　鼻用布5×2cm　尾用直径0.2cm組ひも5cm　直径0.15cmビーズ2個

**出来上がり寸法**　箱17×13×3.5cm　十二支直径3cm

**作り方のポイント**

●箱の作り方は48・51ページ、干支の作り方は14ページ参照。
●布の裏にはすべてに両面接着シートをはる。
●布の折り代は0.5～1cmつける。
●ふた上のキルト綿や側面の薄手キルト綿は大きめにカットしておき、厚紙にはってからそろえてカットする。キルト綿の1枚は厚紙より1～2cm小さくカットする。
●側面中のケント紙は長めに用意しておき、実際に内側に合わせて長さを調整してから布でくるむとよい。
●ひげ用のすが糸は、歯ブラシを使ってもよい。

**作り方**

①48・51ページを参照してかぶせぶたの箱を作る。仕切りを作り、中に入れる。
②14ページを参照して十二支を作り、箱の中に入れる。

P.10

# 1月 十二支の箱

※太線は実物大型紙

## 子

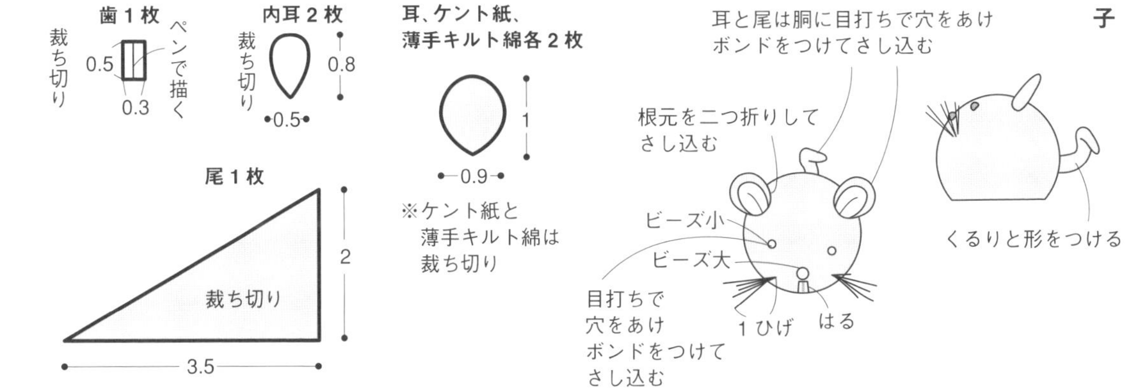
歯1枚
裁ち切り
0.5
0.3
ペンで描く
内耳2枚
裁ち切り
0.8
0.5
耳、ケント紙、
薄手キルト綿各2枚
1
0.9
※ケント紙と
薄手キルト綿は
裁ち切り
尾1枚
2
裁ち切り
3.5
耳と尾は胴に目打ちで穴をあけ
ボンドをつけてさし込む
根元を二つ折りして
さし込む
ビーズ小
ビーズ大
目打ちで
穴をあけ
ボンドをつけて
さし込む
1 ひげ
はる
くるりと形をつける

## 丑

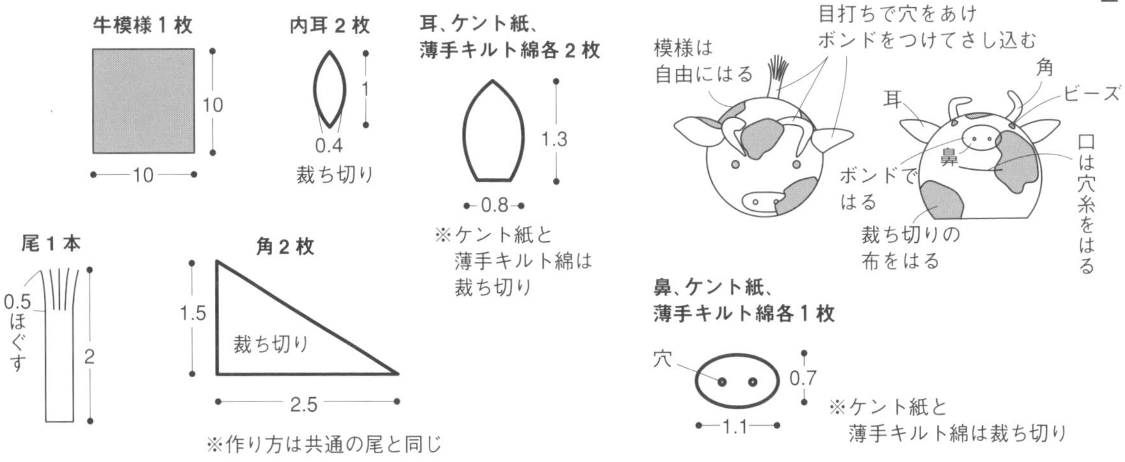
牛模様1枚
10
10
内耳2枚
1
0.4
裁ち切り
耳、ケント紙、
薄手キルト綿各2枚
1.3
0.8
※ケント紙と
薄手キルト綿は
裁ち切り
尾1本
0.5
ほぐす
2
角2枚
1.5
裁ち切り
2.5
※作り方は共通の尾と同じ
模様は
自由にはる
目打ちで穴をあけ
ボンドをつけてさし込む
角
ビーズ
耳
鼻
ボンドで
はる
口は穴糸をはる
裁ち切りの
布をはる
鼻、ケント紙、
薄手キルト綿各1枚
穴
0.7
1.1
※ケント紙と
薄手キルト綿は裁ち切り

## 寅

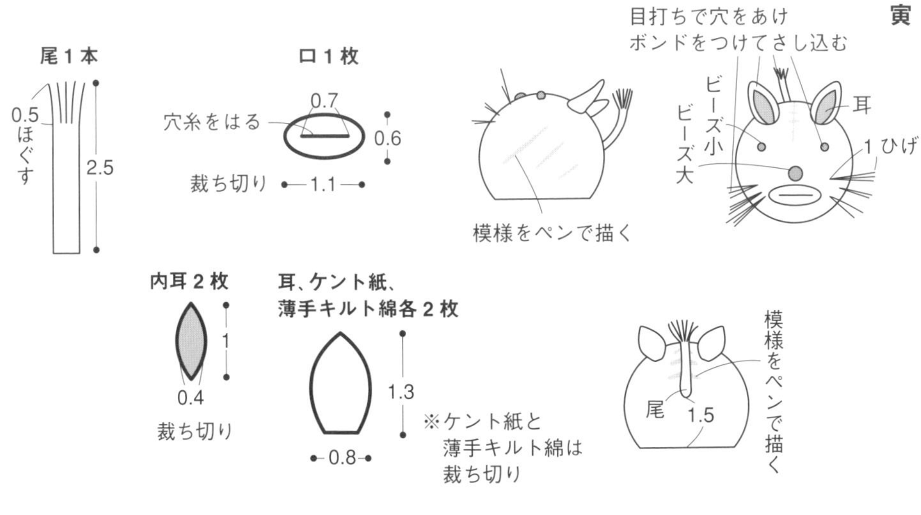
尾1本
0.5
ほぐす
2.5
口1枚
0.7
穴糸をはる
0.6
裁ち切り
1.1
模様をペンで描く
目打ちで穴をあけ
ボンドをつけてさし込む
ビーズ小
ビーズ大
耳
1 ひげ
内耳2枚
1
0.4
裁ち切り
耳、ケント紙、
薄手キルト綿各2枚
1.3
0.8
※ケント紙と
薄手キルト綿は
裁ち切り
尾
1.5
模様をペンで描く

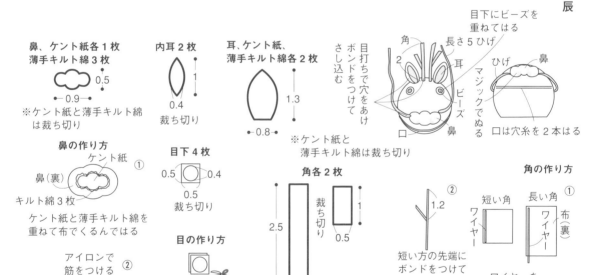

## 卯

### 尾の作り方

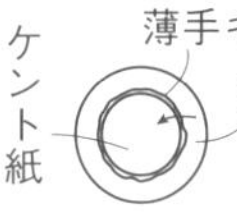

薄手キルト綿
ケント紙
裏


尾に薄手キルト綿とケント紙を重ねて周囲をくるんではる

### 尾、ケント紙、薄手キルト綿各１枚

0.6


※ケント紙と薄手キルト綿は裁ち切り

### 内耳２枚

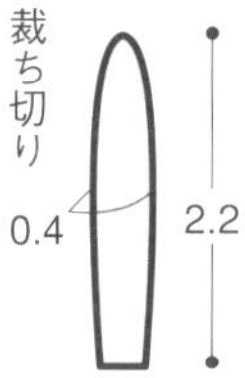

裁ち切り
0.4
2.2


### 耳、耳裏、ケント紙、薄手キルト綿各２枚

2.6
0.7


※耳裏布、ケント紙、薄手キルト綿は裁ち切り

目打ちで穴をあけ
ボンドをつけてさし込む
尾をボンドではる
ビーズ
耳
1.5 ひげ
穴糸をはる


### 耳の作り方

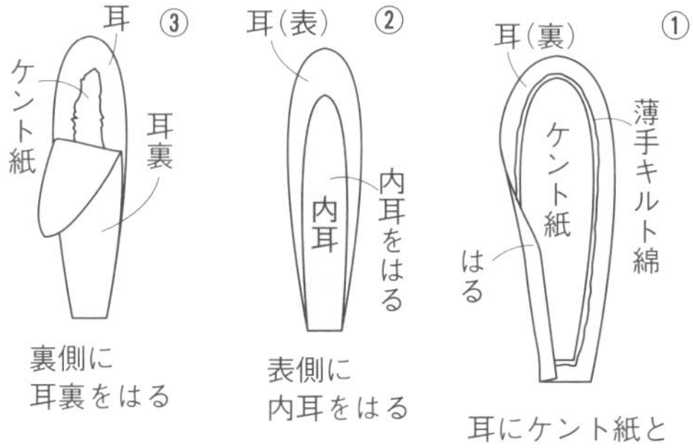

①
耳（裏）
ケント紙
薄手キルト綿
はる
②
耳（表）
内耳
内耳をはる
③
耳
ケント紙
耳裏


① 耳にケント紙と薄手キルト綿を重ねて周囲をくるんではる

② 表側に内耳をはる

③ 裏側に耳裏をはる

## 辰

### 鼻、ケント紙各１枚 薄手キルト綿３枚

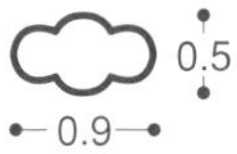

0.5
0.9


※ケント紙と薄手キルト綿は裁ち切り

### 内耳２枚

1
0.4


裁ち切り

### 耳、ケント紙、薄手キルト綿各２枚

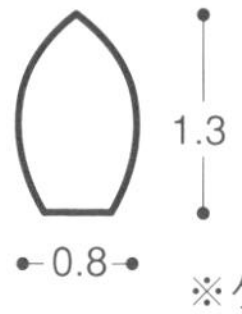

1.3
0.8


※ケント紙と薄手キルト綿は裁ち切り

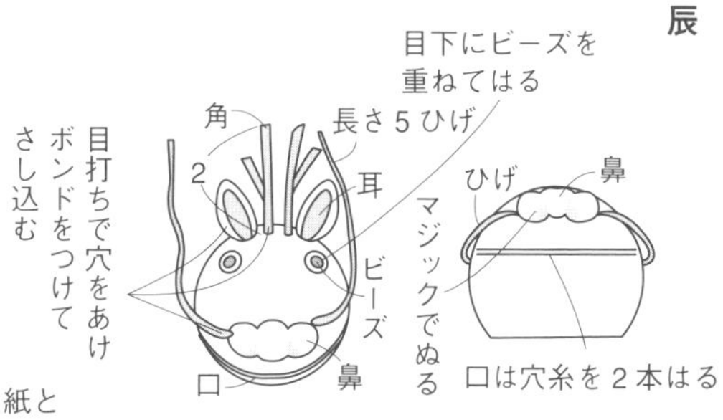

目下にビーズを重ねてはる
角
長さ５ ひげ
2
耳
目打ちで穴をあけボンドをつけてさし込む
ビーズ
鼻
口
ひげ
マジックでぬる
口は穴糸を２本はる


### 鼻の作り方

①
ケント紙
鼻（裏）
キルト綿３枚


① ケント紙と薄手キルト綿を重ねて布でくるんではる

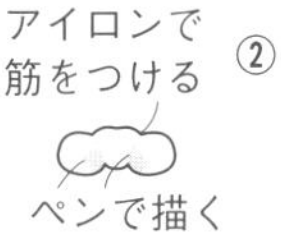

②
アイロンで筋をつける
ペンで描く


### 目下４枚

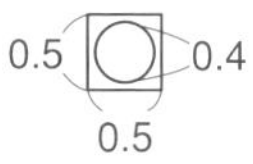

0.5
0.4
0.5


裁ち切り

### 目の作り方

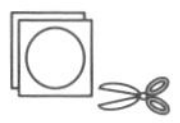

２枚をはり合わせてから丸にカットする

### 角各２枚

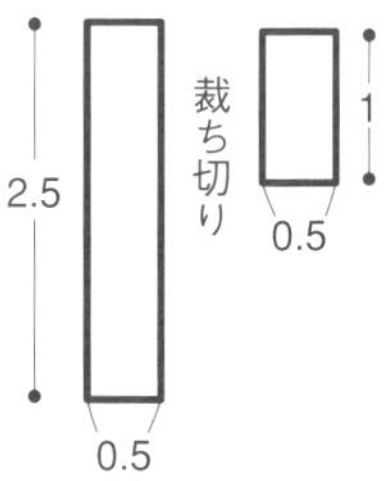

2.5
0.5
裁ち切り
1
0.5


### 角の作り方

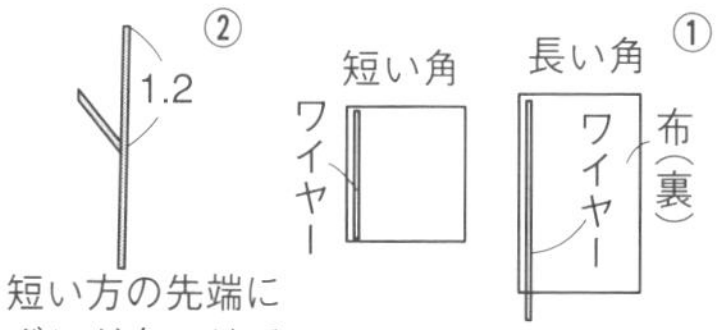

①
短い角
長い角
ワイヤー
布（裏）
②
1.2


① ワイヤーを布でまく

② 短い方の先端にボンドをつけて長い方にはる

## 巳

### へびの作り方

裏
薄手キルト綿
切り込み
切り込み
ケント紙
切り抜く


布に薄手キルト綿、ケント紙を重ねくるんではる

### へび、ケント紙、薄手キルト綿各１枚

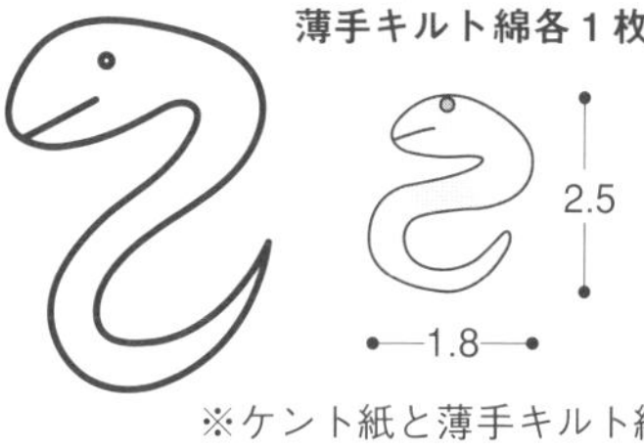

2.5
1.8


※ケント紙と薄手キルト綿は裁ち切り

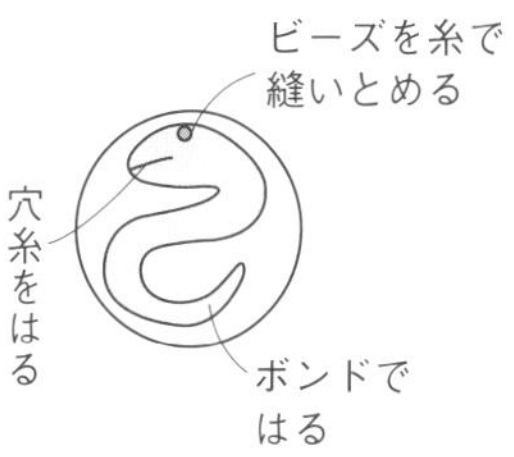

ビーズを糸で縫いとめる
穴糸をはる
ボンドではる

# 1月 十二支の箱

## 午

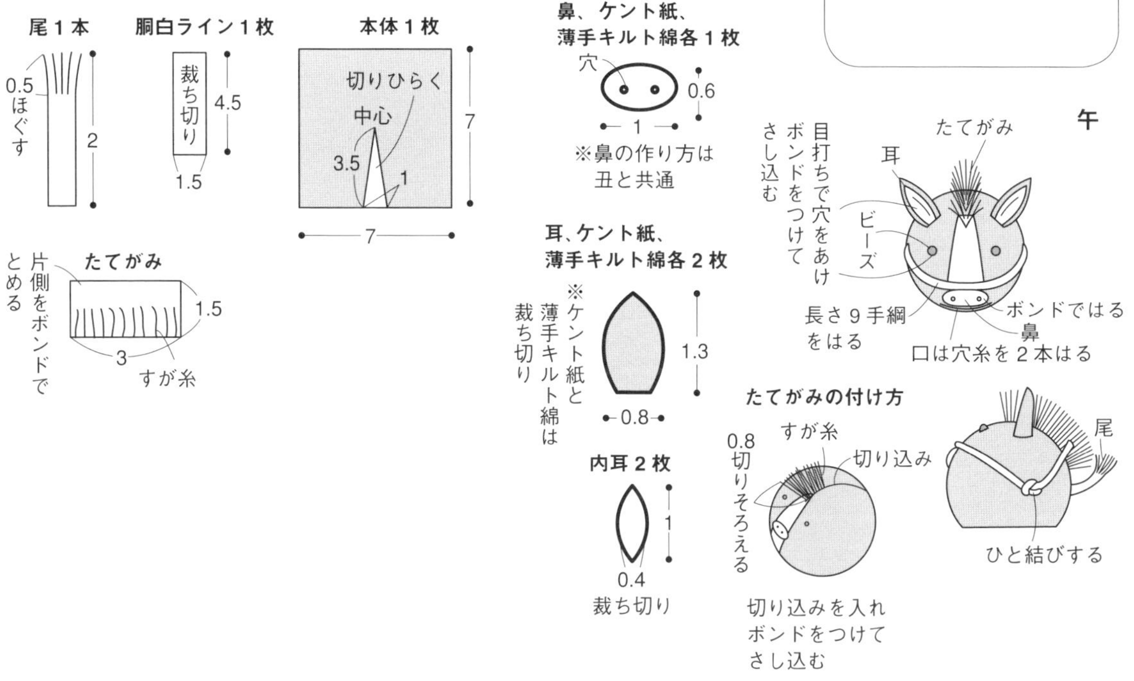

尾１本
0.5 ほぐす
2
胴白ライン１枚
裁ち切り
4.5
1.5
本体１枚
切りひらく
中心
3.5
1
7
7
たてがみ
片側をボンドでとめる
1.5
3
すが糸
鼻、ケント紙、薄手キルト綿各１枚
穴
0.6
1
※鼻の作り方は丑と共通
耳、ケント紙、薄手キルト綿各２枚
※ケント紙と薄手キルト綿は裁ち切り
1.3
0.8
内耳２枚
1
0.4
裁ち切り
たてがみ
目打ちで穴をあけボンドをつけてさし込む
耳
ビーズ
長さ９手綱をはる
ボンドではる
鼻
口は穴糸を２本はる
たてがみの付け方
0.8 切りそろえる
すが糸
切り込み
切り込みを入れボンドをつけてさし込む
尾
ひと結びする


## 未

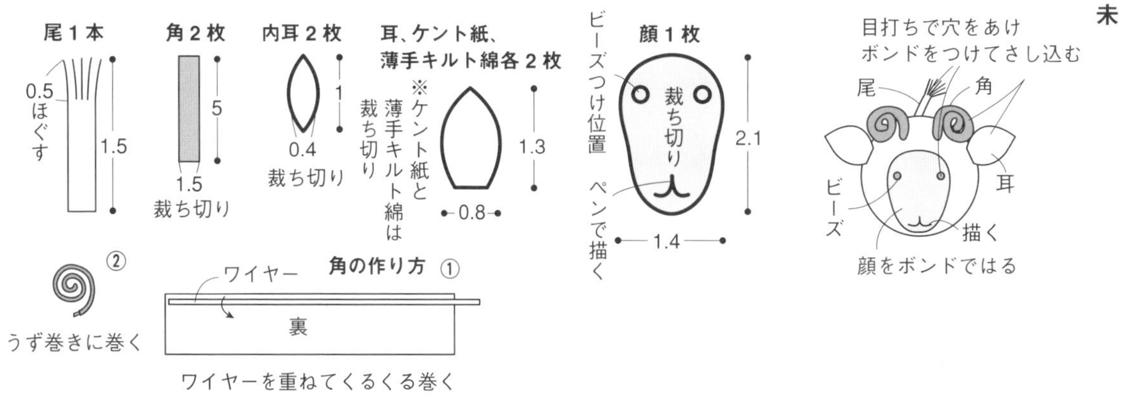

尾１本
0.5 ほぐす
1.5
角２枚
5
1.5
裁ち切り
内耳２枚
1
0.4
裁ち切り
耳、ケント紙、薄手キルト綿各２枚
※ケント紙と薄手キルト綿は裁ち切り
1.3
0.8
ビーズつけ位置
顔１枚
裁ち切り
ペンで描く
2.1
1.4
目打ちで穴をあけボンドをつけてさし込む
尾
角
耳
ビーズ
描く
顔をボンドではる
②
うず巻きに巻く
ワイヤー
角の作り方 ①
裏
ワイヤーを重ねてくるくる巻く


## 申

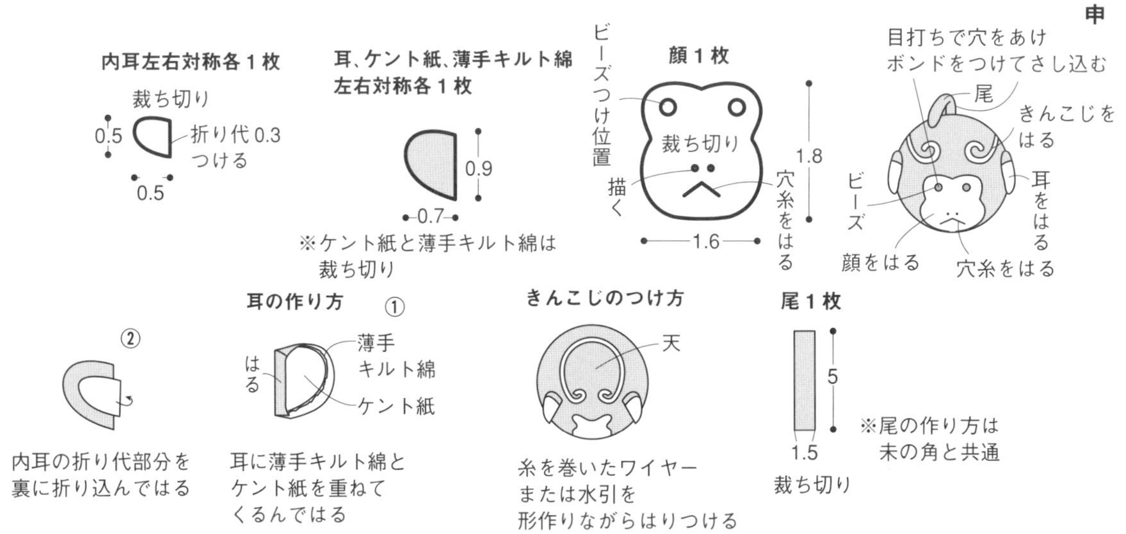

内耳左右対称各１枚
裁ち切り
0.5
折り代 0.3 つける
0.5
耳、ケント紙、薄手キルト綿左右対称各１枚
0.9
0.7
※ケント紙と薄手キルト綿は裁ち切り
ビーズつけ位置
顔１枚
裁ち切り
描く
穴糸をはる
1.8
1.6
目打ちで穴をあけボンドをつけてさし込む
尾
きんこじをはる
耳をはる
ビーズ
顔をはる
穴糸をはる
耳の作り方 ①
はる
薄手キルト綿
ケント紙
耳に薄手キルト綿とケント紙を重ねてくるんではる
②
内耳の折り代部分を裏に折り込んではる
きんこじのつけ方
天
糸を巻いたワイヤーまたは水引を形作りながらはりつける
尾１枚
5
1.5
裁ち切り
※尾の作り方は未の角と共通

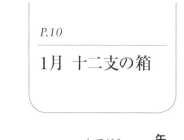

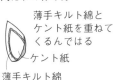

## 酉

**くちばし１枚**

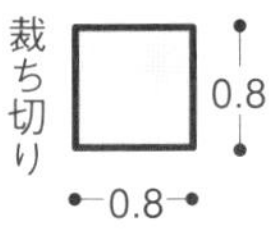

裁ち切り
0.8
0.8


**くちばしの作り方**

①
わ


半分に折ってはる

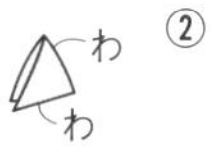

②
わ
わ


さらに
半分に折り
ボンドを
つけて固める

**肉だれ、ケント紙、薄手キルト綿各１枚**

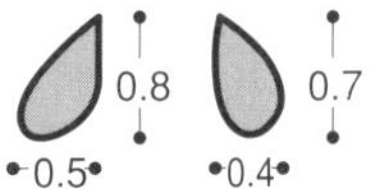

0.8
0.5
0.7
0.4


※ケント紙と薄手キルト綿は裁ち切り

**肉だれの作り方**

薄手キルト綿とケント紙を重ねてくるんではる
ケント紙
薄手キルト綿


**とさか４枚**

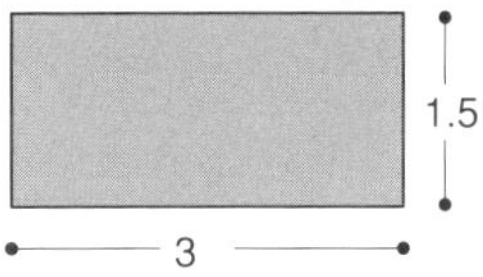

1.5
3


**とさかの作り方**

アイロンで４枚をはり合わせてから形にカットする

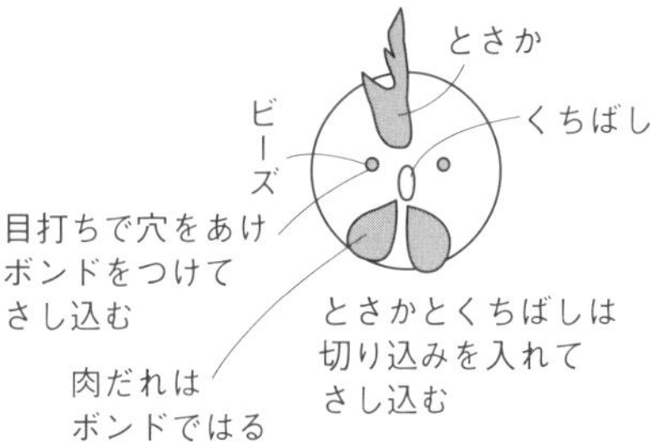

とさか
ビーズ
くちばし
目打ちで穴をあけボンドをつけてさし込む
とさかとくちばしは切り込みを入れてさし込む
肉だれはボンドではる


## 戌

**尾１枚**

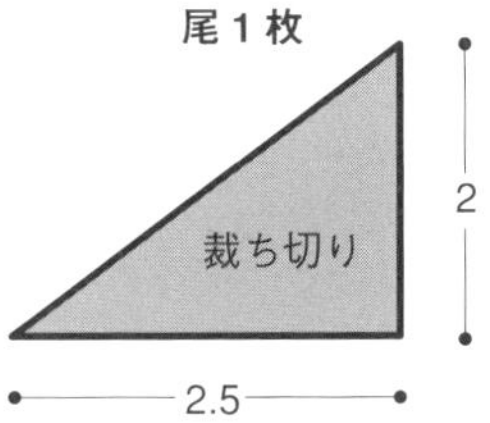

裁ち切り
2
2.5


**耳、ケント紙、薄手キルト綿各１枚**

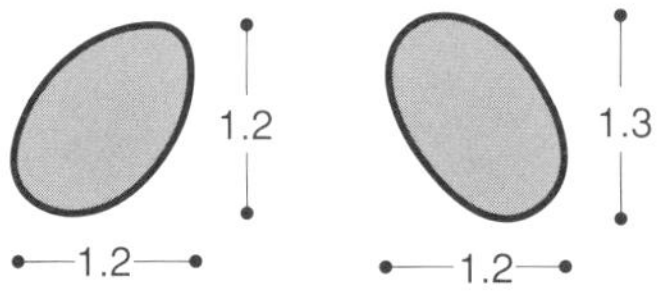

1.2
1.2
1.3
1.2


※ケント紙と薄手キルト綿は裁ち切り

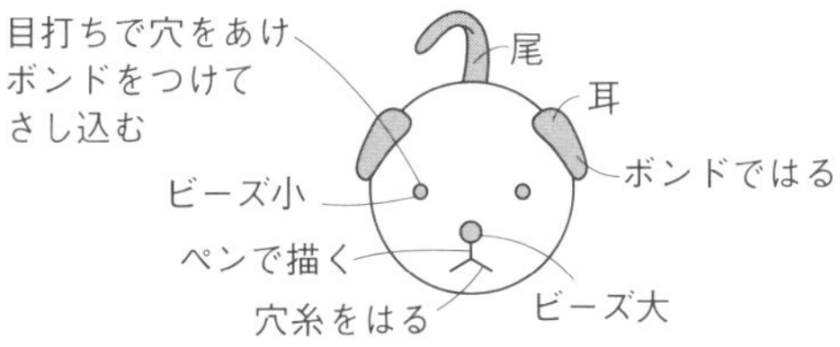

目打ちで穴をあけボンドをつけてさし込む
尾
耳
ボンドではる
ビーズ小
ペンで描く
穴糸をはる
ビーズ大


**耳の作り方**

薄手キルト綿
ケント紙


耳に薄手キルト綿とケント紙を重ねてくるんではる

## 亥

**鼻、ケント紙、薄手キルト綿各１枚**

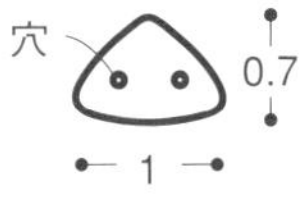

穴
0.7
1


※鼻の作り方は丑と共通

※ケント紙と薄手キルト綿は裁ち切り

**内耳２枚**

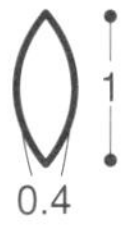

1
0.4


裁ち切り

**耳、ケント紙、薄手キルト綿各２枚**

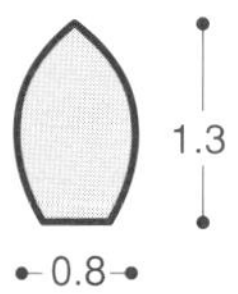

1.3
0.8


※ケント紙と薄手キルト綿は裁ち切り

**尾１本**

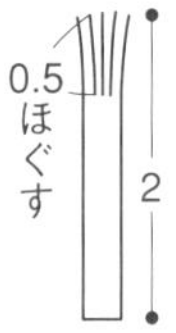

0.5
ほぐす
2


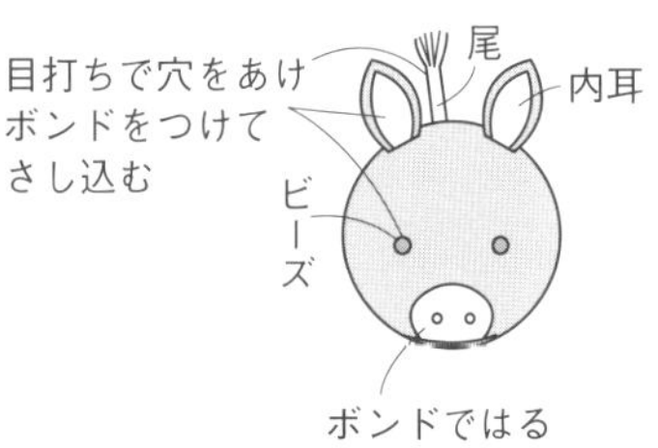

目打ちで穴をあけボンドをつけてさし込む
尾
内耳
ビーズ
ボンドではる

口は穴糸を２本はる

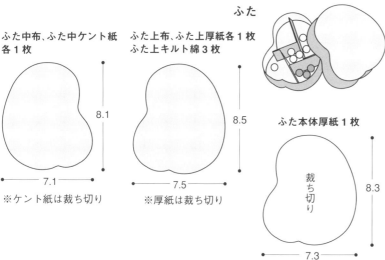

P.16

# 2月 節分の箱
# 横向き

**材料**

ふた側面外用布（身側面外、身底裏、仕切り分含む）35×20cm　ふた上用布15×10cm　ふた中用布（身底中分含む）20×15cm　ふた側面中用布（身側面中分含む）30×15cm　直径1.3cmスチロール球、五色豆用布、キルト綿、薄手キルト綿、厚紙、ケント紙、両面接着シート各適宜

**出来上がり寸法**　箱8.5×7.7×4cm　五色豆直径1.3cm

**作り方のポイント**

●箱の作り方は48・51ページ、五色豆の作り方は44ページ参照。
●布の裏にはすべてに両面接着シートをはる。
●布の折り代は0.5～1cmつける。
●ふた上のキルト綿や側面の薄手キルト綿は大きめにカットしておき、厚紙にはってからそろえてカットする。キルト綿の1枚は厚紙より1～2cm小さくカットする。
●側面中のケント紙は長めに用意しておき、実際に内側に合わせて長さを調整してから布でくるむとよい。
●側面はペンなどでしごいてカーブをつけ、へこみに合わせて切り込みを入れておくとよい。

**作り方**

①48・51ページを参照して、かぶせぶたの箱を作る。
②44ページを参照して五色豆を作り、箱の中に入れる。

**ふた**

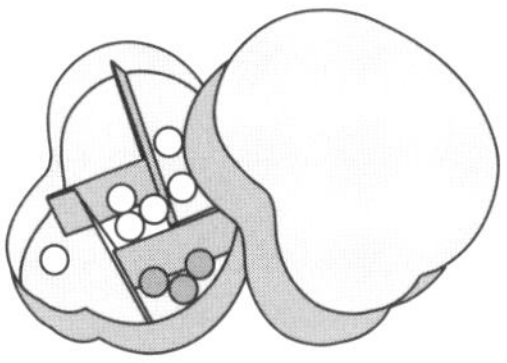

**ふた中布、ふた中ケント紙各１枚**

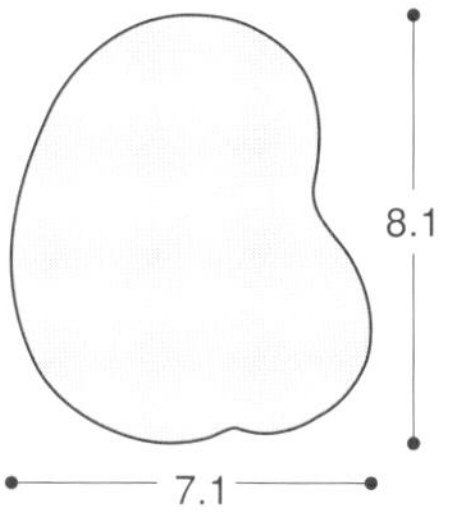
8.1
7.1

※ケント紙は裁ち切り

**ふた上布、ふた上厚紙各１枚**
**ふた上キルト綿３枚**

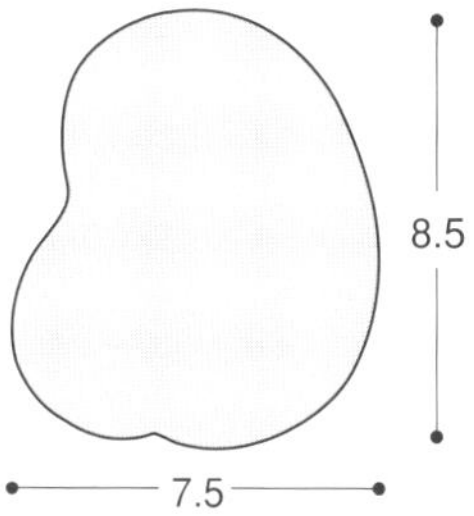
8.5
7.5

※厚紙は裁ち切り

**ふた本体厚紙１枚**

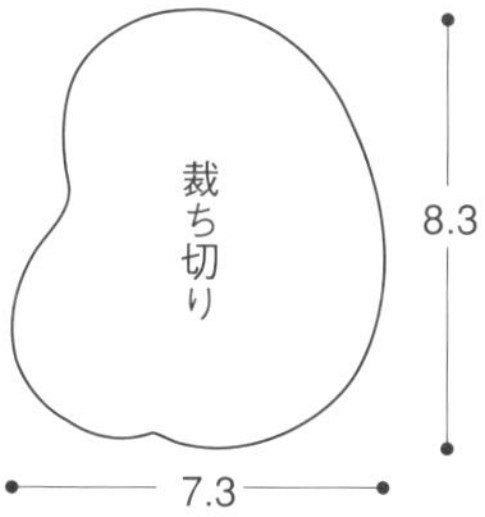
裁ち切り
8.3
7.3

**ふた側面外布、ふた側面外厚紙、ふた側面外薄手キルト綿各１枚**

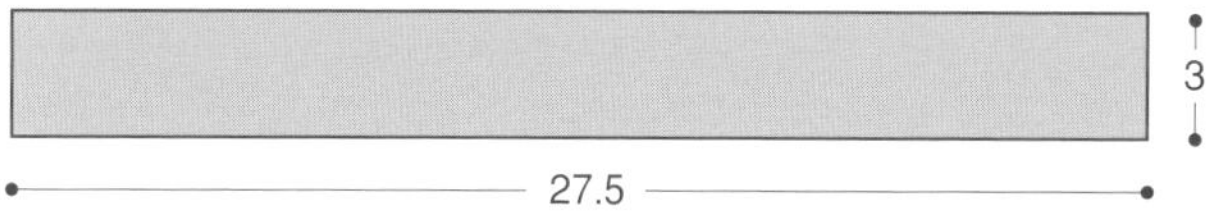
3
27.5

※厚紙は裁ち切り

**ふた側面中布、ふた側面中ケント紙各１枚**

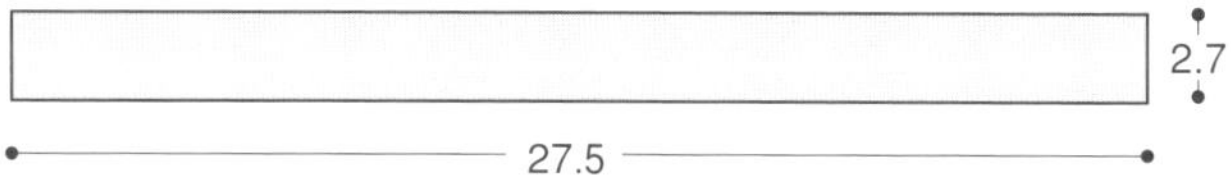
2.7
27.5

※ケント紙は裁ち切り

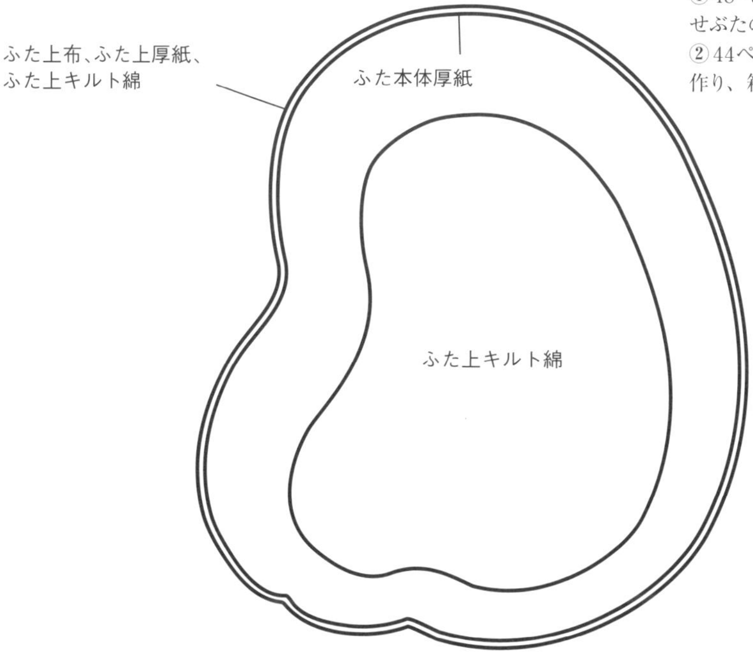
ふた上布、ふた上厚紙、
ふた上キルト綿
ふた本体厚紙
ふた上キルト綿

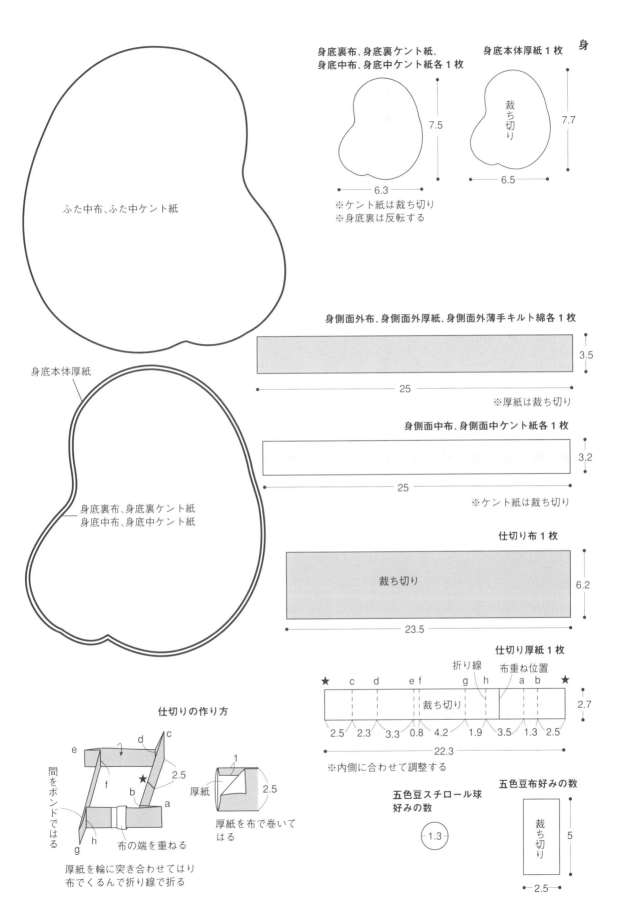

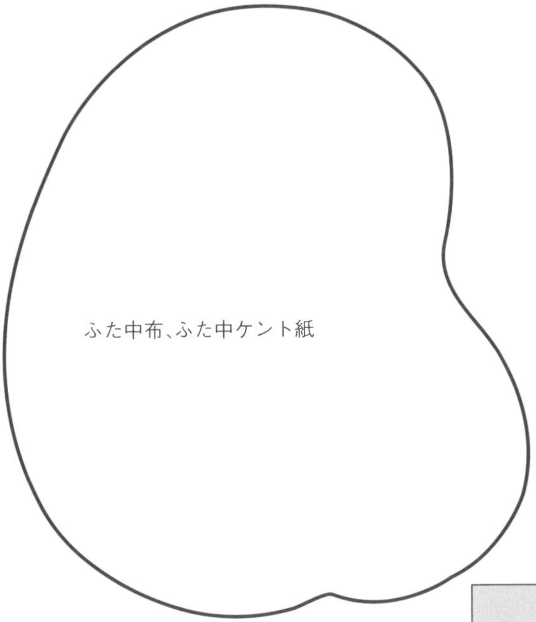
ふた中布、ふた中ケント紙

**身底裏布、身底裏ケント紙、身底中布、身底中ケント紙各1枚**

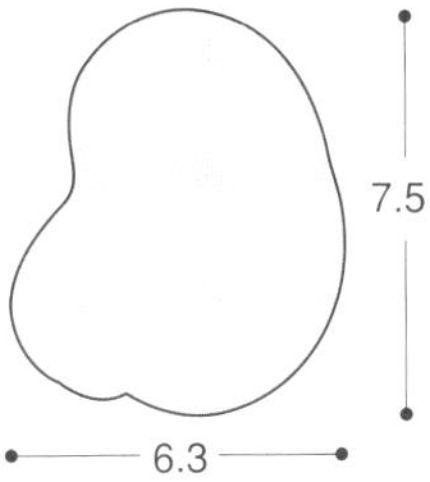
7.5
6.3

**身底本体厚紙1枚**

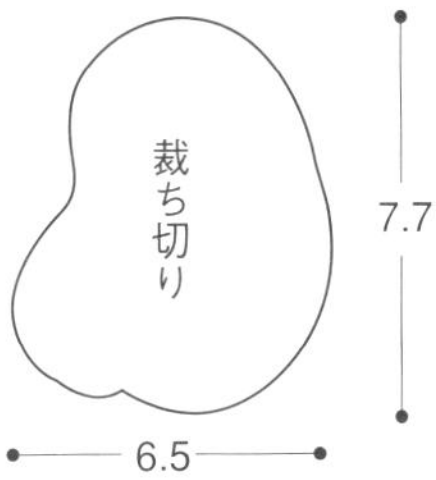
裁ち切り
7.7
6.5

※ケント紙は裁ち切り
※身底裏は反転する

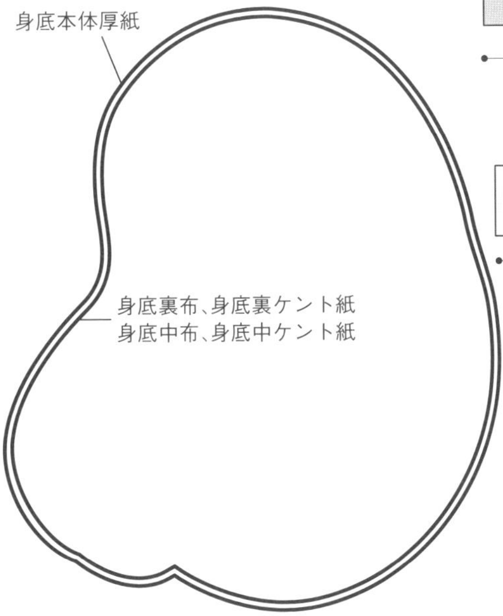
身底本体厚紙
身底裏布、身底裏ケント紙
身底中布、身底中ケント紙

**身側面外布、身側面外厚紙、身側面外薄手キルト綿各1枚**

3.5
25

※厚紙は裁ち切り

**身側面中布、身側面中ケント紙各1枚**

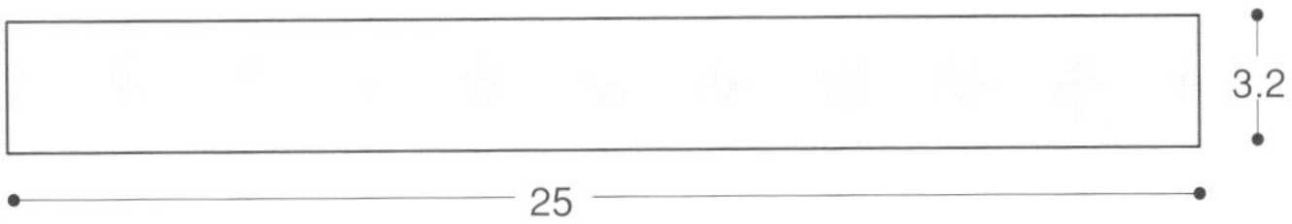
3.2
25

※ケント紙は裁ち切り

**仕切り布1枚**

裁ち切り
6.2
23.5

**仕切り厚紙1枚**

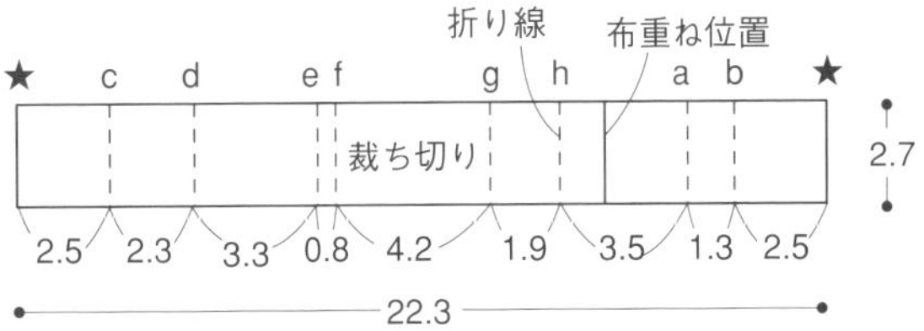
折り線
布重ね位置
★ c d e f g h a b ★
裁ち切り
2.7
2.5 2.3 3.3 0.8 4.2 1.9 3.5 1.3 2.5
22.3

※内側に合わせて調整する

**仕切りの作り方**

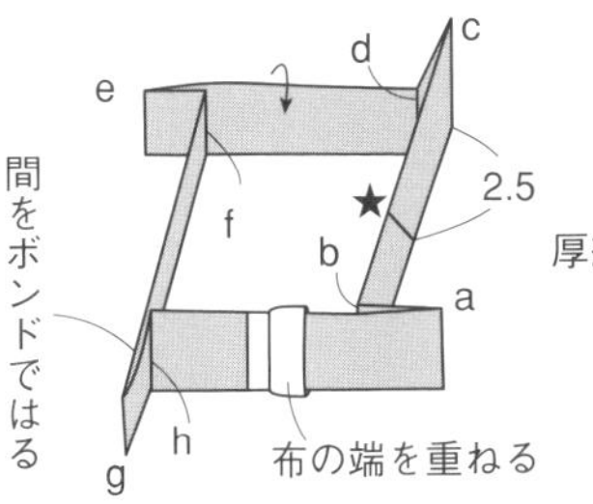
e
d
c
f
2.5
★
b
a
間をボンドではる
h
g
布の端を重ねる

厚紙を輪に突き合わせてはり
布でくるんで折り線で折る

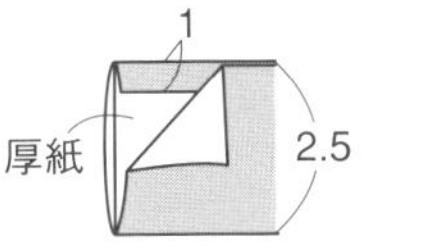
1
厚紙
2.5

厚紙を布で巻いて
はる

**五色豆スチロール球**
**好みの数**

1.3

**五色豆布好みの数**

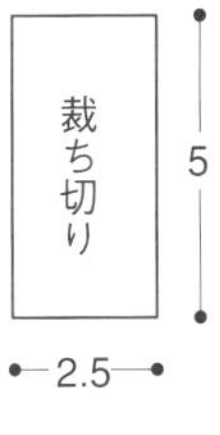
裁ち切り
5
2.5

P.16

## 2月 節分の箱
## 正面

**材料**

ふた上髪用布（ふた側面外、身側面外、目分含む）30×15cm　ふた上顔用布（ふた側面外、身側面外、身底裏分含む）25×25cm　ふた中用布（ふた側面中、身底中、身側面中分含む）30×25cm　仕切り用布25×10cm　ほほ用布（くちびる分含む）5×5cm　直径1.3cmスチロール球50個　直径0.2cmひも10cm　眉用布、五色豆用布5種、キルト綿、薄手キルト綿、厚紙、ケント紙、両面接着シート各適宜

**出来上がり寸法**　箱8.8×9×4cm　五色豆直径1.3cm

**作り方のポイント**

●箱の作り方は48・51ページ、五色豆の作り方は44ページ参照。

●布の裏にはすべてに両面接着シートをはる。

●布の折り代は0.5〜1cmつける。

●ふた上のキルト綿や側面の薄手キルト綿は大きめにカットしておき、厚紙にはってからそろえてカットする。キルト綿の1枚は厚紙より1〜2cm小さくカットする。

●側面中のケント紙は長めに用意しておき、実際に内側に合わせて長さを調整してから布でくるむとよい。

●側面はペンなどでしごいてカーブをつけ、へこみに合わせて切り込みを入れておくとよい。

**作り方**

①48・51ページを参照して、かぶせぶたの箱を作る。

②44ページを参照して五色豆を作り、箱に入れる。

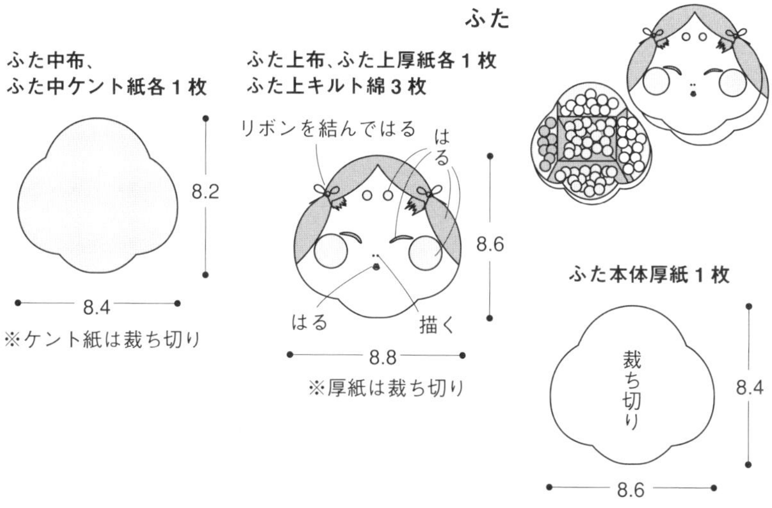

ふた
ふた中布、
ふた中ケント紙各１枚
8.2
8.4
※ケント紙は裁ち切り
ふた上布、ふた上厚紙各１枚
ふた上キルト綿３枚
リボンを結んではる
はる
8.6
はる
描く
8.8
※厚紙は裁ち切り
ふた本体厚紙１枚
裁ち切り
8.4
8.6


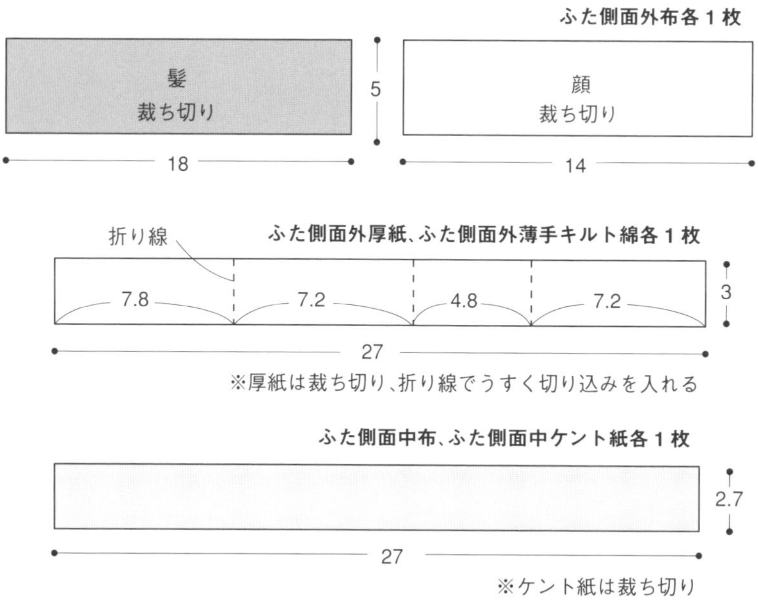

ふた側面外布各１枚
髪
裁ち切り
5
18
顔
裁ち切り
14
折り線
ふた側面外厚紙、ふた側面外薄手キルト綿各１枚
7.8
7.2
4.8
7.2
3
27
※厚紙は裁ち切り、折り線でうすく切り込みを入れる
ふた側面中布、ふた側面中ケント紙各１枚
2.7
27
※ケント紙は裁ち切り


**側面外の作り方**

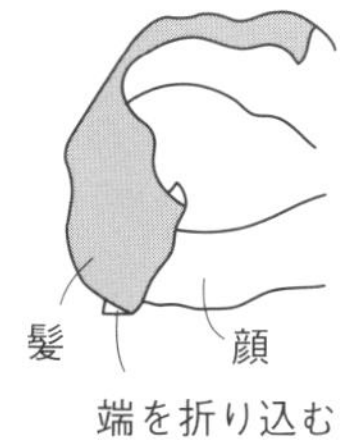

髪
顔
端を折り込む


顔の布をくるんでから
髪の布の端を折って
重ねてくるむ

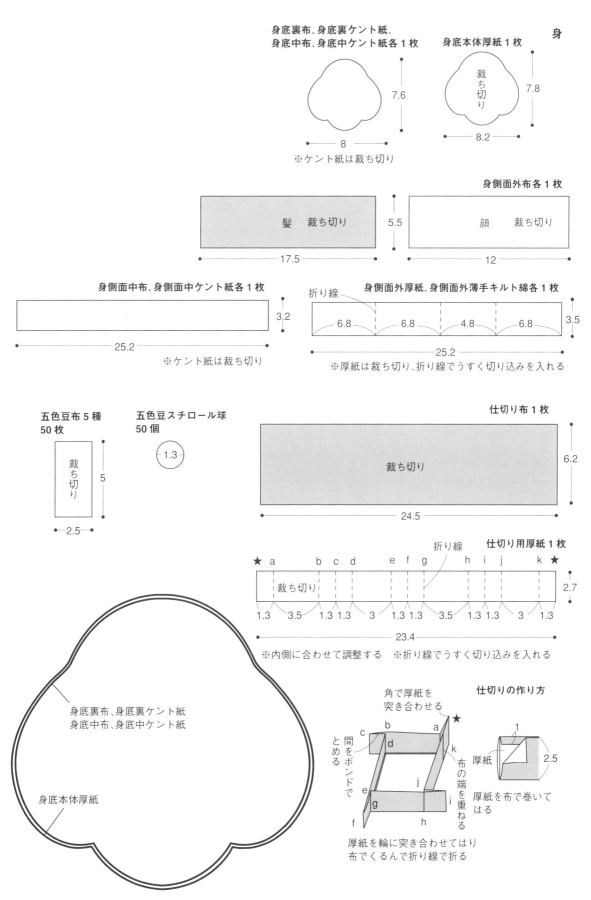

## 身

身底裏布、身底裏ケント紙、
身底中布、身底中ケント紙各１枚

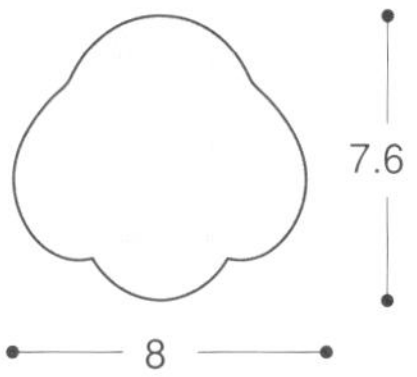
7.6
8

※ケント紙は裁ち切り

身底本体厚紙１枚

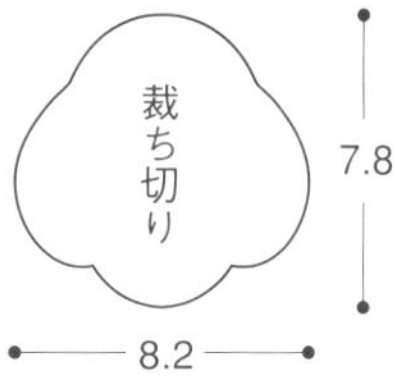
裁ち切り
7.8
8.2

身側面外布各１枚

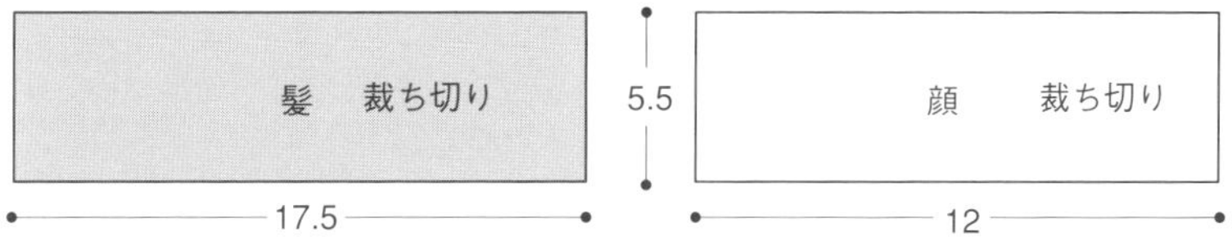
髪　裁ち切り
5.5
17.5
顔　裁ち切り
12

身側面中布、身側面中ケント紙各１枚

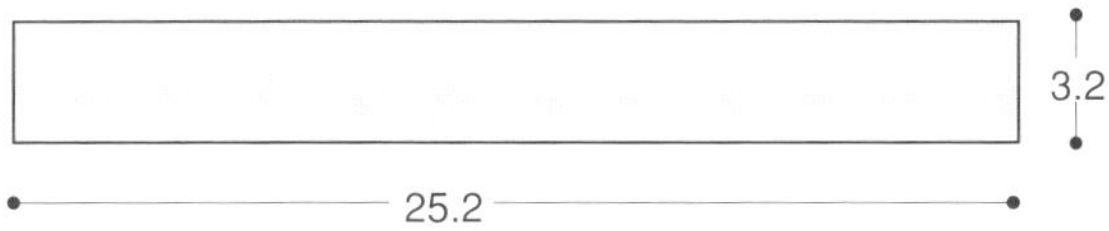
3.2
25.2

※ケント紙は裁ち切り

身側面外厚紙、身側面外薄手キルト綿各１枚

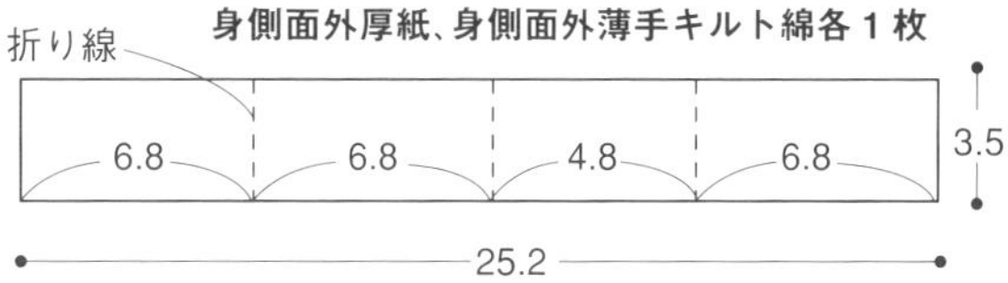
折り線
6.8
6.8
4.8
6.8
3.5
25.2

※厚紙は裁ち切り、折り線でうすく切り込みを入れる

五色豆布５種
50枚

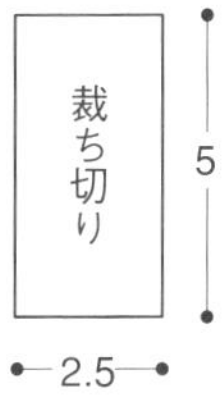
裁ち切り
5
2.5

五色豆スチロール球
50個

1.3

仕切り布１枚

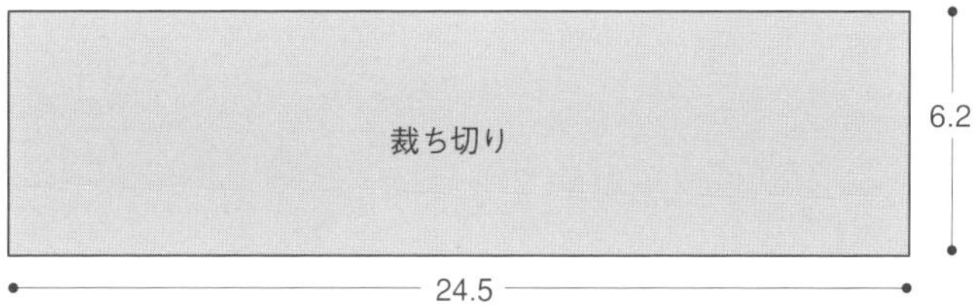
裁ち切り
6.2
24.5

仕切り用厚紙１枚

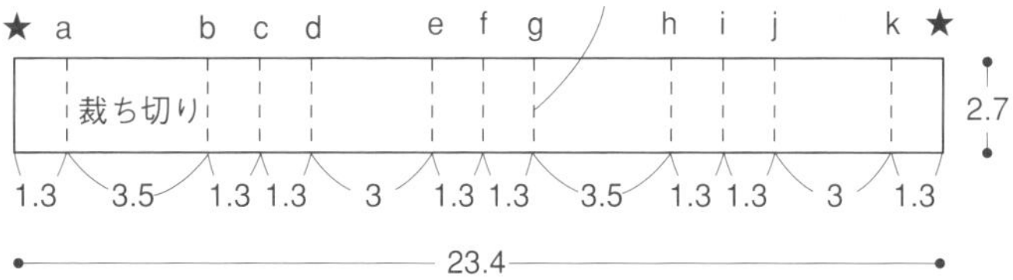
折り線
★ a b c d e f g h i j k ★
裁ち切り
2.7
1.3 3.5 1.3 1.3 3 1.3 1.3 3.5 1.3 1.3 3 1.3
23.4

※内側に合わせて調整する　※折り線でうすく切り込みを入れる

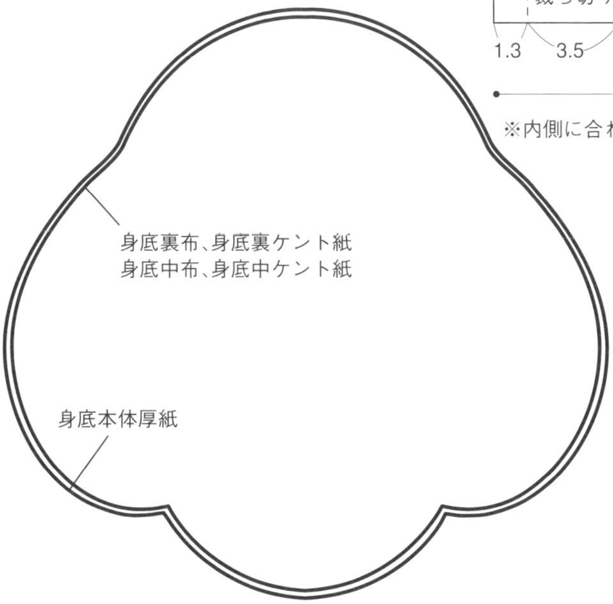
身底裏布、身底裏ケント紙
身底中布、身底中ケント紙
身底本体厚紙

仕切りの作り方

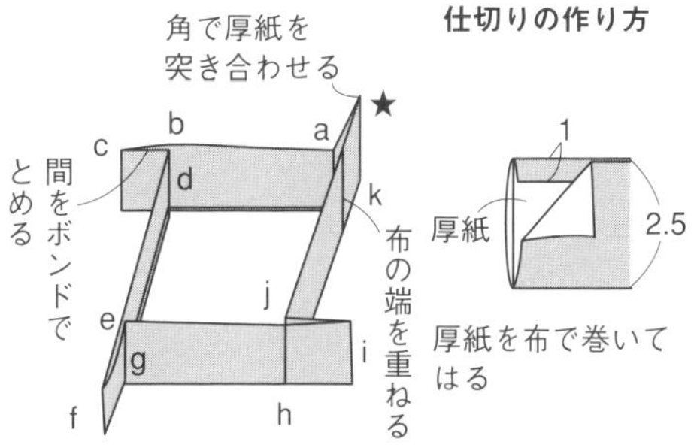
角で厚紙を
突き合わせる
★
c b a
d k
間をボンドでとめる
布の端を重ねる
e j
g i
f h
1
厚紙
2.5

厚紙を輪に突き合わせてはり
布でくるんで折り線で折る

厚紙を布で巻いて
はる

P.16

## 2月 節分の箱
## 正面

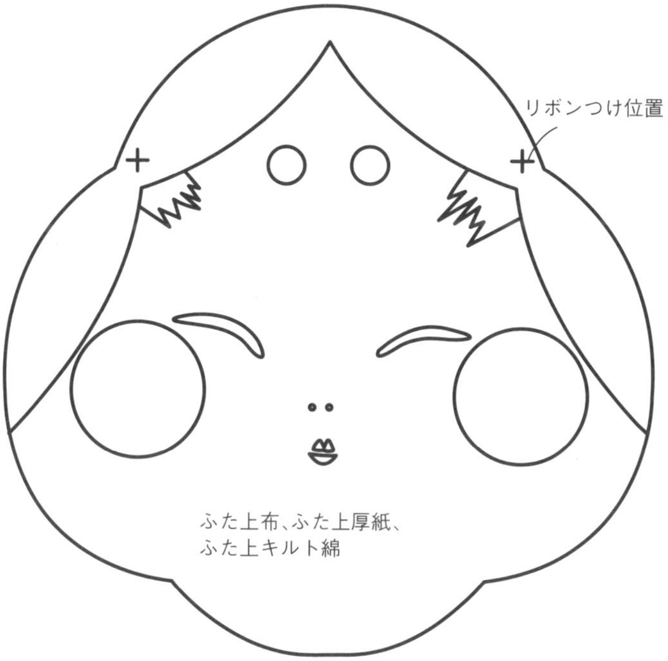
リボンつけ位置
ふた上布、ふた上厚紙、
ふた上キルト綿

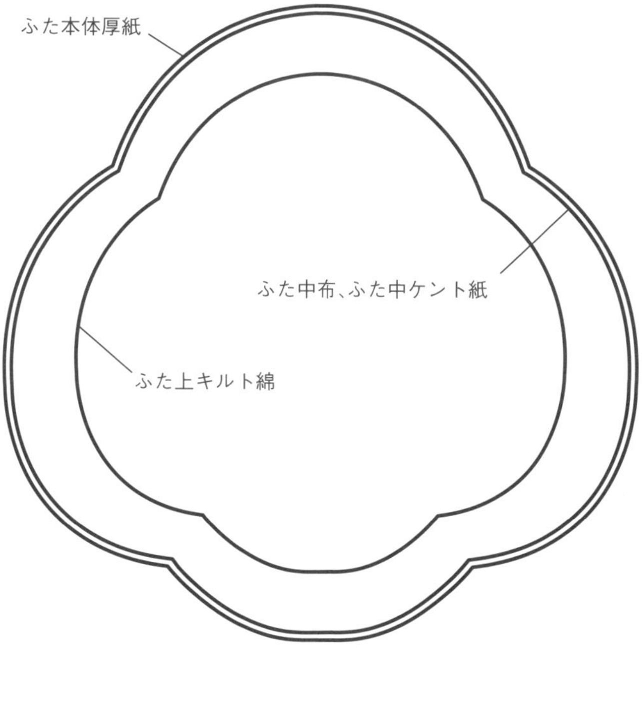
ふた本体厚紙
ふた中布、ふた中ケント紙
ふた上キルト綿

P.18

# 3月 ひな祭りの箱

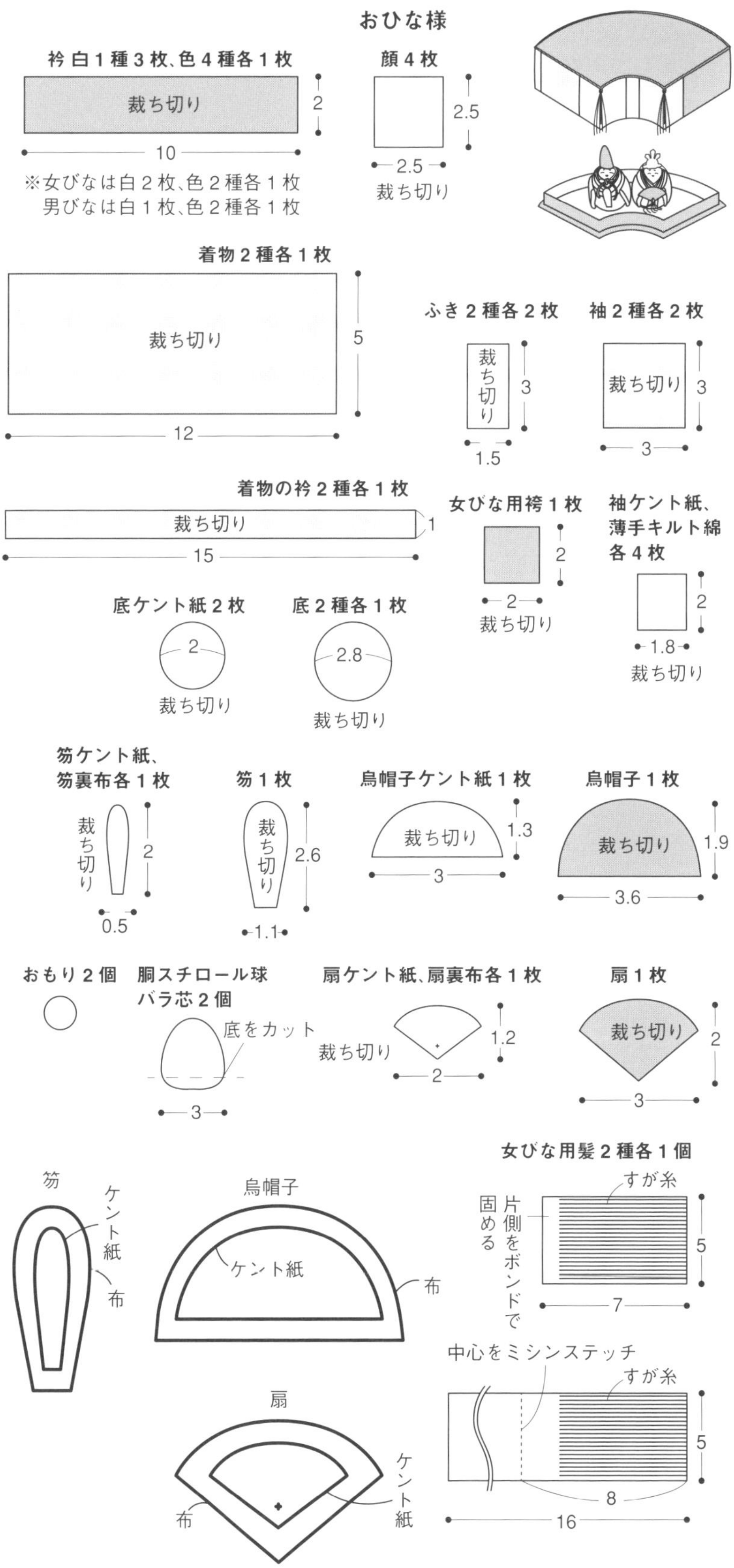

おひな様
衿 白1種3枚、色4種各1枚
裁ち切り
2
10
※女びなは白2枚、色2種各1枚
男びなは白1枚、色2種各1枚
顔4枚
2.5
2.5
裁ち切り
着物2種各1枚
裁ち切り
5
12
ふき2種各2枚
裁ち切り
3
1.5
袖2種各2枚
裁ち切り
3
3
着物の衿2種各1枚
裁ち切り
1
15
女びな用袴1枚
2
2
裁ち切り
袖ケント紙、薄手キルト綿各4枚
2
1.8
裁ち切り
底ケント紙2枚
2
裁ち切り
底2種各1枚
2.8
裁ち切り
笏ケント紙、笏裏布各1枚
裁ち切り
2
0.5
笏1枚
裁ち切り
2.6
1.1
烏帽子ケント紙1枚
裁ち切り
1.3
3
烏帽子1枚
裁ち切り
1.9
3.6
おもり2個
胴スチロール球バラ芯2個
底をカット
3
扇ケント紙、扇裏布各1枚
裁ち切り
1.2
2
扇1枚
裁ち切り
2
3
笏
ケント紙
布
烏帽子
ケント紙
布
扇
ケント紙
布
女びな用髪2種各1個
すが糸
片側をボンドで固める
5
7
中心をミシンステッチ
すが糸
5
8
16


**材料**

**・おひな様**

袴、底、ふき、扇、笏、烏帽子用布各適宜　顔用布10×10cm　着物用布2種（袖、着物の衿分含む）各15×10cm　衿用白布10×10cm　衿用色布4種各10×5cm　直径3cmスチロール球バラ芯2個　釵子1個　おもり2個　直径0.1cm組ひも15cm　薄手キルト綿、ケント紙、両面接着シート、すが糸、絹糸各適宜

**・箱**

ふた側面外用布各種　ふた上布20×10cm　身側面外用布（身底裏分含む）15×35cm　ふた中用布（ふた側面中、身側面中、身底中分含む）35×20cm　直径0.2cm金ひも35cm　キルト綿、薄手キルト綿、厚紙、ケント紙、両面接着シート、絹糸各適宜

**出来上がり寸法**　おひな様高さ4～5cm　箱14×7.5×5.5cm

**作り方のポイント**

●箱の作り方は48・51ページ、おひな様の作り方は20ページ参照。
●布の裏にはすべてに両面接着シートをはる。
●布の折り代は0.5～1cmつける。
●ふた上のキルト綿や側面の薄手キルト綿は大きめにカットしておき、厚紙にはってからそろえてカットする。
●側面中のケント紙は長めに用意しておき、実際に内側に合わせて長さを調整してから布でくるむとよい。
●側面はペンなどでしごいてカーブをつけるとよい。

**作り方**

①48・51ページを参照して、かぶせぶたの箱を作る。底裏は底より大きく作る。
②20ページを参照しておひな様を作り、箱の中に入れる。

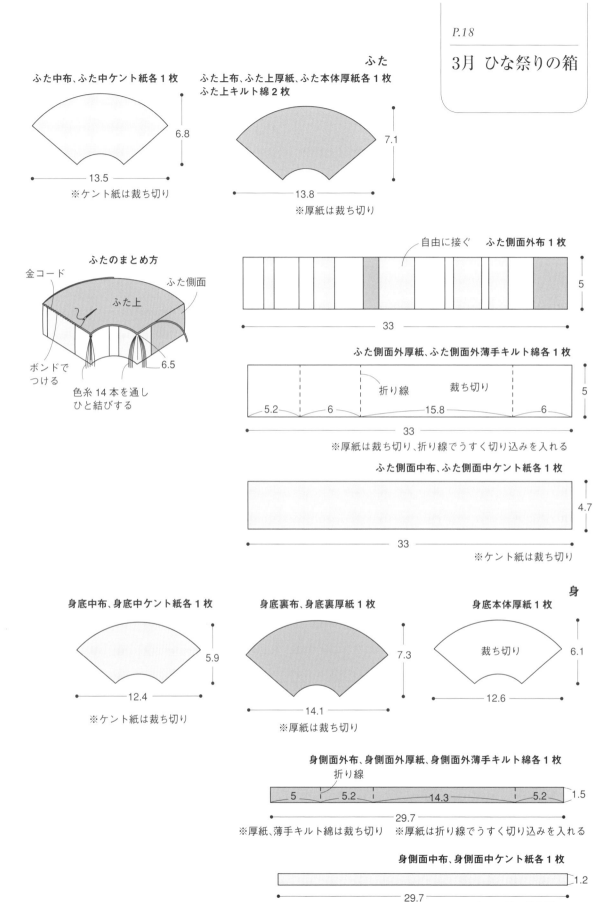

*P.18*

# 3月 ひな祭りの箱

## ふた

**ふた中布、ふた中ケント紙各1枚**

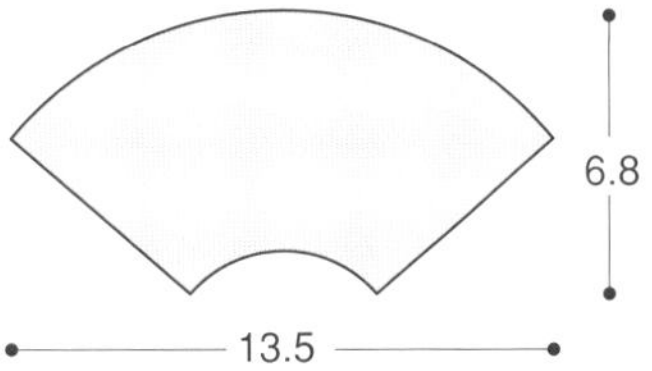
6.8
13.5

※ケント紙は裁ち切り

**ふた上布、ふた上厚紙、ふた本体厚紙各1枚**
**ふた上キルト綿2枚**

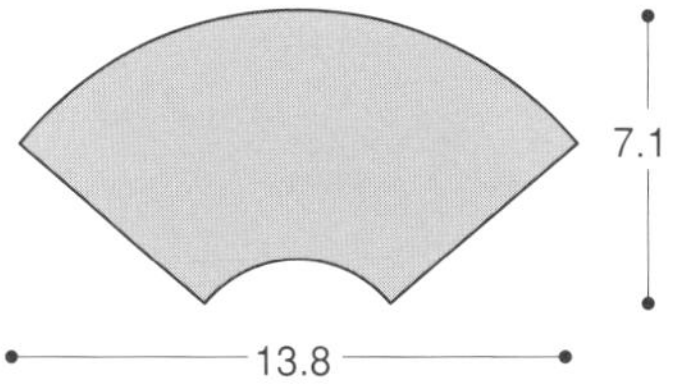
7.1
13.8

※厚紙は裁ち切り

**ふたのまとめ方**

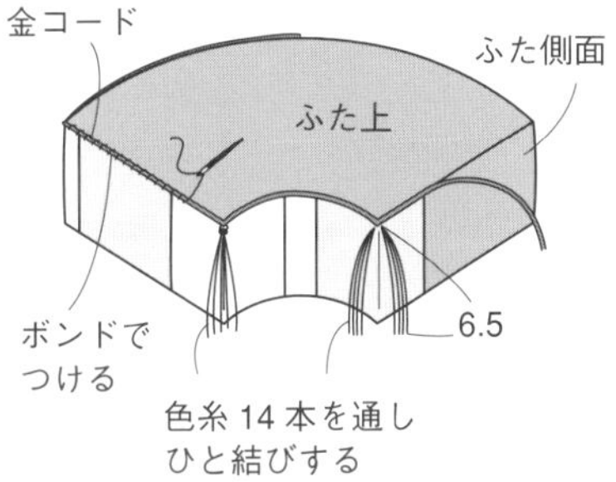
金コード
ふた側面
ふた上
ボンドで
つける
色糸14本を通し
ひと結びする
6.5

**ふた側面外布1枚**

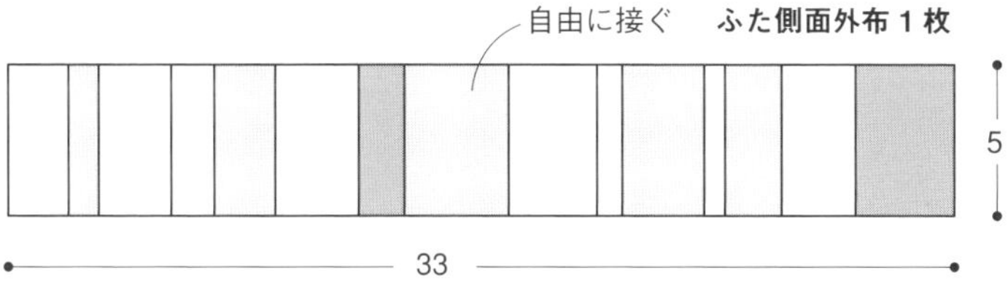
自由に接ぐ
5
33

**ふた側面外厚紙、ふた側面外薄手キルト綿各1枚**

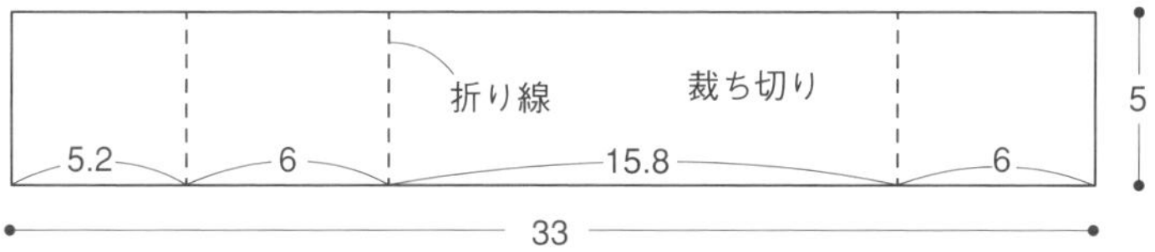
折り線
裁ち切り
5
5.2
6
15.8
6
33

※厚紙は裁ち切り、折り線でうすく切り込みを入れる

**ふた側面中布、ふた側面中ケント紙各1枚**

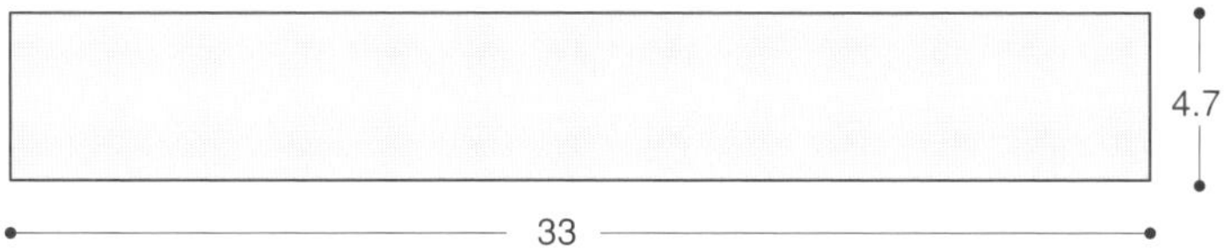
4.7
33

※ケント紙は裁ち切り

## 身

**身底中布、身底中ケント紙各1枚**

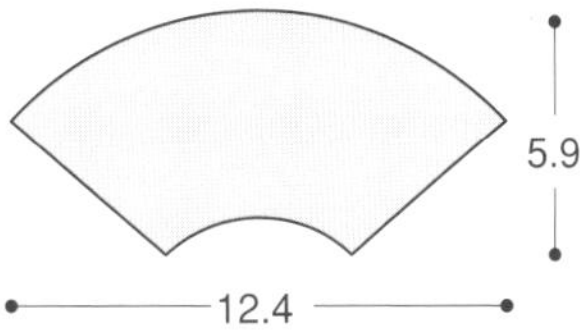
5.9
12.4

※ケント紙は裁ち切り

**身底裏布、身底裏厚紙1枚**

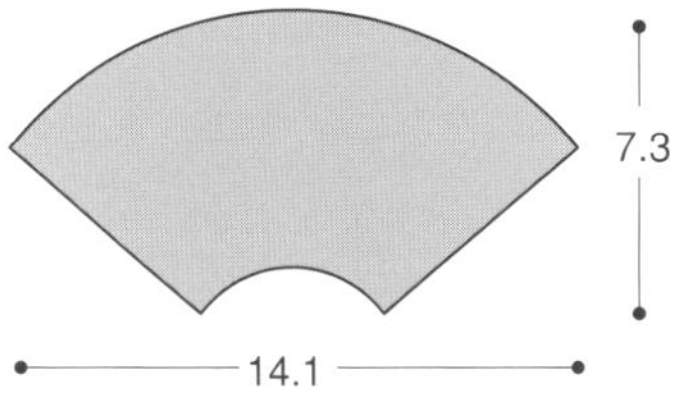
7.3
14.1

※厚紙は裁ち切り

**身底本体厚紙1枚**

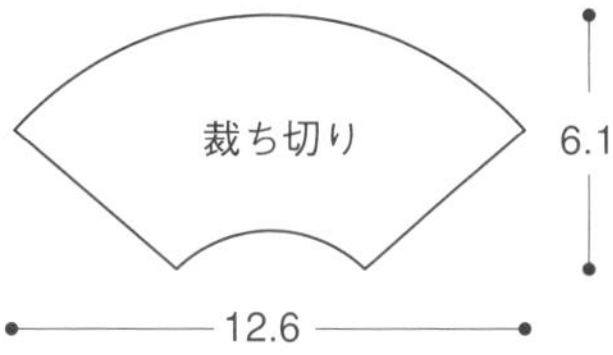
裁ち切り
6.1
12.6

**身側面外布、身側面外厚紙、身側面外薄手キルト綿各1枚**

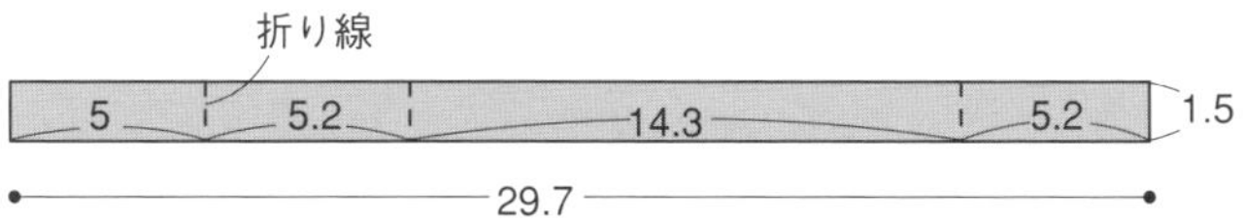
折り線
5
5.2
14.3
5.2
1.5
29.7

※厚紙、薄手キルト綿は裁ち切り　※厚紙は折り線でうすく切り込みを入れる

**身側面中布、身側面中ケント紙各1枚**

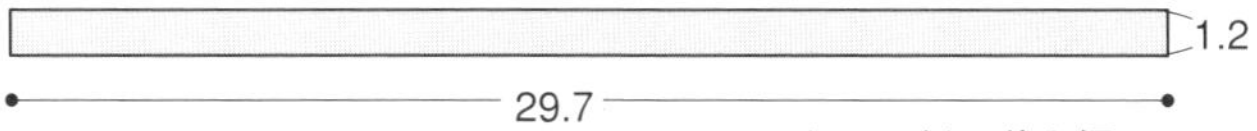
1.2
29.7

※ケント紙は裁ち切り

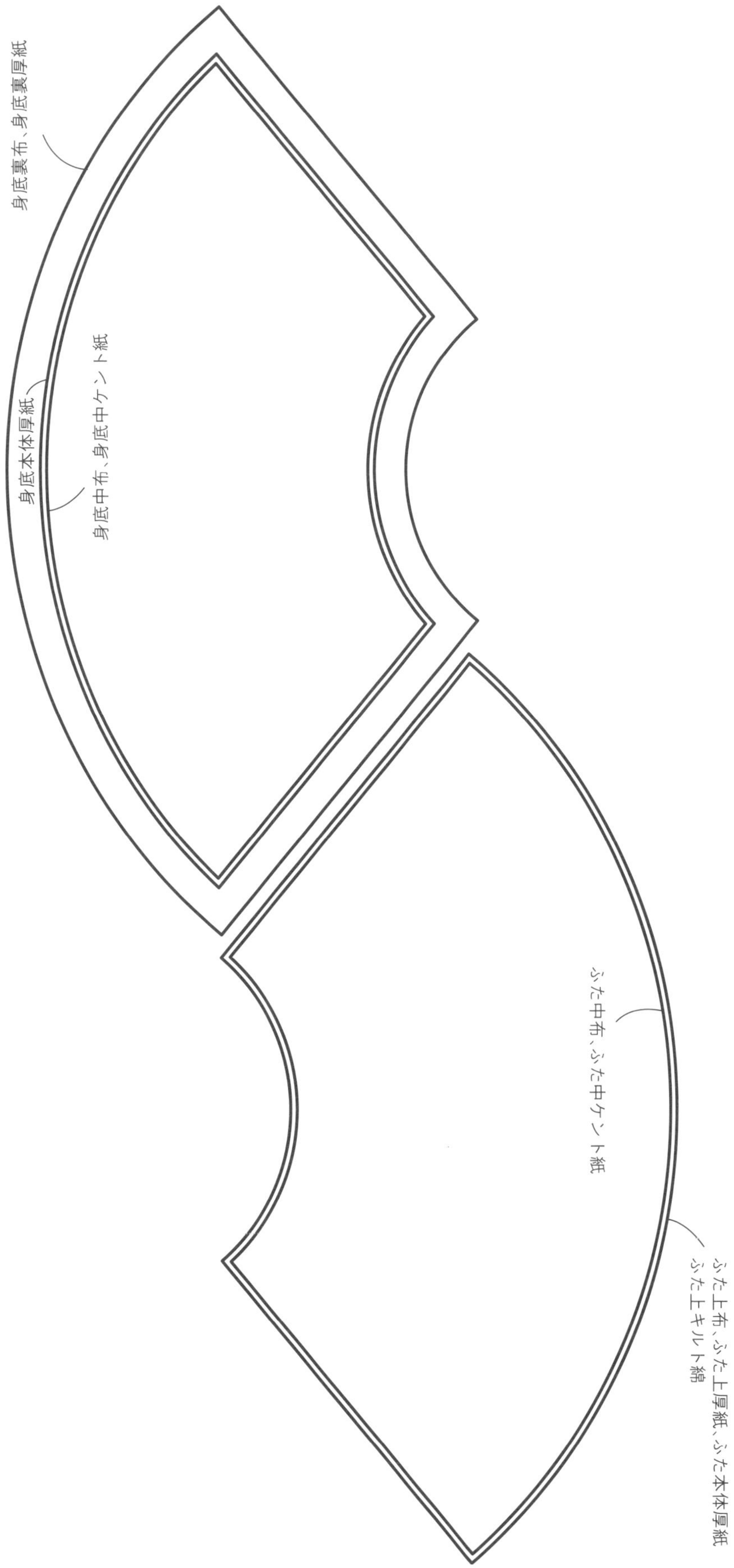
身底裏布、身底裏厚紙
身底本体厚紙
身底中布、身底中ケント紙
ふた中布、ふた中ケント紙
ふた上布、ふた上厚紙、ふた本体厚紙
ふた上キルト綿

P.22

# 4月 お花見の箱 桜の花びら箱

**材料**

ふた上用布（ふた側面外、身側面外、身底裏分含む）35×25cm　ふた中用布（ふた側面中、身側面中、身底中分含む）35×25cm　干菓子用布各種　干菓子包み紙用薄手不織布、直径1.3cmスチロール球、キルト綿、薄手キルト綿、厚紙、ケント紙、両面接着シート各適宜

**出来上がり寸法**　箱9.6×8.6×4.5cm　干菓子直径1.3cm

**作り方のポイント**

●箱の作り方は48・51ページ、干菓子の作り方は44ページ参照。

●布の裏にはすべてに両面接着シートをはる。

●布の折り代は0.5～1cmつける。

●ふた上のキルト綿や側面の薄手キルト綿は大きめにカットしておき、厚紙にはってからそろえてカットする。キルト綿の1枚は厚紙より1～2cm小さくカットする。

●側面中のケント紙は長めに用意しておき、実際に内側に合わせて長さを調整してから布でくるむとよい。

**作り方**

①48・51ページを参照して、かぶせぶたの箱を作る。

②44ページを参照して干菓子を作り、紙で巻いて箱に入れる。

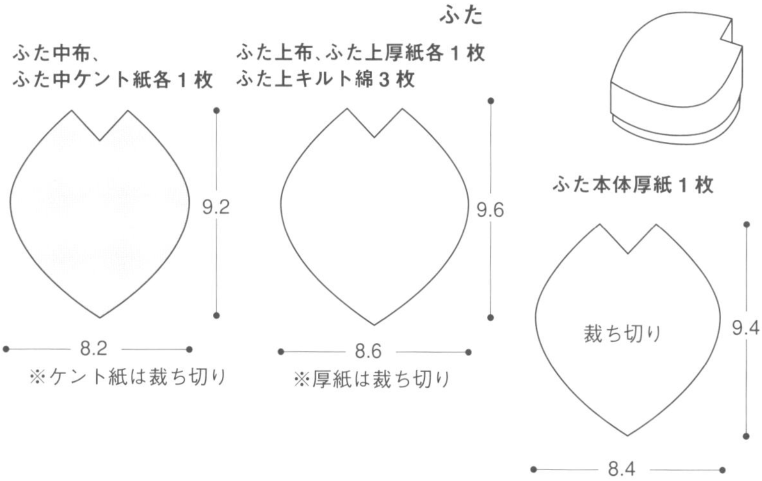
ふた
ふた中布、
ふた中ケント紙各１枚
9.2
8.2
※ケント紙は裁ち切り
ふた上布、ふた上厚紙各１枚
ふた上キルト綿３枚
9.6
8.6
※厚紙は裁ち切り
ふた本体厚紙１枚
裁ち切り
9.4
8.4

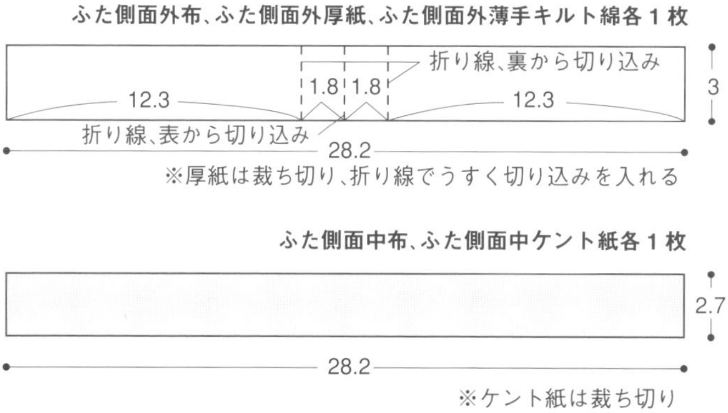
ふた側面外布、ふた側面外厚紙、ふた側面外薄手キルト綿各１枚
折り線、裏から切り込み
1.8
1.8
12.3
12.3
3
折り線、表から切り込み
28.2
※厚紙は裁ち切り、折り線でうすく切り込みを入れる
ふた側面中布、ふた側面中ケント紙各１枚
2.7
28.2
※ケント紙は裁ち切り

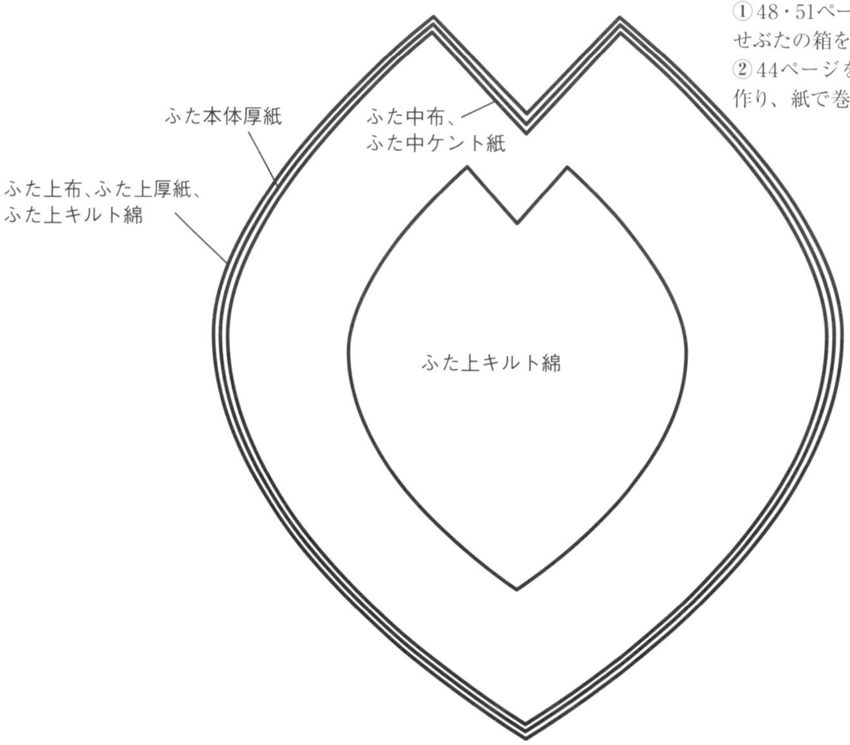
ふた本体厚紙
ふた中布、
ふた中ケント紙
ふた上布、ふた上厚紙、
ふた上キルト綿
ふた上キルト綿

**身**

**干菓子スチロール球好みの数**

1.3

**干菓子布好みの数**

裁ち切り
5
2.5

**干菓子包み紙好みの数**

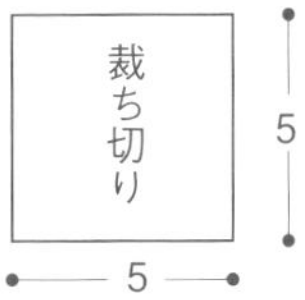
裁ち切り
5
5

グラデーションの布を使う
もしくは 2.5×2.5cm の
2 種類の布 2 枚で
スチロール球をはさむ

**身底裏布、身底裏ケント紙、**
**身底中布、身底中ケント紙各 1 枚**

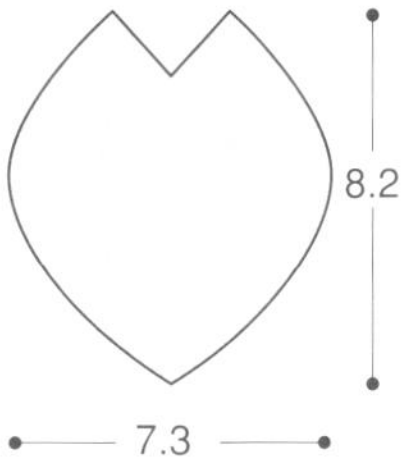
8.2
7.3

※ケント紙は裁ち切り

**身底本体厚紙 1 枚**

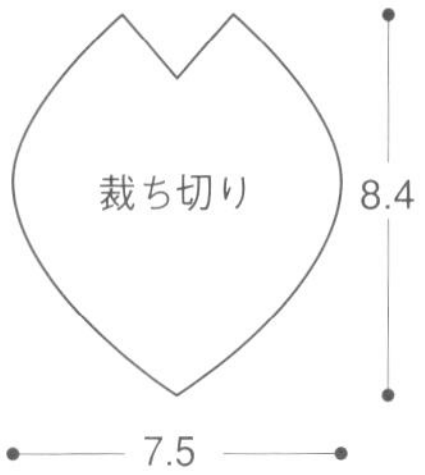
裁ち切り
8.4
7.5

**身側面外布、身側面外厚紙、身側面外薄手キルト綿各 1 枚**

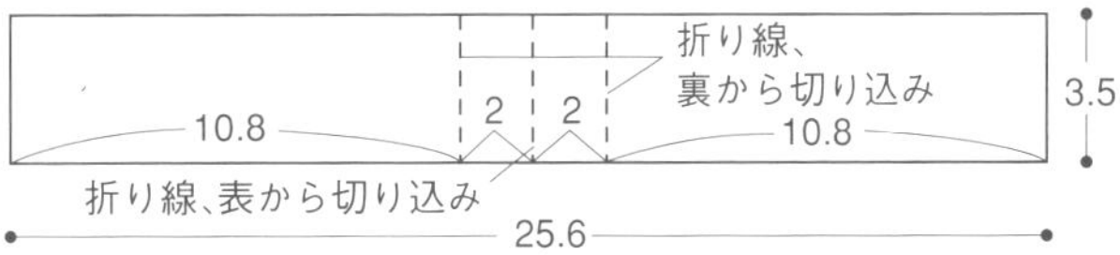
折り線,
裏から切り込み
3.5
10.8
2
2
10.8
折り線、表から切り込み
25.6

※厚紙は裁ち切り、折り線でうすく切り込みを入れる

**身側面中布、身側面中ケント紙各 1 枚**

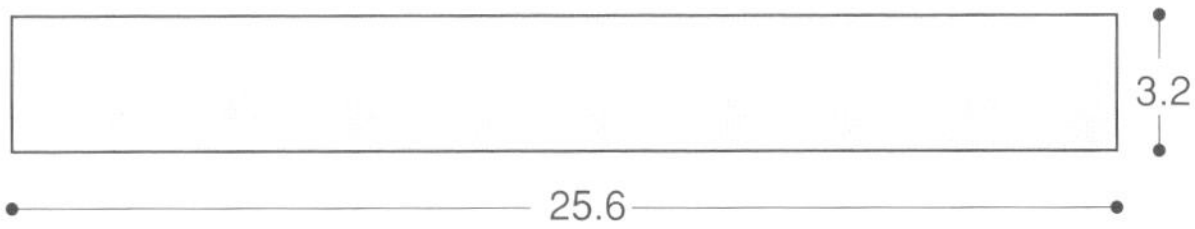
3.2
25.6

※ケント紙は裁ち切り

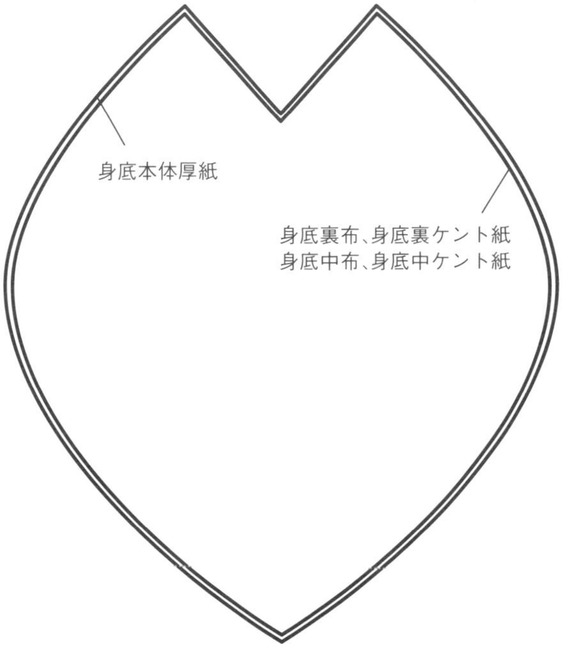
身底本体厚紙
身底裏布、身底裏ケント紙
身底中布、身底中ケント紙

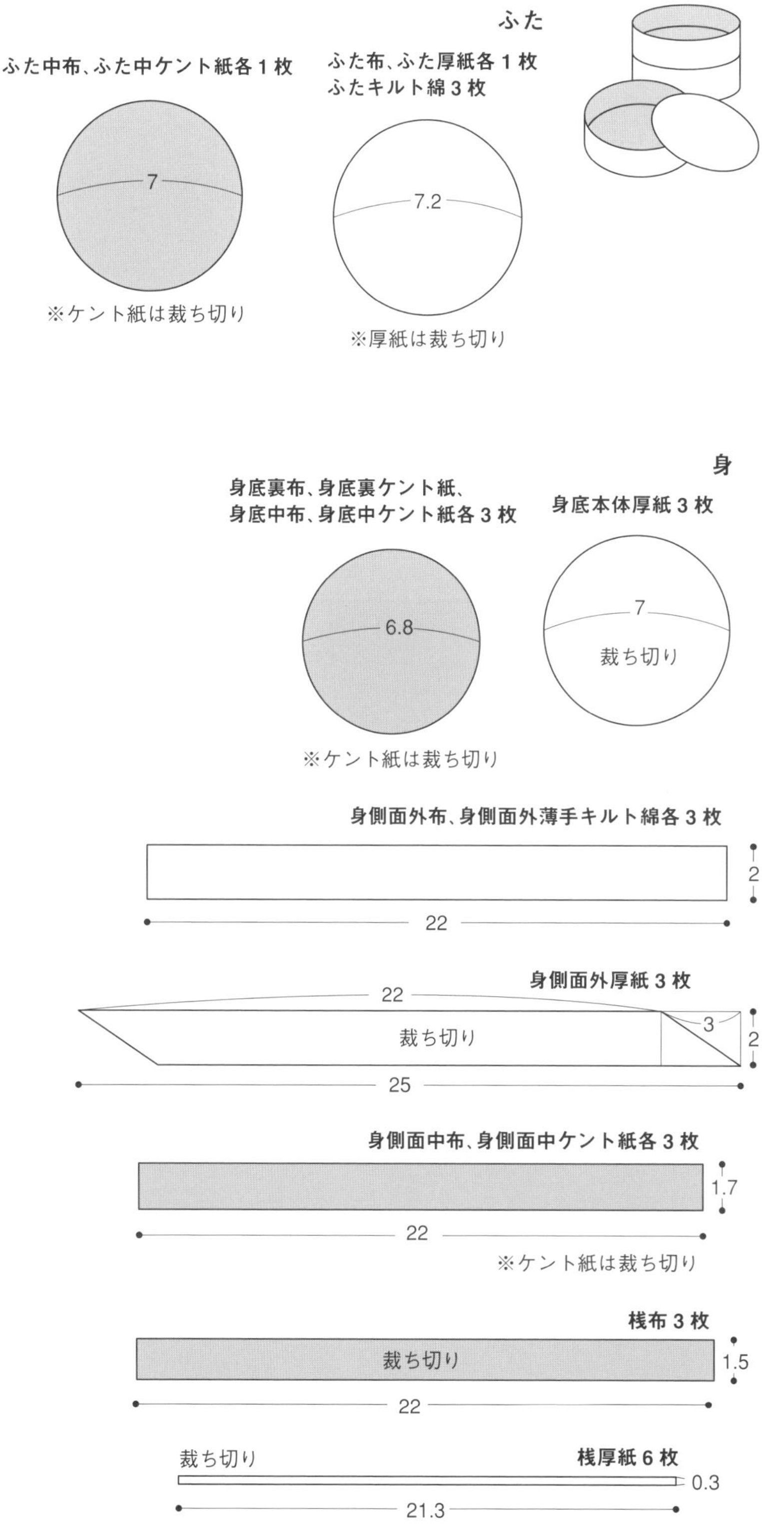


P.24

# 4月　お花見の箱
# 丸い三段重

**材料**

ふた用布（身側面外、三の重身底裏分含む）25×25cm　ふた中用布（身底中、身側面中、一の重・二の重身底裏、桟分含む）35×30cm　キルト綿、薄手キルト綿、厚紙、ケント紙、両面接着シート各適宜

**出来上がり寸法**　高さ7.5cm直径7.5cm

**作り方のポイント**

●箱の作り方は54ページ参照。
●布の裏にはすべてに両面接着シートをはる。
●布の折り代は0.5～1cmつける。
●ふた上のキルト綿や側面の薄手キルト綿は大きめにカットしておき、厚紙にはってからそろえてカットする。キルト綿の1枚は厚紙より1～2cm小さくカットする。
●側面中のケント紙は長めに用意しておき、実際に内側に合わせて長さを調整してから布でくるむとよい。
●側面はペンなどでしごいてカーブをつけるとよい。

**作り方**

①54ページを参照して、のせぶたの箱を作る。

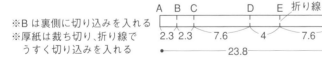

# 5月 端午の節句の箱

**材料**

**・共通**
目用布、金（銀）糸、キルト綿、薄手キルト綿、厚紙、ケント紙、両面接着シート各適宜

**・大**
ふた上用布（ふた側面外分含む）15×45cm　身底裏用布（身側面外分含む）15×40cm　ふた中用布（ふた側面中、身底中、身側面中分含む）25×45cm

**・中**
ふた上用布（ふた側面外分含む）35×15cm　身底裏用布（身側面外分含む）30×15cm　ふた中用布（ふた側面中、身底中、身側面中分含む）35×20cm

**・小**
ふた上用布（ふた側面外分含む）10×30cm　身底裏用布（身側面外分含む）25×10cm　ふた中用布（ふた側面中、身底中、身側面中分含む）30×15cm

**出来上がり寸法**　大7.5×13×4.5cm　中6×10.5×3.5cm　小4.5×8×2.5cm

**作り方のポイント**

●箱の作り方は48・51ページ参照。
●布の裏にはすべてに両面接着シートをはる。
●布の折り代は0.5〜1cmつける。
●ふた上のキルト綿や側面の薄手キルト綿は大きめにカットしておき、厚紙にはってからそろえてカットする。キルト綿の1枚は厚紙より1〜2cm小さくカットする。
●側面中のケント紙は長めに用意しておき、実際に内側に合わせて長さを調整してから布でくるむとよい。

**作り方**

①48・51ページを参照して、かぶせぶたの箱を入れ子で3個作る。

**ふた**

**ふた上布、ふた上厚紙各１枚**
**ふた上キルト綿３枚**

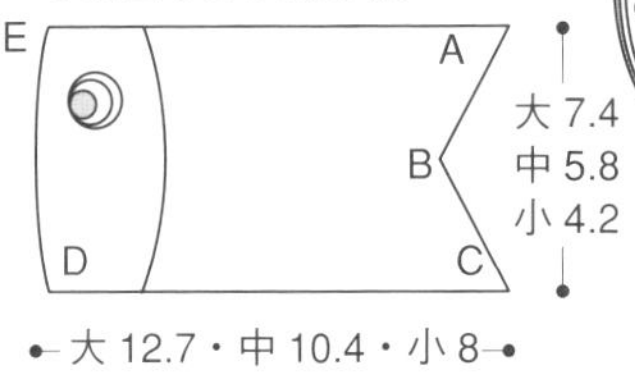
E
A
B
D
C
大 7.4
中 5.8
小 4.2
大 12.7・中 10.4・小 8
※厚紙は裁ち切り

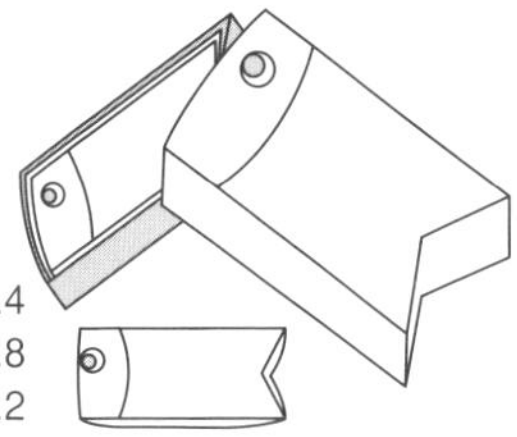

**ふた中布、ふた中ケント紙各１枚**

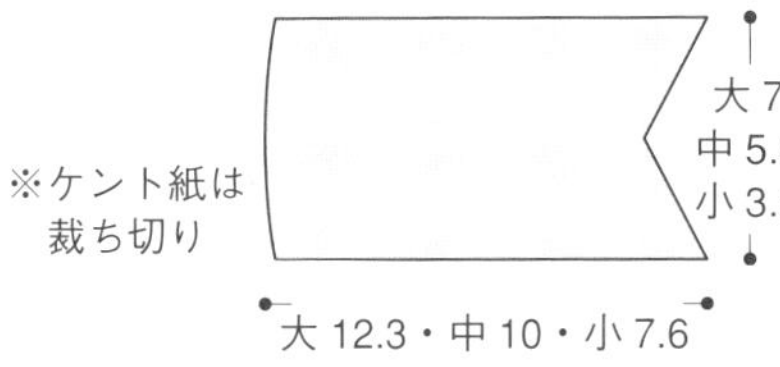
※ケント紙は
裁ち切り
大 7
中 5.4
小 3.8
大 12.3・中 10・小 7.6

**ふた本体厚紙１枚**

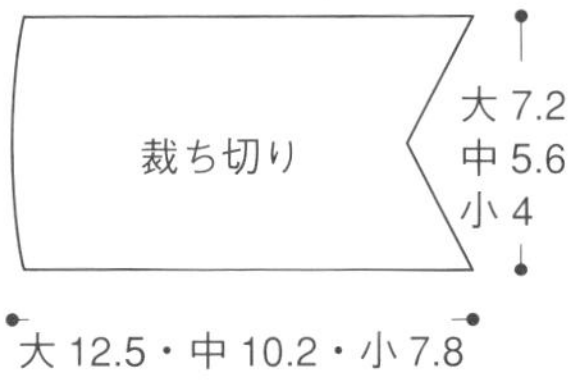
裁ち切り
大 7.2
中 5.6
小 4
大 12.5・中 10.2・小 7.8

**大　ふた側面外布、ふた側面外厚紙、ふた側面外薄手キルト綿各１枚**

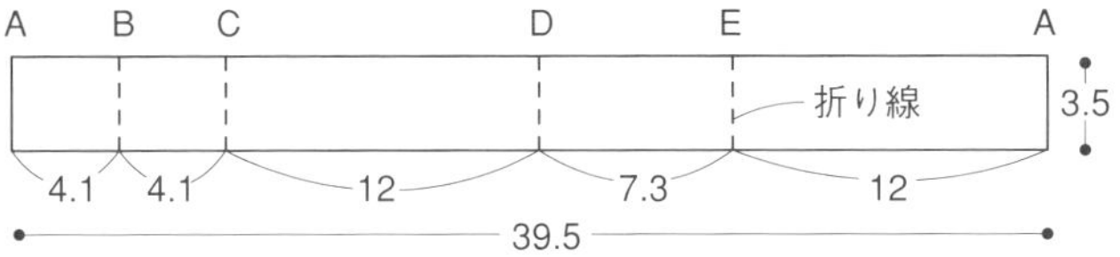
A
B
C
D
E
A
折り線
3.5
4.1
4.1
12
7.3
12
39.5

※Bは裏側に切り込みを入れる
※厚紙は裁ち切り、折り線でうすく切り込みを入れる

**中　ふた側面外布、ふた側面外厚紙、ふた側面外薄手キルト綿各１枚**

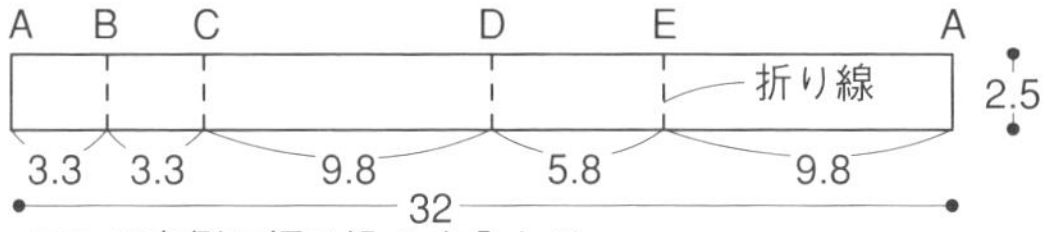
A
B
C
D
E
A
折り線
2.5
3.3
3.3
9.8
5.8
9.8
32

※Bは裏側に切り込みを入れる
※厚紙は裁ち切り、折り線でうすく切り込みを入れる

**小　ふた側面外布、ふた側面外厚紙、ふた側面外薄手キルト綿各１枚**

※Bは裏側に切り込みを入れる
※厚紙は裁ち切り、折り線でうすく切り込みを入れる

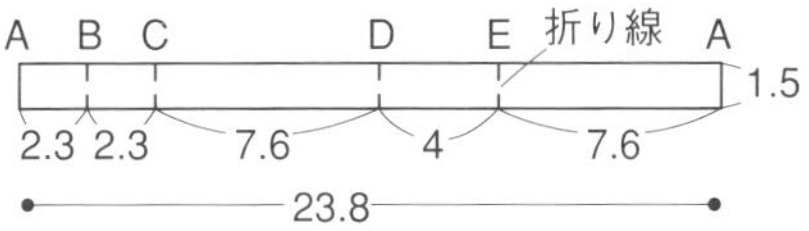
A
B
C
D
E
折り線
A
1.5
2.3
2.3
7.6
4
7.6
23.8

**ふた側面中布、ふた側面中ケント紙各１枚**

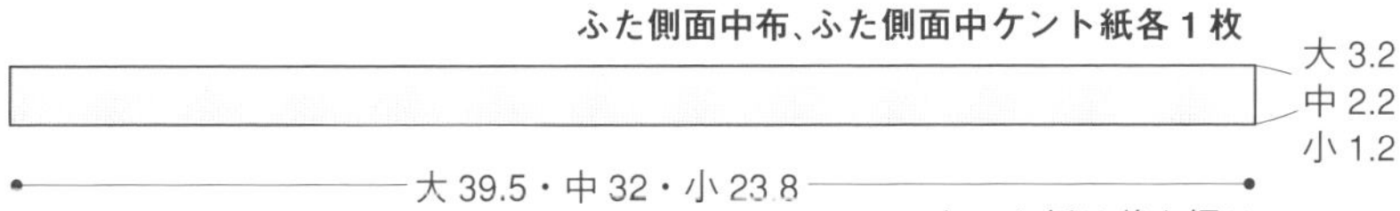
大 3.2
中 2.2
小 1.2
大 39.5・中 32・小 23.8

※ケント紙は裁ち切り

**目の作り方**

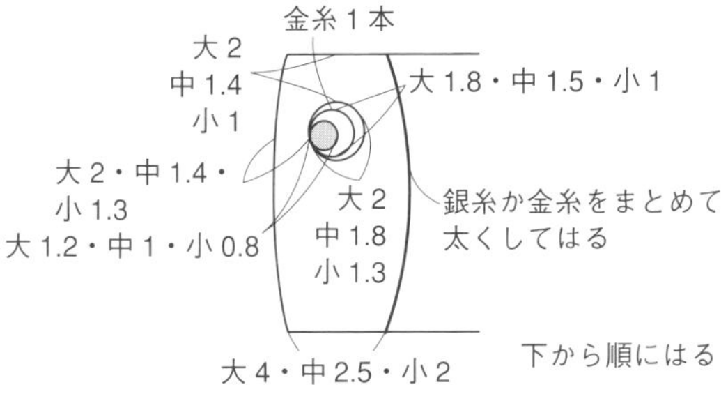
金糸１本
大 2
中 1.4
小 1
大 1.8・中 1.5・小 1
大 2・中 1.4・
小 1.3
大 1.2・中 1・小 0.8
大 2
中 1.8
小 1.3
銀糸か金糸をまとめて
太くしてはる
大 4・中 2.5・小 2
下から順にはる

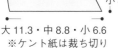

P.26

# 5月 端午の節句の箱

**身底裏布、身底裏ケント紙、**
**身底中布、身底中ケント紙各１枚**

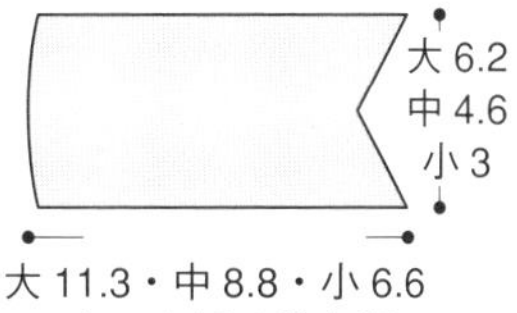
大 6.2
中 4.6
小 3
大 11.3・中 8.8・小 6.6

※ケント紙は裁ち切り

**身底本体厚紙１枚**　　**身**

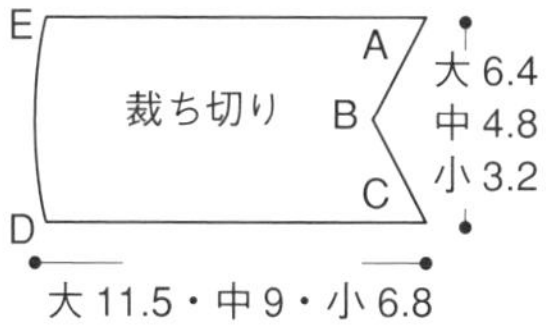
E
A
裁ち切り
B
C
D
大 6.4
中 4.8
小 3.2
大 11.5・中 9・小 6.8

**中　身側面外布、身側面外厚紙、身側面外薄手キルト綿各１枚**

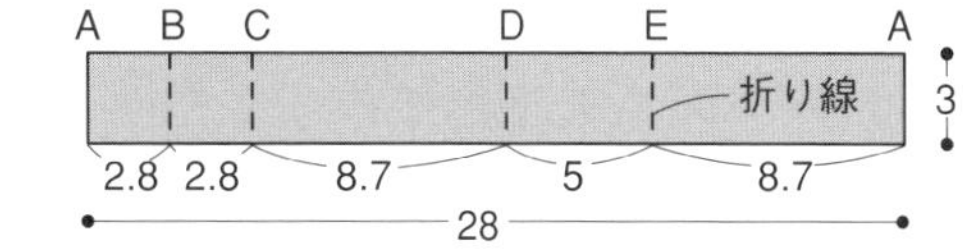
A B C D E A
折り線
3
2.8 2.8 8.7 5 8.7
28

※厚紙は裁ち切り、折り線でうすく切り込みを入れる
※B は裏側に切り込みを入れる

**大　身側面外布、身側面外厚紙、身側面外薄手キルト綿各１枚**

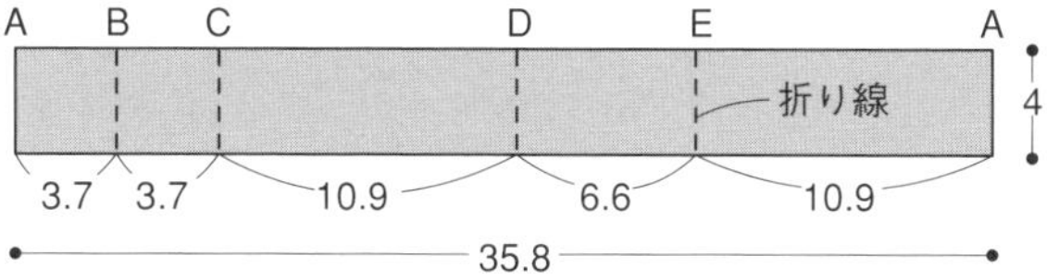
A B C D E A
折り線
4
3.7 3.7 10.9 6.6 10.9
35.8

※厚紙は裁ち切り、折り線でうすく切り込みを入れる
※B は裏側に切り込みを入れる

**身側面中布、身側面中ケント紙各１枚**

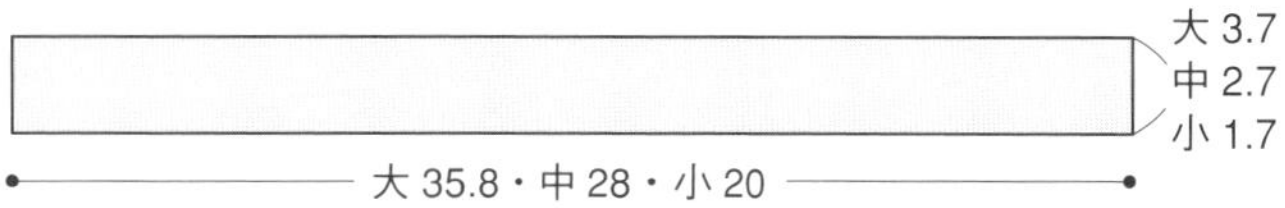
大 3.7
中 2.7
小 1.7
大 35.8・中 28・小 20

**小　身側面外布、身側面外厚紙、身側面外薄手キルト綿各１枚**

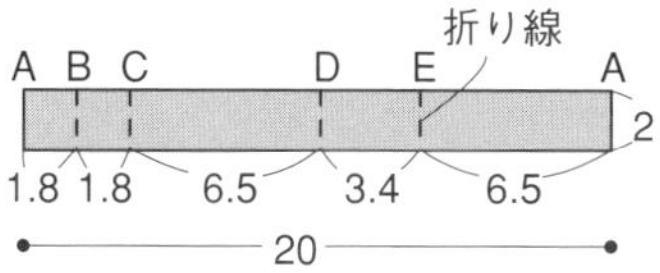
折り線
A B C D E A
2
1.8 1.8 6.5 3.4 6.5
20

※厚紙は裁ち切り、折り線でうすく切り込みを入れる
※B は裏側に切り込みを入れる

**中**　ふた

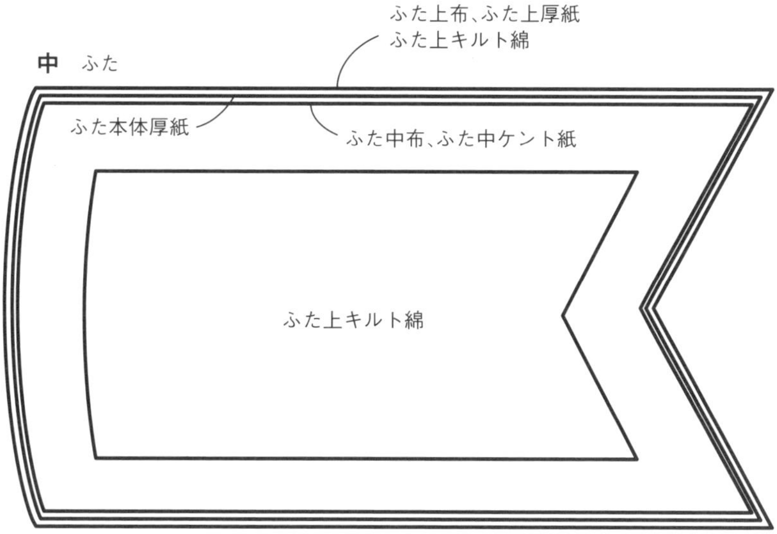
ふた上布、ふた上厚紙
ふた上キルト綿
ふた本体厚紙
ふた中布、ふた中ケント紙
ふた上キルト綿

**中**　身

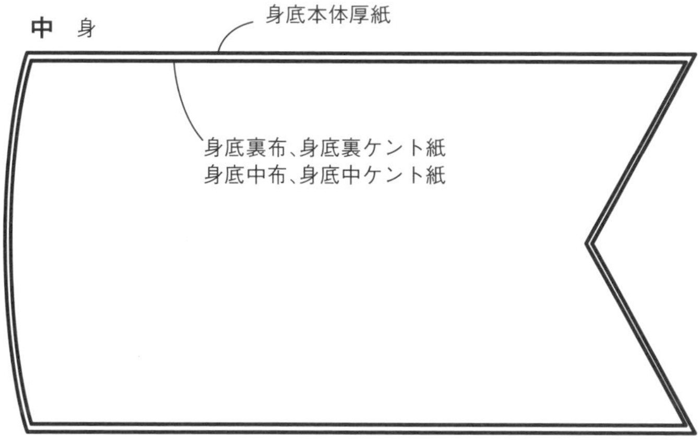
身底本体厚紙
身底裏布、身底裏ケント紙
身底中布、身底中ケント紙

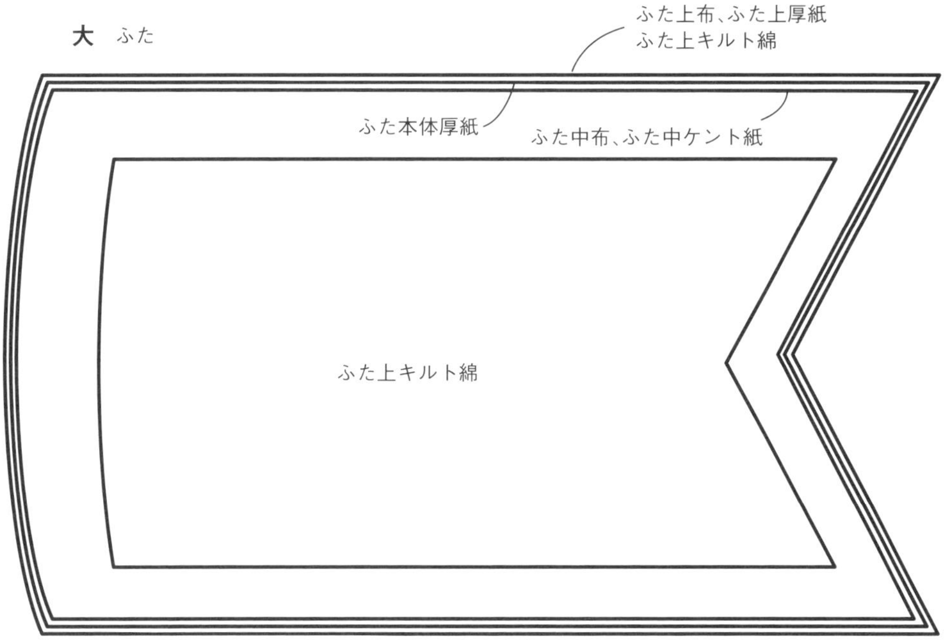
大 ふた
ふた上布、ふた上厚紙
ふた上キルト綿
ふた本体厚紙
ふた中布、ふた中ケント紙
ふた上キルト綿

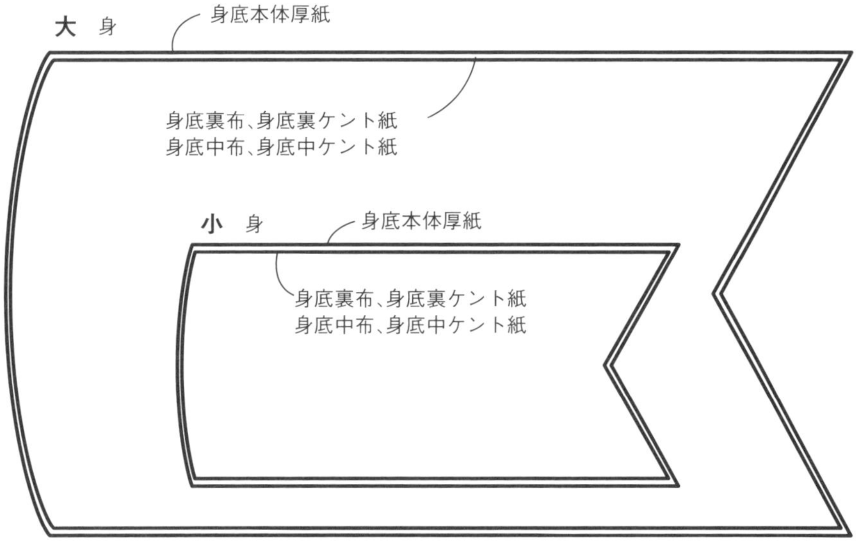
大 身
身底本体厚紙
身底裏布、身底裏ケント紙
身底中布、身底中ケント紙
小 身
身底本体厚紙
身底裏布、身底裏ケント紙
身底中布、身底中ケント紙

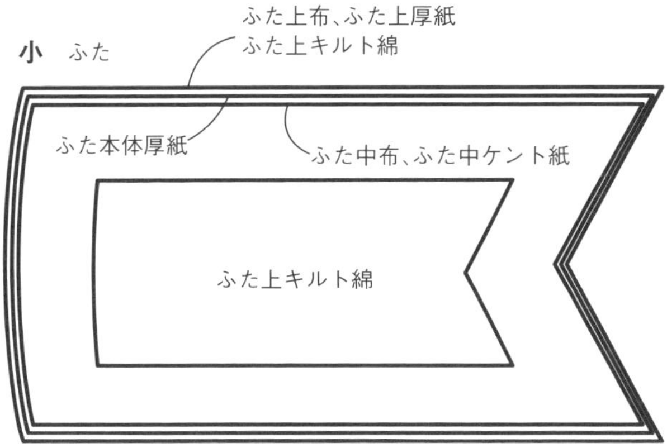
小 ふた
ふた上布、ふた上厚紙
ふた上キルト綿
ふた本体厚紙
ふた中布、ふた中ケント紙
ふた上キルト綿

P.28

# 6月 ジューンブライドの箱

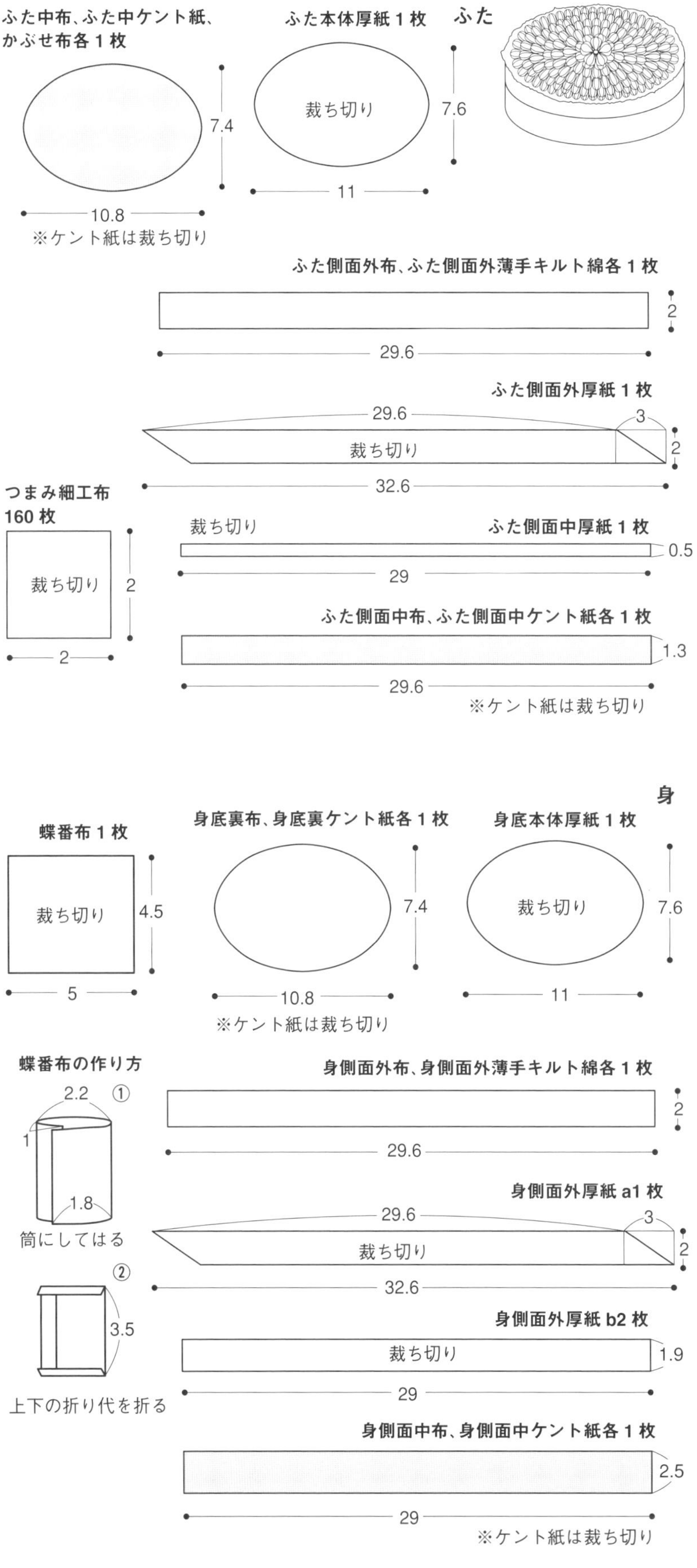
ふた中布、ふた中ケント紙、
かぶせ布各１枚
7.4
10.8
※ケント紙は裁ち切り
ふた本体厚紙１枚
裁ち切り
7.6
11
ふた
ふた側面外布、ふた側面外薄手キルト綿各１枚
2
29.6
ふた側面外厚紙１枚
29.6
3
裁ち切り
2
32.6
つまみ細工布
160枚
裁ち切り
2
2
裁ち切り
ふた側面中厚紙１枚
0.5
29
ふた側面中布、ふた側面中ケント紙各１枚
1.3
29.6
※ケント紙は裁ち切り
身
蝶番布１枚
裁ち切り
4.5
5
身底裏布、身底裏ケント紙各１枚
7.4
10.8
※ケント紙は裁ち切り
身底本体厚紙１枚
裁ち切り
7.6
11
蝶番布の作り方
2.2
①
1
1.8
筒にしてはる
②
3.5
上下の折り代を折る
身側面外布、身側面外薄手キルト綿各１枚
2
29.6
身側面外厚紙 a1枚
29.6
3
裁ち切り
2
32.6
身側面外厚紙 b2枚
裁ち切り
1.9
29
身側面中布、身側面中ケント紙各１枚
2.5
29
※ケント紙は裁ち切り

**材料**

身底裏用布（ふた側面外、身側面外、かぶせ布、蝶番分含む）35×20cm　ふた中（ふた側面中、身側面中分含む）35×20cm　つまみ細工用布35×20cm　クッション用布25×20cm　幅2cmレース2種 各45cm　6×6cmリボン形レース1枚　ピン2本　直径0.4cmパールビーズ1個　薄手キルト綿、厚紙、ケント紙、両面接着シート、手芸綿各適宜

**出来上がり寸法**　8×11×5cm

**作り方のポイント**

●印籠ぶたの箱の作り方は57ページ、一段下がりのふたの作り方は50ページ、つまみ細工の作り方は36ページ参照。
●布の裏にはすべてに両面接着シートをはる。
●布の折り代は0.5～1cmつける。
●側面の薄手キルト綿は大きめにカットしておき、厚紙にはってからそろえてカットする。
●側面中のケント紙は長めに用意しておき、実際に内側に合わせて長さを調整してから布でくるむとよい。
●側面はペンなどでしごいてカーブをつけるとよい。

**作り方**

①箱の作り方は57ページ、一段下がりのふたの作り方は50ページを参照して印籠ぶたの箱を作る。
②つまみ細工の作り方は36ページ参照して、ふたの上につける。
③クッションを作って中に入れる。

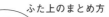

**身の作り方**

①

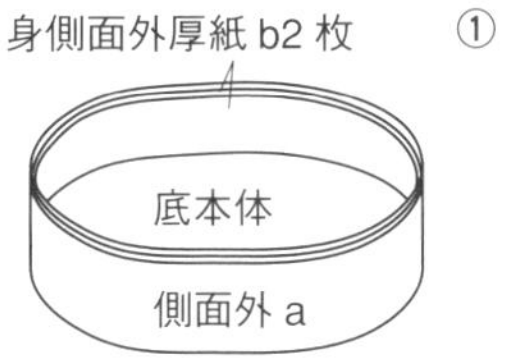
身側面外厚紙 b2 枚
底本体
側面外 a

57 ページのふたの作り方を
参照して身を作る
側面外 a と底本体をつけてから
内側に側面外 b2 枚をはる

②

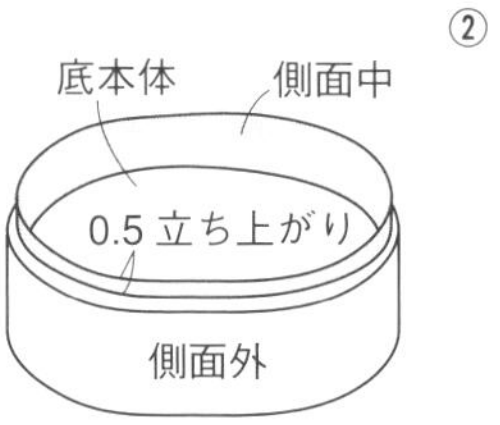
底本体
側面中
0.5 立ち上がり
側面外

側面外を布でくるみ
側面中を作って内側に入れる
立ち上がりができる

③

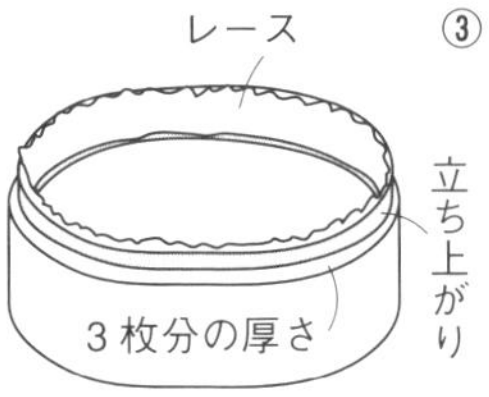
レース
立ち上がり
3 枚分の厚さ

内側にぐるりとレースをはる

④

クッション
ピン

内側にクッションを入れて
はり、ピンを刺す

⑤

レース

レースをはる

**クッション布 1 枚**

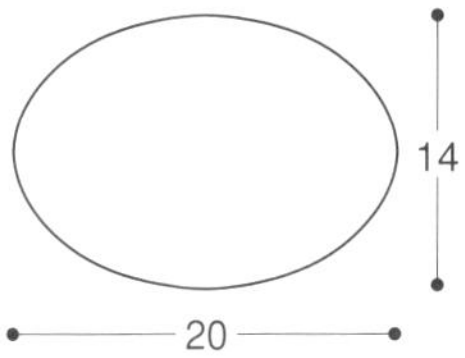
14
20

**クッションの作り方**

①

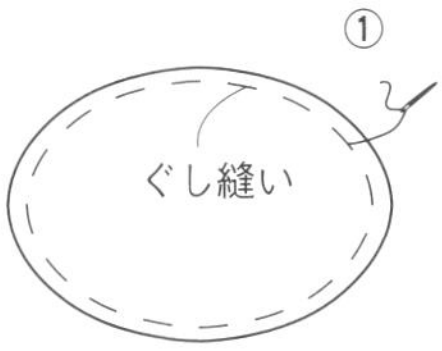
ぐし縫い

周囲をぐし縫いする

②

綿

ぐし縫いを
引き絞りながら
綿を詰める

**ふた上のまとめ方**

①

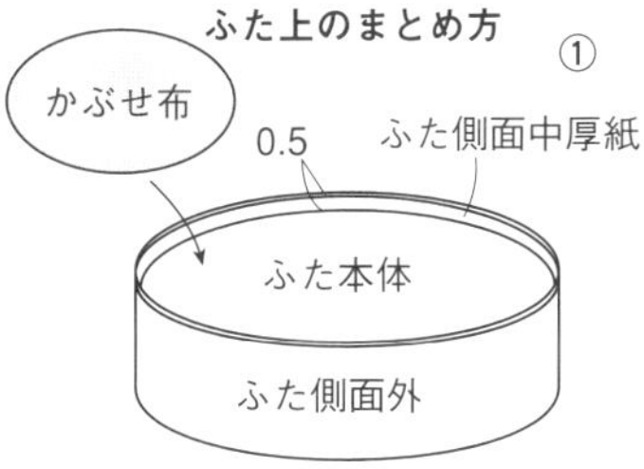
かぶせ布
0.5
ふた側面中厚紙
ふた本体
ふた側面外

50 ページを参照して
一段下がりのふたを作る
側面に布を巻いてから
かぶせ布を上にはる

②

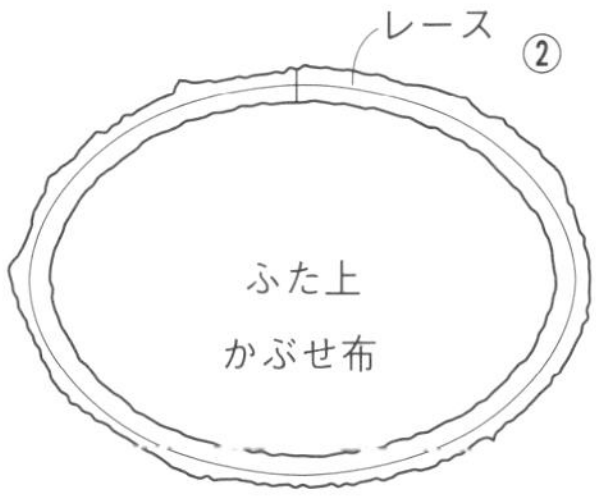
レース
ふた上
かぶせ布

ふた上の縁にレースを
ぐるりとはる

③

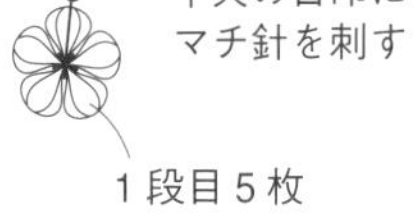
中央の目印に
マチ針を刺す
1 段目 5 枚

ふた上の中心にまち針を刺し
周囲に 1 段目のつまみ細工を並べる

④

2 段目 8 枚

2 段目は 1 段目の間に
入れるようにつまみ細工を
置いていく

⑤

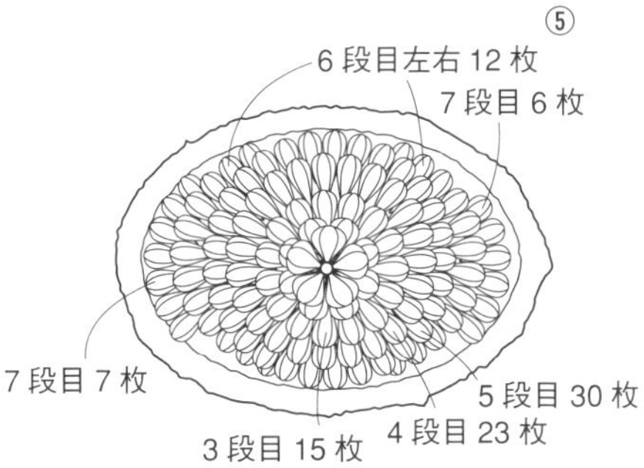
6 段目左右 12 枚
7 段目 6 枚
7 段目 7 枚
5 段目 30 枚
4 段目 23 枚
3 段目 15 枚

3 段目 15 枚
4 段目 23 枚
5 段目 30 枚
6 段目左右 12 枚
7 段目左 7、右 6 枚
8 段目 42 枚
最後にパールビーズをはる

**ふたと身のつなぎ方**

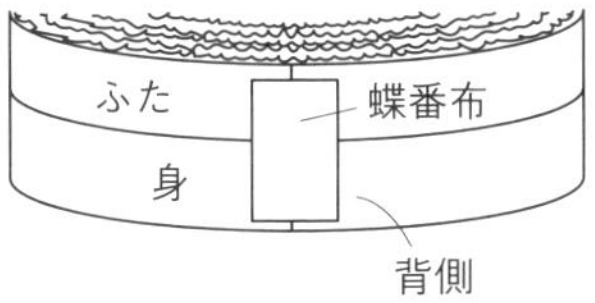
ふた
蝶番布
身
背側

ふたと身を合わせ
背側に蝶番用布をはる

P.28

## 6月 ジューンブライドの箱

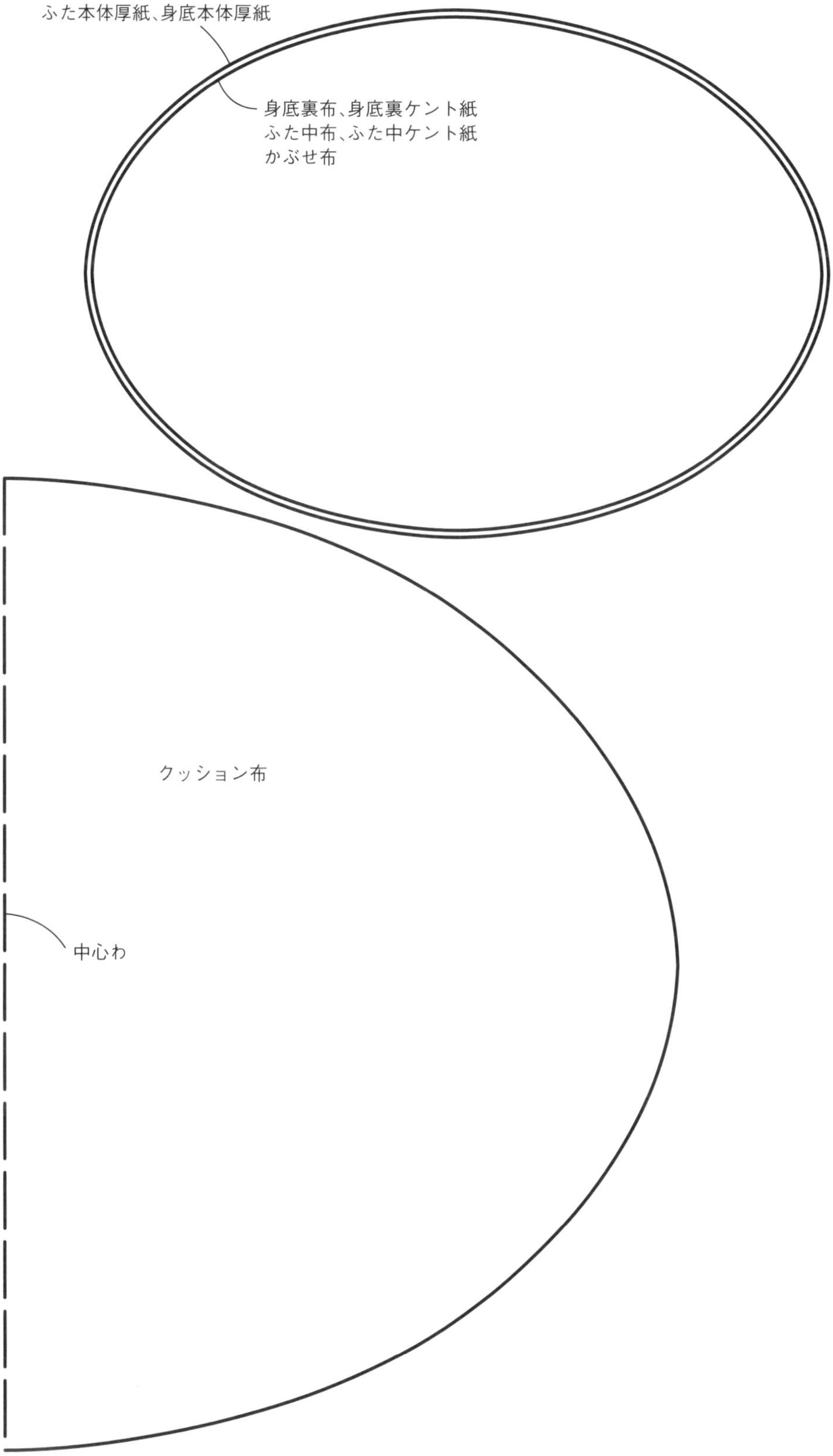
ふた本体厚紙、身底本体厚紙
身底裏布、身底裏ケント紙
ふた中布、ふた中ケント紙
かぶせ布
クッション布
中心わ

P.30

# 7月 七夕の箱

**材料**

**・箱**

ふた側面外用布、身側面外用布各種　ふた上用布20×20cm　ふた中用布（ふた側面中、身側面中、身底中分含む）35×55cm　身底裏用布20×20cm　プラスチックシート15×15cm　厚紙、ケント紙、薄手キルト綿、両面接着シート各適宜

**・笹**

笹飾り用布各種　両面接着シート、28番ワイヤー 、フローラルテープ各適宜

**出来上がり寸法**　箱15.5×15×5.5cm　笹長さ14cm

**作り方のポイント**

●箱の作り方は49・51ページ参照。

●布の裏にはすべてに両面接着シートをはる。

●布の折り代は0.5～1cmつける。

●側面の薄手キルト綿は大きめにカットしておき、厚紙にはってからそろえてカットする。

●側面中のケント紙は長めに用意しておき、実際に内側に合わせて長さを調整してから布でくるむとよい。

●側面外厚紙の切り込みは、山折りを表面、谷折りを裏面のように反対面に切り込みを入れる。

**作り方**

①箱の作り方は51ページ、ふたの作り方は49ページを参照してかぶせぶたの箱を作る。

②笹を作って箱の中に入れる。

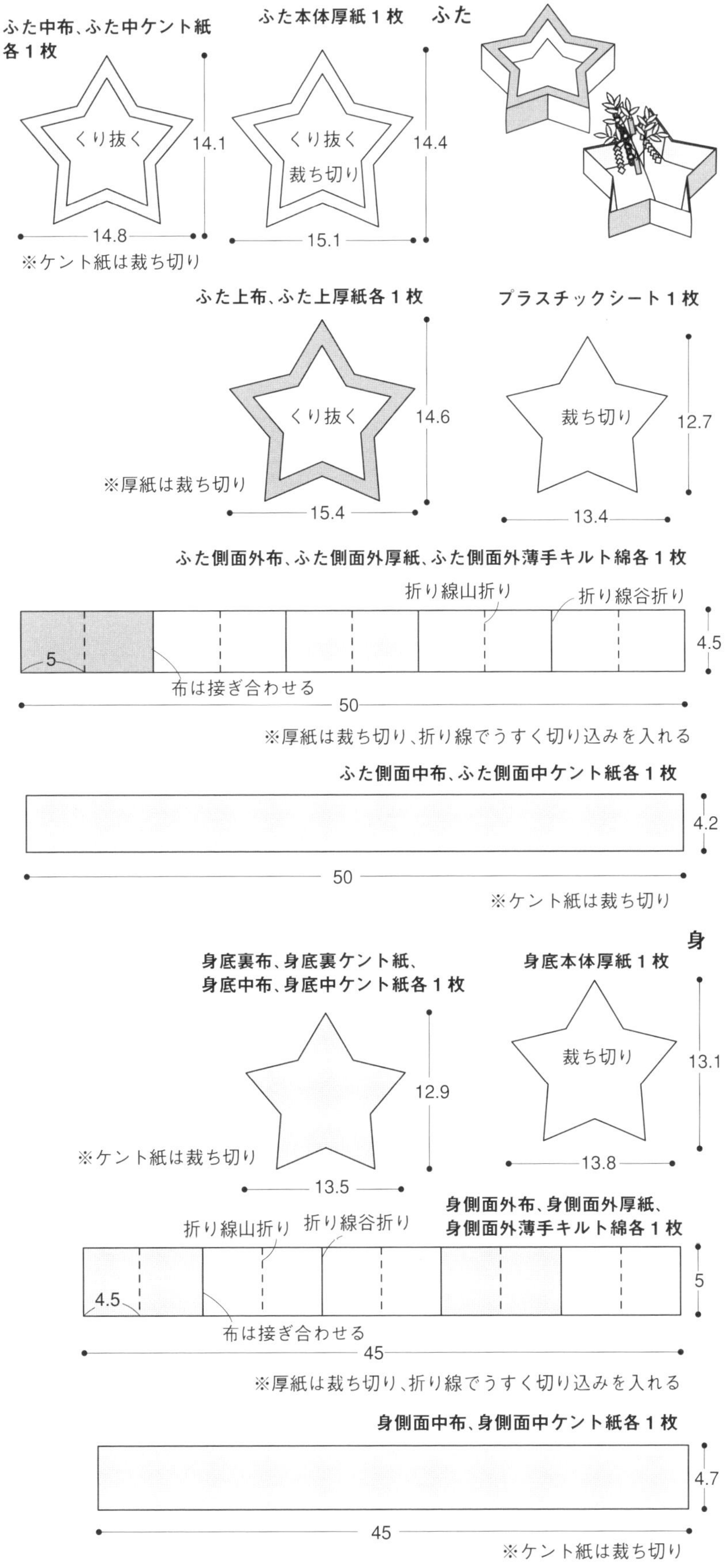
ふた中布、ふた中ケント紙各１枚
くり抜く
14.1
14.8
※ケント紙は裁ち切り
ふた本体厚紙１枚
くり抜く
裁ち切り
14.4
15.1
ふた
ふた上布、ふた上厚紙各１枚
くり抜く
14.6
15.4
※厚紙は裁ち切り
プラスチックシート１枚
裁ち切り
12.7
13.4
ふた側面外布、ふた側面外厚紙、ふた側面外薄手キルト綿各１枚
折り線山折り
折り線谷折り
5
4.5
布は接ぎ合わせる
50
※厚紙は裁ち切り、折り線でうすく切り込みを入れる
ふた側面中布、ふた側面中ケント紙各１枚
4.2
50
※ケント紙は裁ち切り
身
身底裏布、身底裏ケント紙、
身底中布、身底中ケント紙各１枚
12.9
13.5
※ケント紙は裁ち切り
身底本体厚紙１枚
裁ち切り
13.1
13.8
身側面外布、身側面外厚紙、
身側面外薄手キルト綿各１枚
折り線山折り
折り線谷折り
4.5
5
布は接ぎ合わせる
45
※厚紙は裁ち切り、折り線でうすく切り込みを入れる
身側面中布、身側面中ケント紙各１枚
4.7
45
※ケント紙は裁ち切り

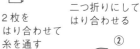

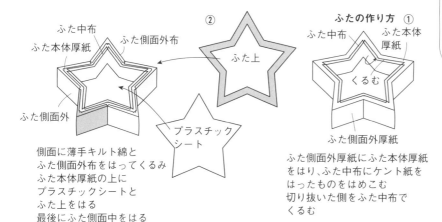

P.30

# 7月 七夕の箱

②

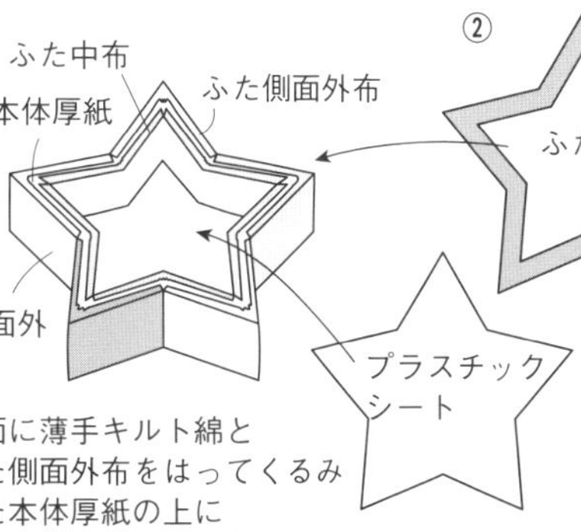

ふた中布
ふた本体厚紙
ふた側面外布
ふた上
ふた側面外
プラスチックシート


側面に薄手キルト綿と
ふた側面外布をはってくるみ
ふた本体厚紙の上に
プラスチックシートと
ふた上をはる
最後にふた側面中をはる

**ふたの作り方** ①

ふた中布
ふた本体厚紙
くるむ
ふた側面外厚紙


ふた側面外厚紙にふた本体厚紙
をはり、ふた中布にケント紙を
はったものをはめこむ
切り抜いた側をふた中布で
くるむ

## 笹

**笹の葉の作り方** ①

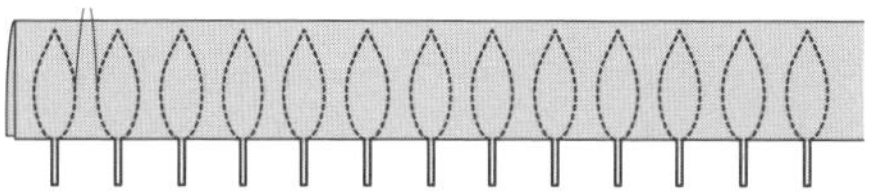

0.2


二つ折りにしてワイヤー をはさんではり合わせ
葉の形にカットする

**笹の葉1枚**

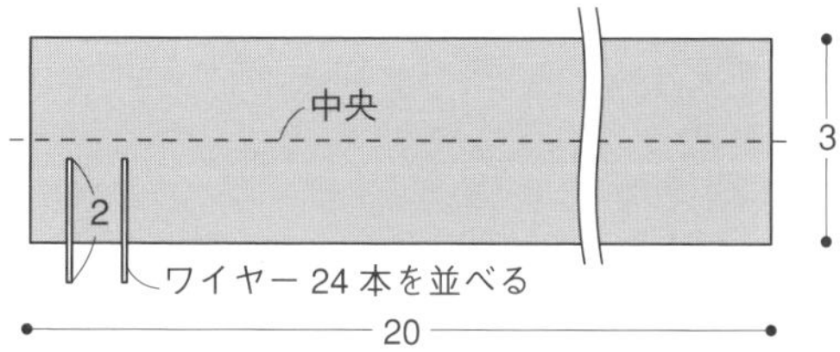

中央
3
2
ワイヤー 24 本を並べる
20


②

表に葉脈を描く
24 枚作る

**笹のまとめ方**

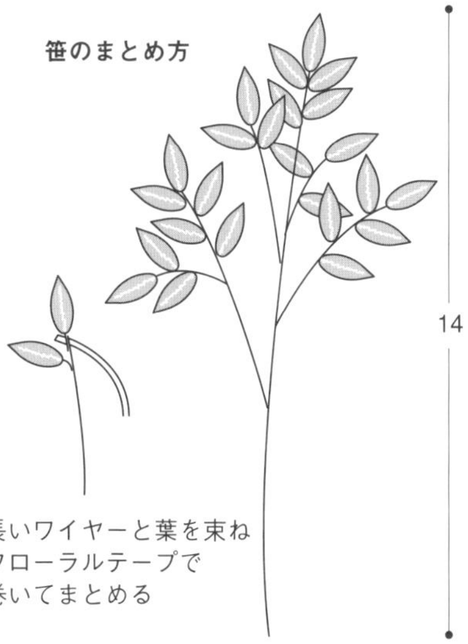

14


長いワイヤーと葉を束ね
フローラルテープで
巻いてまとめる

葉が 3 枚、5 枚ずつの小枝にまとめ
最後に 1 本にまとめる

**四角つづり 2 枚**

**7 枚**

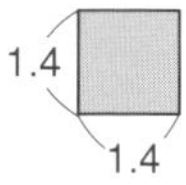

1.4
1.4


裁ち切り

**作り方** ①

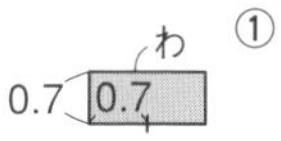

わ
0.7
0.7


二つ折りして
はり合わせ
中心でカットする

②

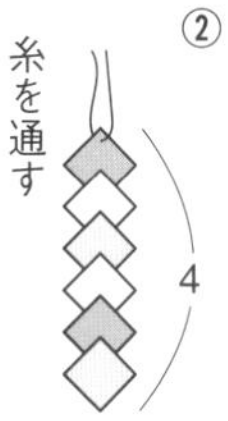

糸を通す
4


7 枚を
ずらしながら
はる

**短冊 3 枚**

**6 枚**

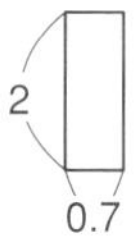

2
0.7


**作り方**

2 枚を
はり合わせて
糸を通す

**わっかつづり 2 本**

**14 枚**

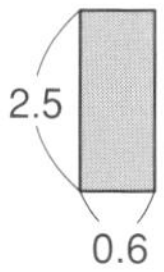

2.5
0.6


**作り方** ①

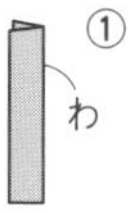

わ


二つ折りにして
はり合わせる

②

輪にして
はる

③

ひとつ目の輪に
通して輪にする

④

7 枚をつなぐ

短冊
わっかつづり
四角つづり


好きな位置に
ボンドでつける

**笹の葉**

80%縮小型紙、125%拡大してご使用ください

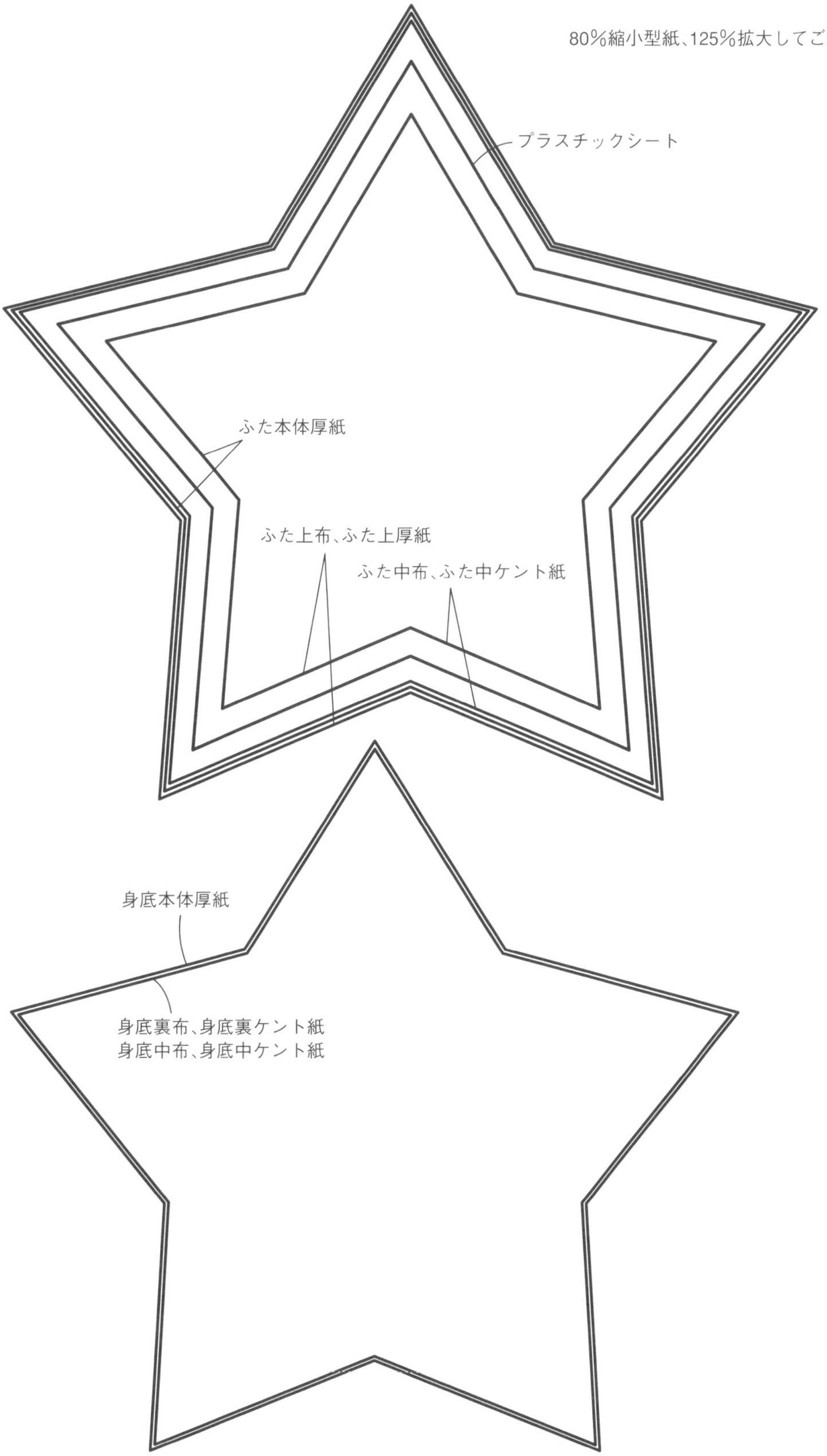
プラスチックシート
ふた本体厚紙
ふた上布、ふた上厚紙
ふた中布、ふた中ケント紙
身底本体厚紙
身底裏布、身底裏ケント紙
身底中布、身底中ケント紙

*P.32*

# 8月 夏の涼の箱

**材料**

**・箱**

ふた上用布（ふた側面外、ふた飾り分含む）20×40cm　身底裏用布（身側面外分含む）35×20cm　ふた中用布（ふた側面中、身底中、身側面中分含む）25×40cm　キルト綿、薄手キルト綿、厚紙、ケント紙、両面接着シート、手芸綿各適宜

**・うちわ**

うちわ用布、枝、ケント紙、両面接着シート各適宜

**出来上がり寸法**　箱11×11×4.5cm　うちわ大長さ8cm、中長さ7.5cm、小長さ4.5cm

**作り方のポイント**

●箱の作り方は48・51ページ参照。

●布の裏にはすべてに両面接着シートをはる。

●布の折り代は0.5〜1cmつける。

●ふた上のキルト綿や側面の薄手キルト綿は大きめにカットしておき、厚紙にはってからそろえてカットする。キルト綿の1枚は厚紙より1〜2cm小さくカットする。

●側面中のケント紙は長めに用意しておき、実際に内側に合わせて長さを調整してから布でくるむとよい。

●側面外厚紙の切り込みは、山折りを表面、谷折りを裏面のように反対面に切り込みを入れる。ペンなどでしごいてカーブをつけるとよい。

**作り方**

①48・51ページを参照して、かぶせぶたの箱を作る。

②うちわを作って箱の中に入れる。

**ふた**

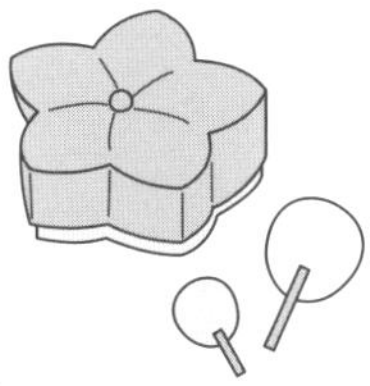

**ふた本体厚紙１枚**

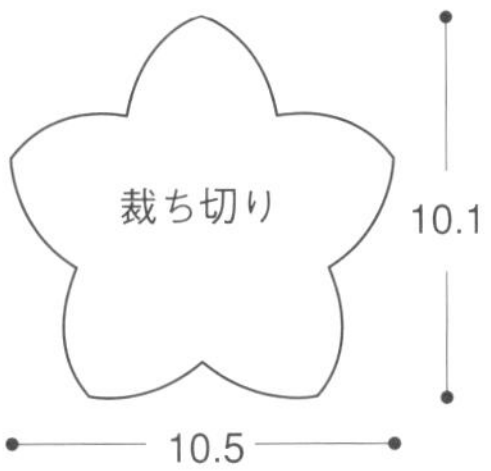
裁ち切り
10.1
10.5

**ふた上布、ふた上厚紙各１枚**
**ふた上キルト綿３枚**

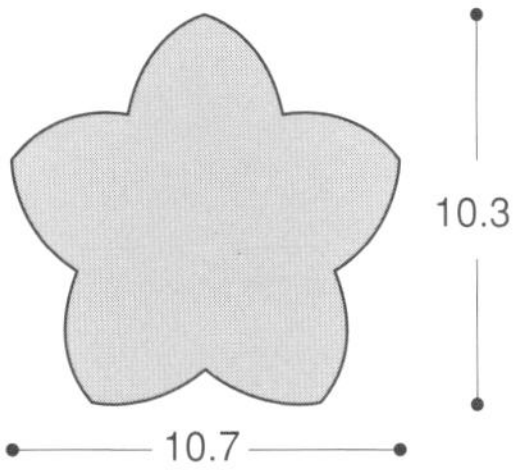
10.3
10.7

※厚紙は裁ち切り

**ふた中布、ふた中ケント紙各１枚**

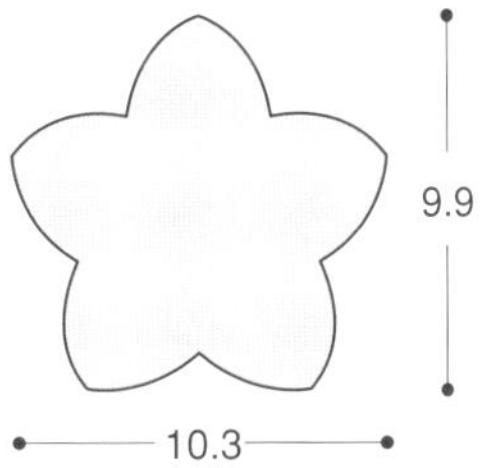
9.9
10.3

※ケント紙は裁ち切り

**ふた側面外布、ふた側面外厚紙、ふた側面外薄手キルト綿各１枚**

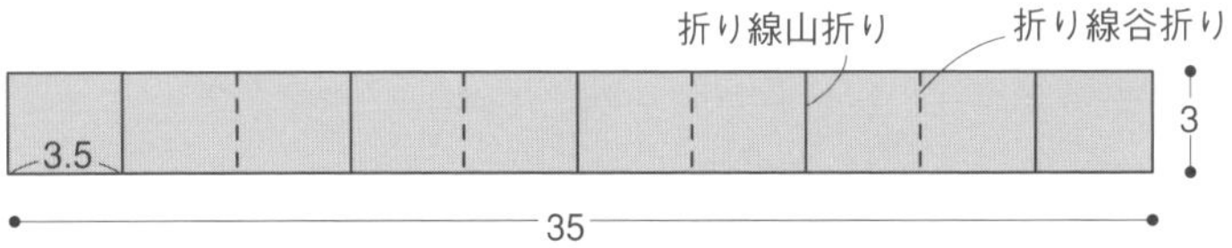
折り線山折り
折り線谷折り
3.5
3
35

※厚紙は裁ち切り、折り線でうすく切り込みを入れる

**ふた側面中布、ふた側面中ケント紙各１枚**

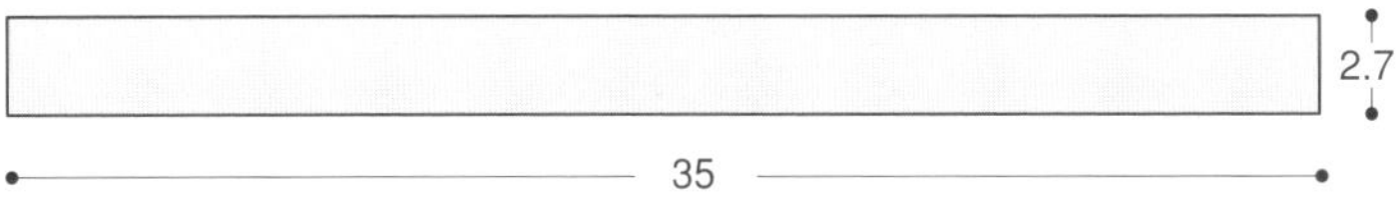
2.7
35

※ケント紙は裁ち切り

**ふた飾りの作り方**

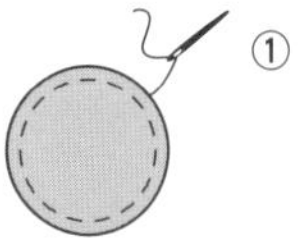
①

周囲をぐし縫いする

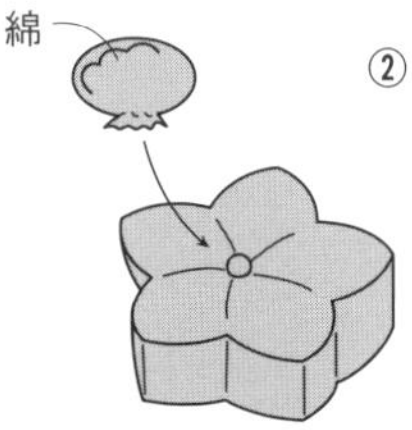
綿
②

綿を詰めながら
ぐし縫いを引き絞り
ふたの中央にはる

**ふた飾り１枚**

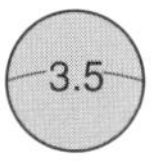
3.5

裁ち切り

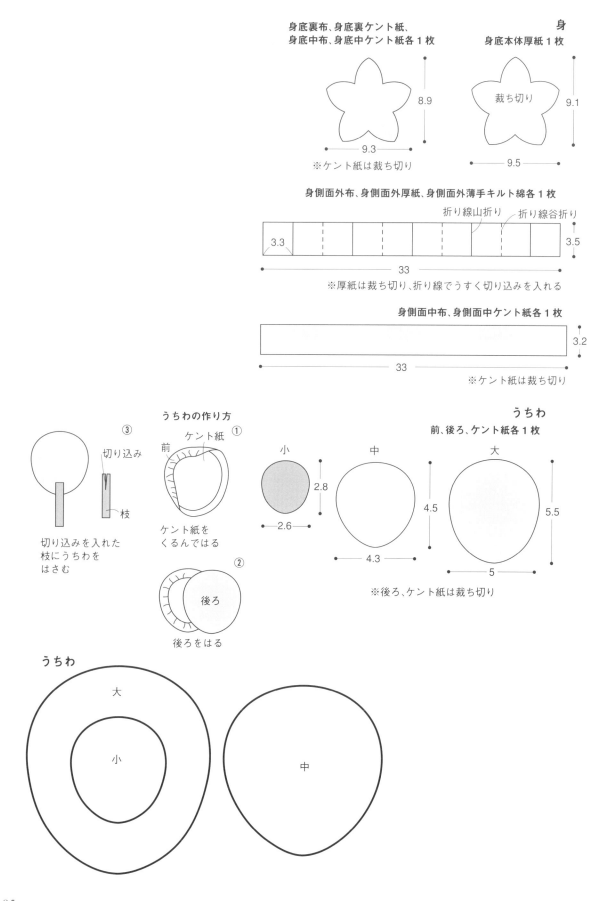

## 身

**身底裏布、身底裏ケント紙、**
**身底中布、身底中ケント紙各１枚**

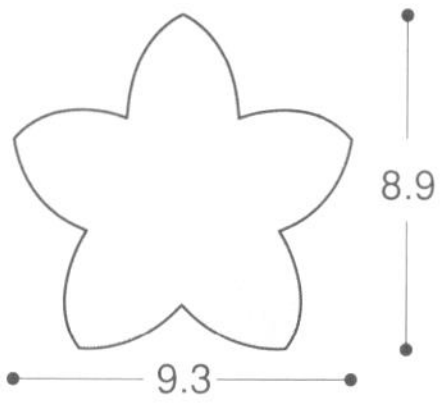
8.9
9.3

※ケント紙は裁ち切り

**身底本体厚紙１枚**

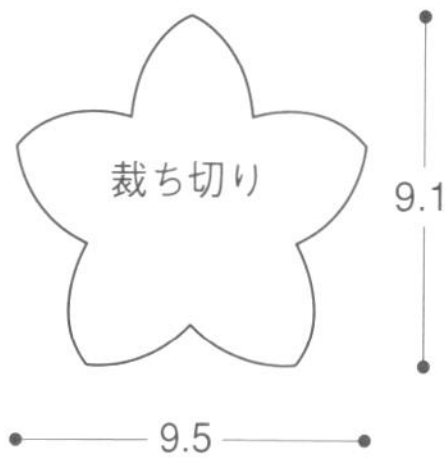
裁ち切り
9.1
9.5

**身側面外布、身側面外厚紙、身側面外薄手キルト綿各１枚**

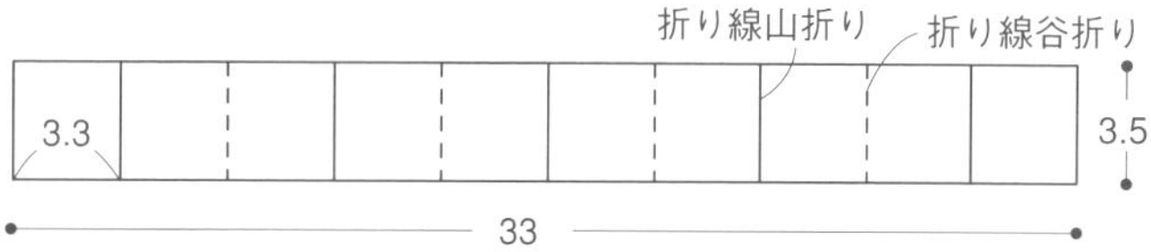
折り線山折り
折り線谷折り
3.3
3.5
33

※厚紙は裁ち切り、折り線でうすく切り込みを入れる

**身側面中布、身側面中ケント紙各１枚**

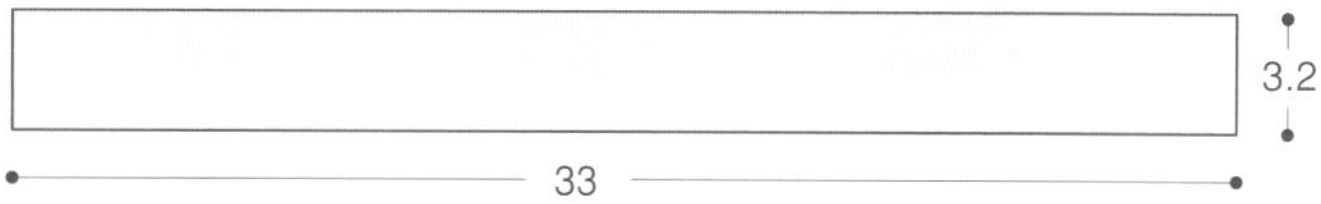
3.2
33

※ケント紙は裁ち切り

## うちわ

**前、後ろ、ケント紙各１枚**

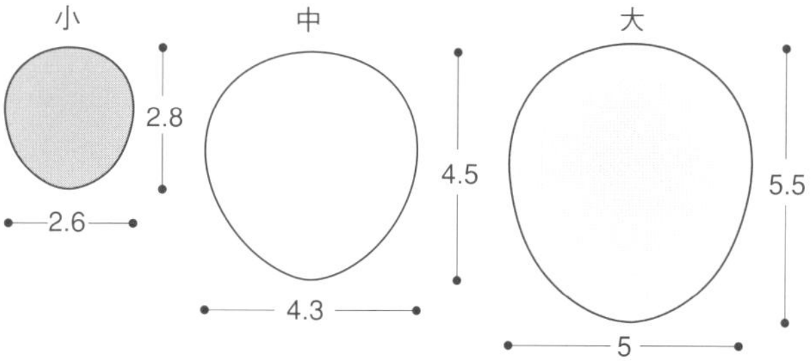
小
中
大
2.8
2.6
4.5
4.3
5.5
5

※後ろ、ケント紙は裁ち切り

### うちわの作り方

①

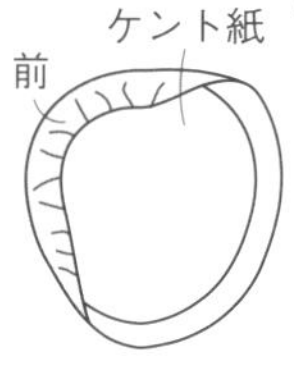
前
ケント紙

ケント紙を
くるんではる

②

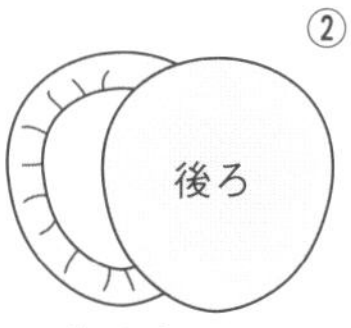
後ろ

後ろをはる

③

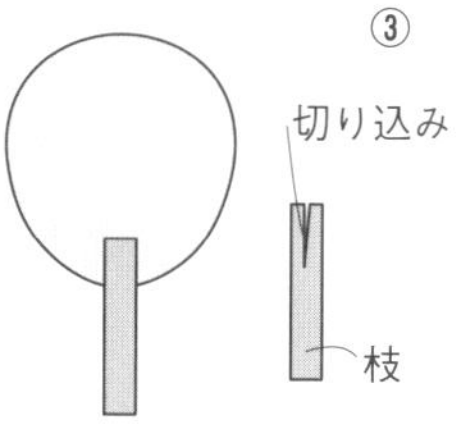
切り込み
枝

切り込みを入れた
枝にうちわを
はさむ

## うちわ

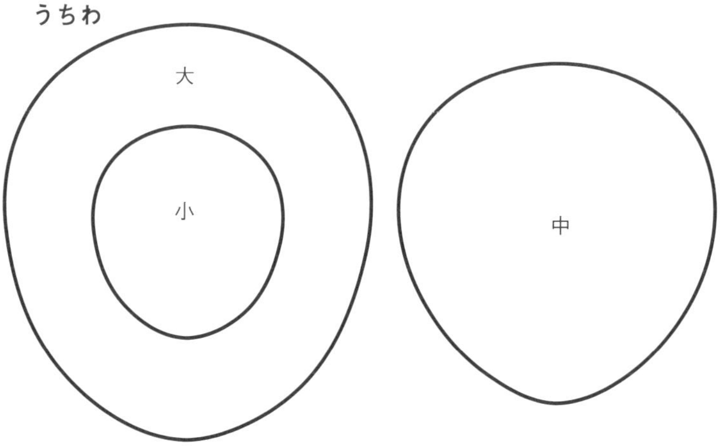
大
小
中

P.32

# 8月 夏の涼の箱

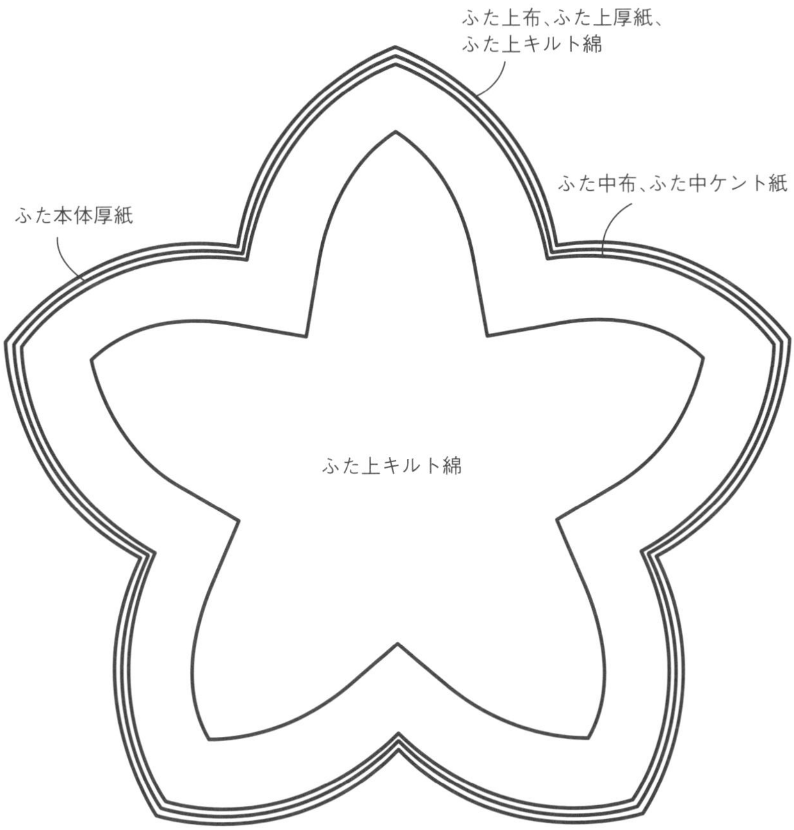
ふた上布、ふた上厚紙、
ふた上キルト綿
ふた中布、ふた中ケント紙
ふた本体厚紙
ふた上キルト綿

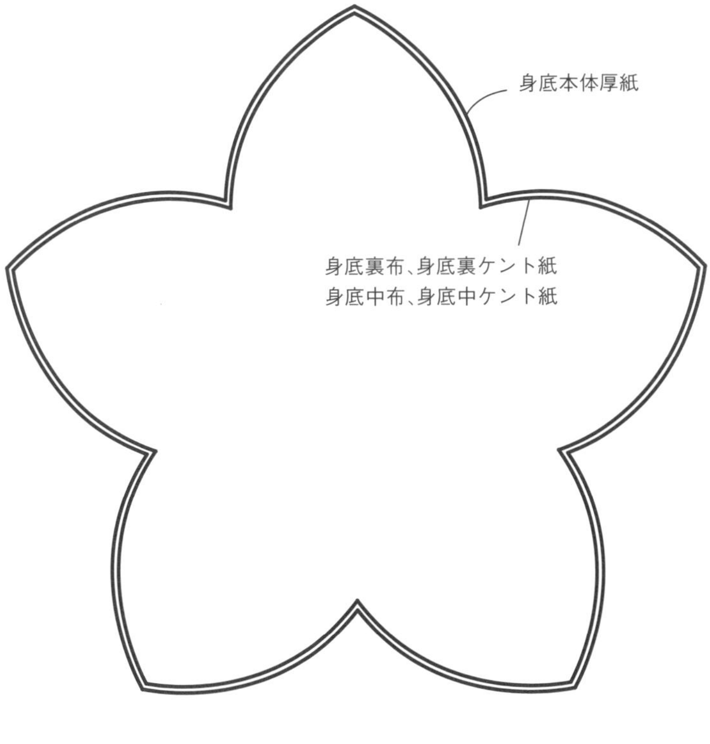
身底本体厚紙
身底裏布、身底裏ケント紙
身底中布、身底中ケント紙

*P.38*

# 10月 秋の夜長の裁縫箱

**材料**

**・箱**

ふた上用布（耳、尾、ふた側面外分含む）35×15cm　身側面外用布（身底裏分含む）30×15cm　ふた中用布（ふた側面中、身側面中、身底中分含む）35×20cm　内耳用布5×2cm　直径0.3ビーズ1個　キルト綿、薄手キルト綿、厚紙、ケント紙、両面接着シート、手芸綿、穴糸各適宜

**・はさみケース**

本体用布、ケント紙、薄手キルト綿、両面接着シート、和紙各適宜

**・針山**

針山用布（側面、底裏分含む）15×15cm　薄手キルト綿、厚紙、ケント紙、両面接着シート、手芸綿各適宜

**出来上がり寸法**　箱11×7×4cm　はさみケース3.2×2.5cm　針山直径3.5cm

**作り方のポイント**

●箱の作り方は48・51ページ参照。
●布の裏にはすべてに両面接着シートをはる。
●布の折り代は0.5〜1cmつける。
●ふた上のキルト綿や側面の薄手キルト綿は大きめにカットしておき、厚紙にはってからそろえてカットする。キルト綿の1枚は厚紙より1〜2cm小さくカットする。
●側面中のケント紙は長めに用意しておき、実際に内側に合わせて長さを調整してから布でくるむとよい。
●側面はペンなどでしごいてカーブをつけるとよい。

**作り方**

①48・51ページを参照して、かぶせぶたの箱を作る。
②針山、はさみケースなど好みのものを作って箱に入れる。

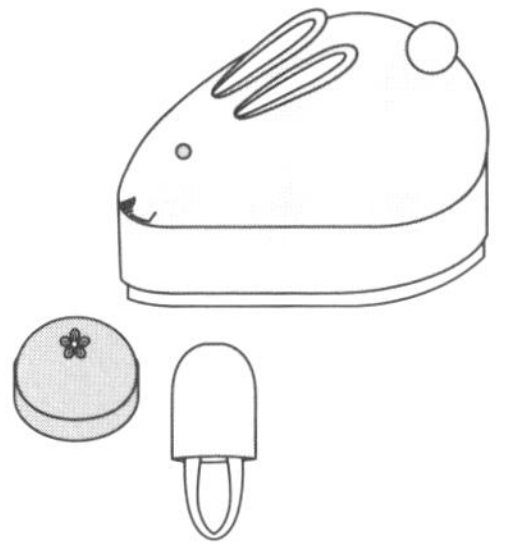

**ふた**

**ふた上布、ふた上厚紙各１枚**
**ふた上キルト綿３枚**

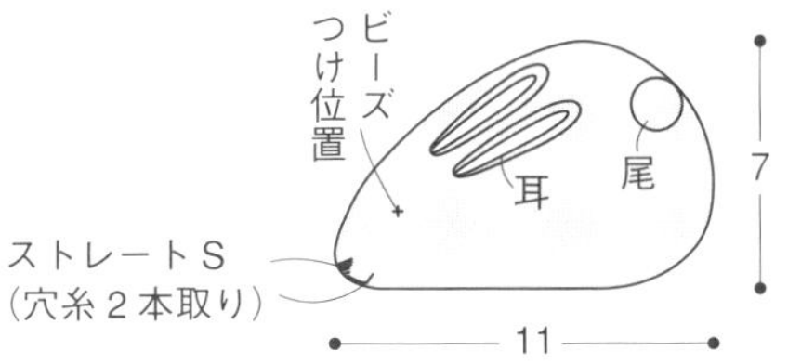

ビーズつけ位置
耳
尾
7
ストレートS
（穴糸２本取り）
11


※厚紙は裁ち切り

**ふた中布、ふた中ケント紙各１枚**

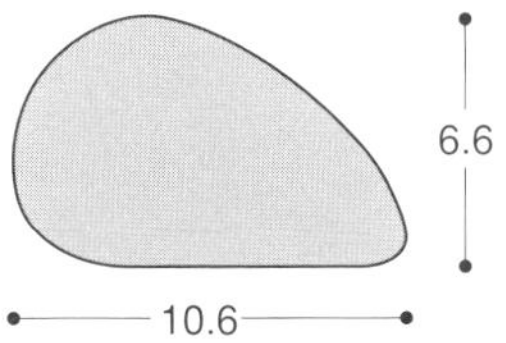

6.6
10.6


※ケント紙は裁ち切り

**ふた本体厚紙１枚**

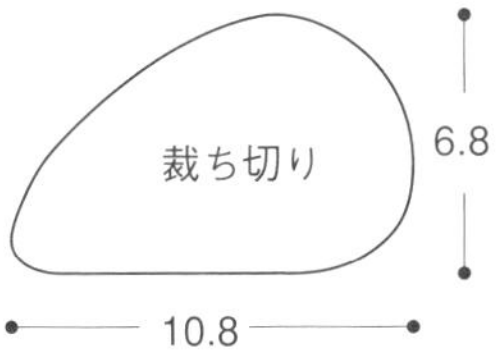

裁ち切り
6.8
10.8


**ふた側面外布、ふた側面外厚紙、ふた側面外薄手キルト綿各１枚**

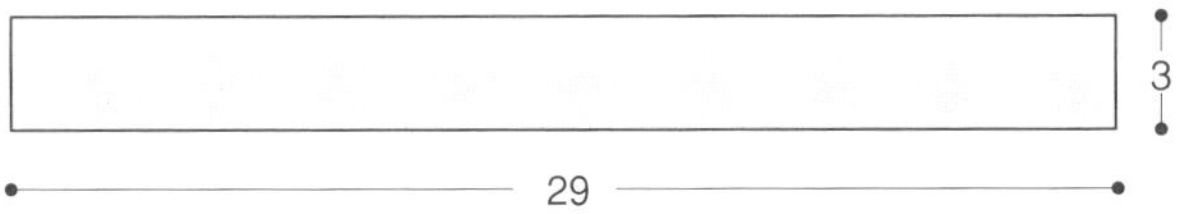

3
29


※厚紙は裁ち切り

**ふた側面中布、ふた側面中ケント紙各１枚**

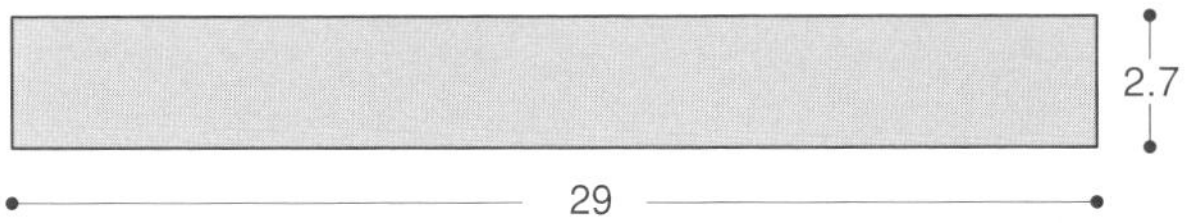

2.7
29


※ケント紙は裁ち切り

**尾の作り方**

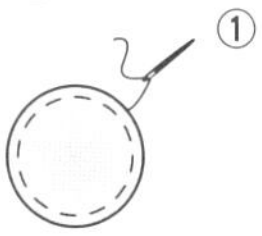

①


周囲をぐし縫いする

綿
②


綿を詰めながら
ぐし縫いを引き絞る

**尾１枚**

3


裁ち切り

**内耳**
**２枚**

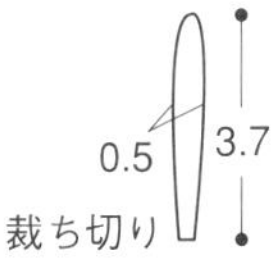

0.5
3.7
裁ち切り


**耳、ケント紙、**
**薄手キルト綿各２枚**

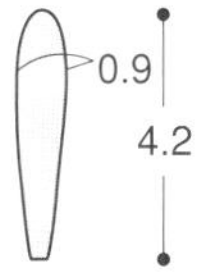

0.9
4.2


※ケント紙と薄手キルト綿
は裁ち切り

**耳の作り方**

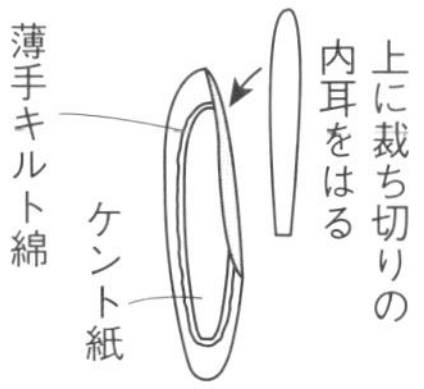

薄手キルト綿
ケント紙
上に裁ち切りの内耳をはる


布に薄手キルト綿と
ケント紙を重ねて
くるんではる
上に内耳をはる

**ふた上のまとめ方**

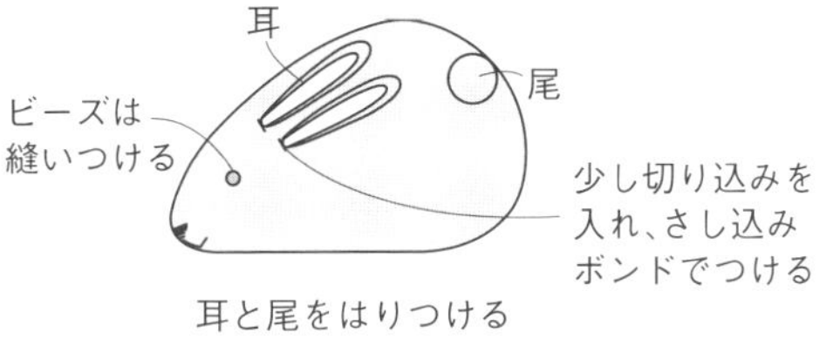

耳
尾
ビーズは
縫いつける
少し切り込みを
入れ、さし込み
ボンドでつける


耳と尾をはりつける

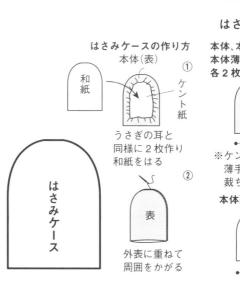

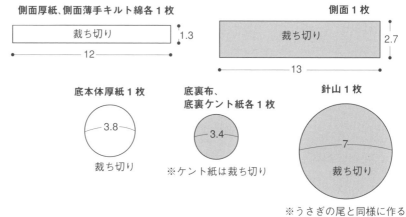

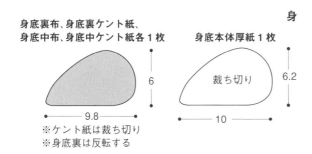

*P.38*

# 10月 秋の夜長の裁縫箱

## 身

**身底裏布、身底裏ケント紙、身底中布、身底中ケント紙各１枚**

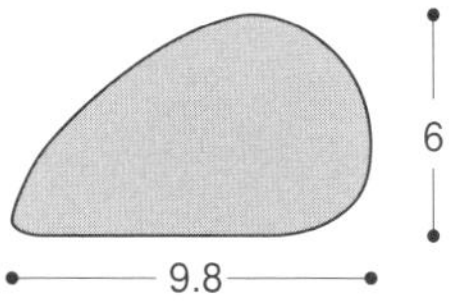
6
9.8

※ケント紙は裁ち切り
※身底裏は反転する

**身底本体厚紙１枚**

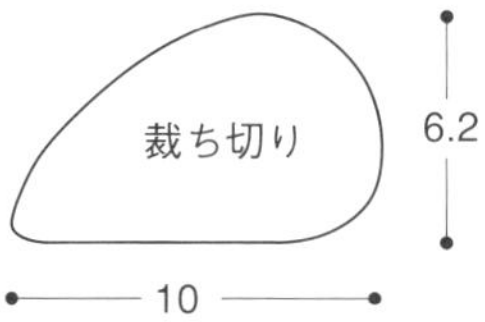
裁ち切り
6.2
10

**身側面外布、身側面外厚紙、身側面外薄手キルト綿各１枚**

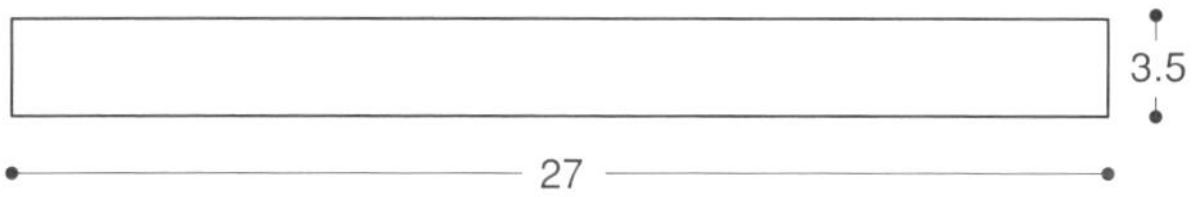
3.5
27

※厚紙は裁ち切り

**身側面中布、身側面中ケント紙各１枚**

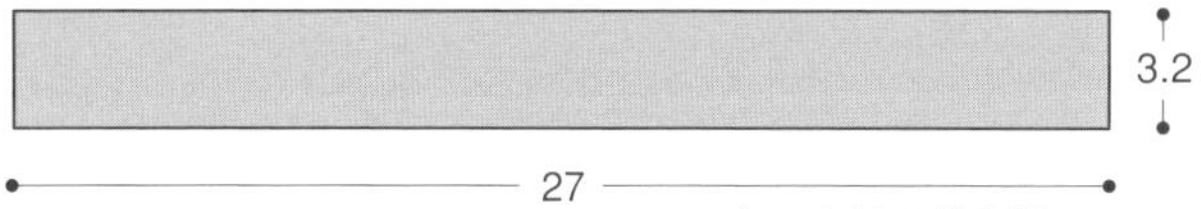
3.2
27

※ケント紙は裁ち切り

## 針山

**針山のまとめ方**

①

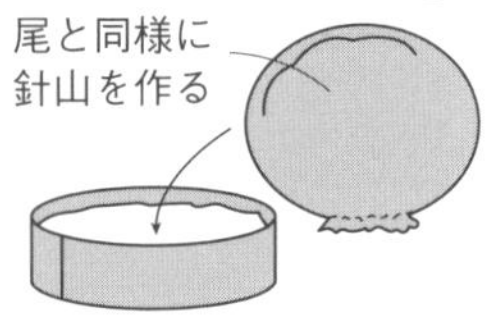
尾と同様に
針山を作る

内側なしで、箱の作り方と
同様に土台を作り
ボンドをつけて針山部分を
入れる

②

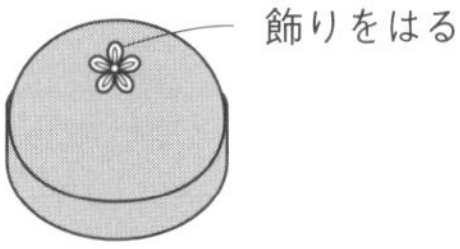
飾りをはる

つまみ細工などで
飾りを作ってはる

**側面厚紙、側面薄手キルト綿各１枚**

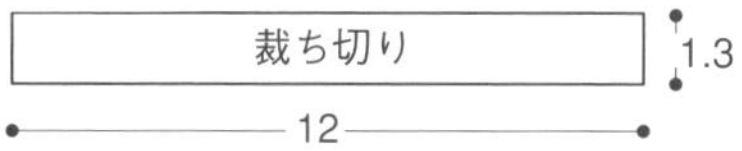
裁ち切り
1.3
12

**側面１枚**

裁ち切り
2.7
13

**底本体厚紙１枚**

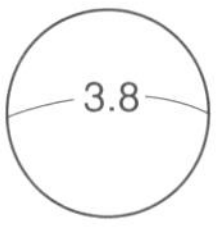
3.8

裁ち切り

**底裏布、
底裏ケント紙各１枚**

3.4

※ケント紙は裁ち切り

**針山１枚**

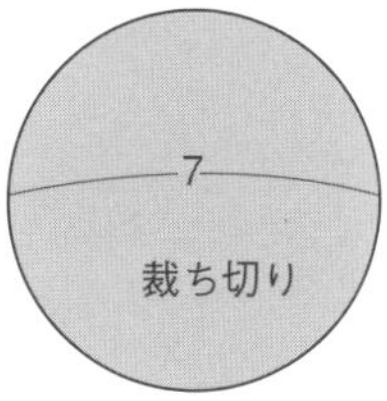
7
裁ち切り

※うさぎの尾と同様に作る

## はさみケース

**はさみケースの作り方**

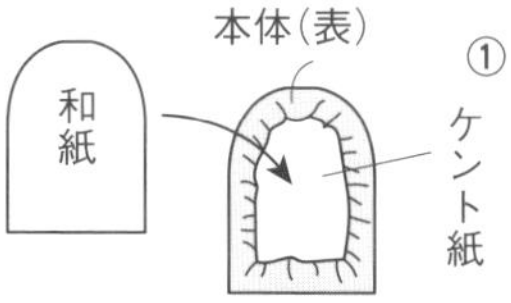
本体（表）
①
和紙
ケント紙

うさぎの耳と
同様に２枚作り
和紙をはる

②
表

外表に重ねて
周囲をかがる

はさみケース

**本体、本体ケント紙、
本体薄手キルト綿
各２枚**

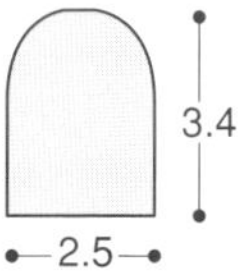
3.4
2.5

※ケント紙と
薄手キルト綿は
裁ち切り

**本体裏和紙２枚**

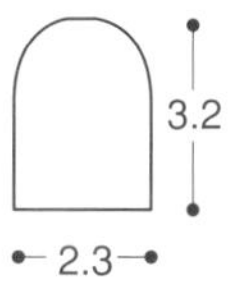
3.2
2.3

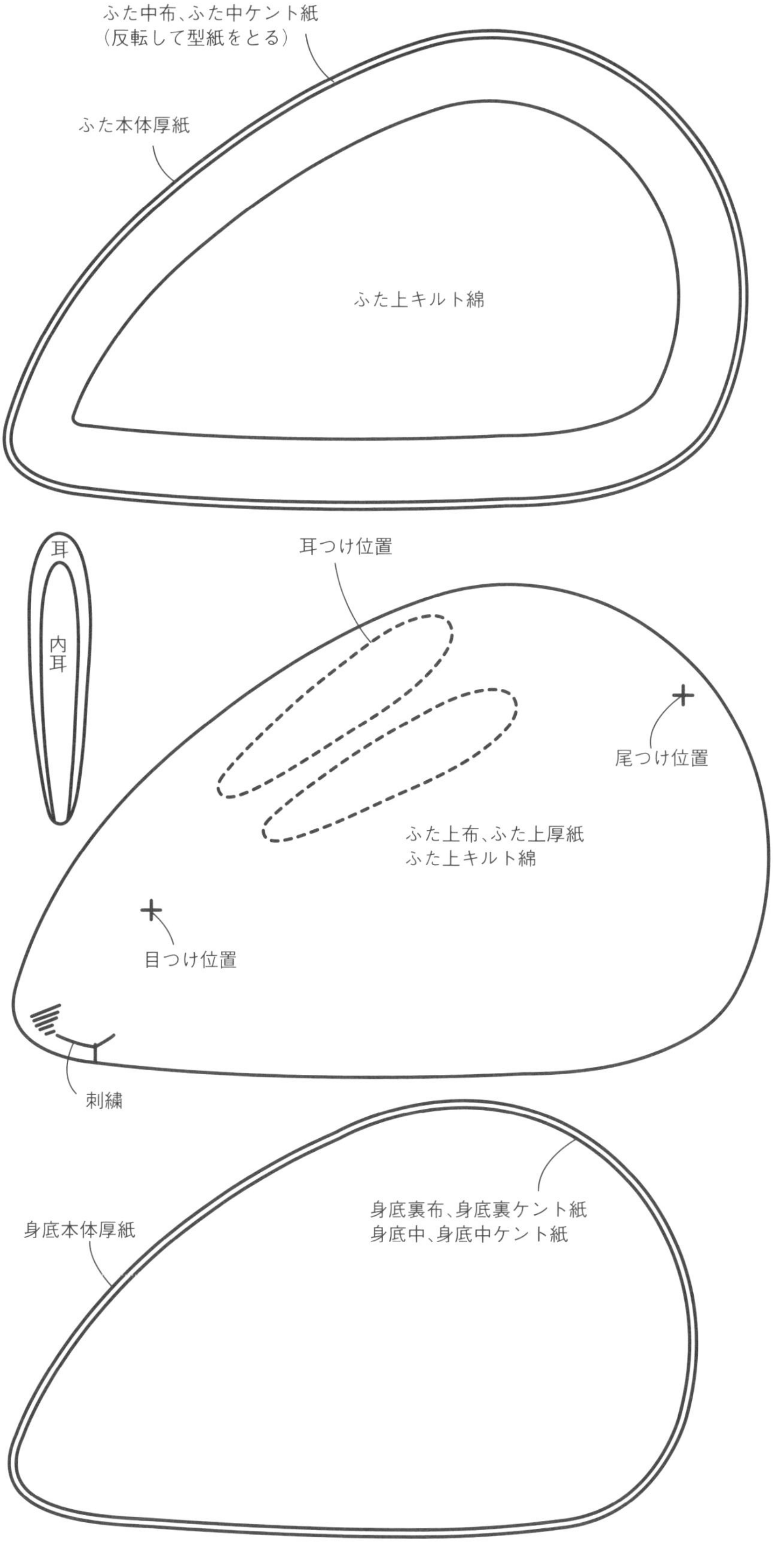
ふた中布、ふた中ケント紙
（反転して型紙をとる）
ふた本体厚紙
ふた上キルト綿
耳
内耳
耳つけ位置
尾つけ位置
ふた上布、ふた上厚紙
ふた上キルト綿
目つけ位置
刺繍
身底裏布、身底裏ケント紙
身底中、身底中ケント紙
身底本体厚紙

*P.34*

# 9月 重用の節句の箱

**材料**

つまみ細工（押し絵）用布各種　ふた側面外用布（かぶせ布、身側面外、身底裏分含む）25×20cm　ふた中用布（ふた側面中、身底中、身側面中分含む）20×20cm　直径8cmスチロール球1個　水引10cm　キルト綿、薄手キルト綿、厚紙、ケント紙、両面接着シート各適宜

**出来上がり寸法**　直径5.5cm高さ3.5〜4cm

**作り方のポイント**

●かぶせぶたの箱の作り方は51ページ、一段下がりのふたの作り方は50ページ、つまみ細工の作り方は36ページ、押し絵の作り方は37ページ参照。

●布の裏にはすべてに両面接着シートをはる。

●布の折り代は0.5〜1cmつける。

●側面の薄手キルト綿は大きめにカットしておき、厚紙にはってからそろえてカットする。

●側面中のケント紙は長めに用意しておき、実際に内側に合わせて長さを調整してから布でくるむとよい。

●側面はペンなどでしごいてカーブをつけるとよい。

**作り方**

①箱の作り方は51ページ、一段下がりのふたの作り方は50ページを参照してかぶせぶたの箱を作る。

②つまみ細工の作り方は36ページ、押し絵の作り方は37ページを参照してふたの上につける。

つまみ細工タイプは一段下がりのふた、押し絵タイプは平らなふた

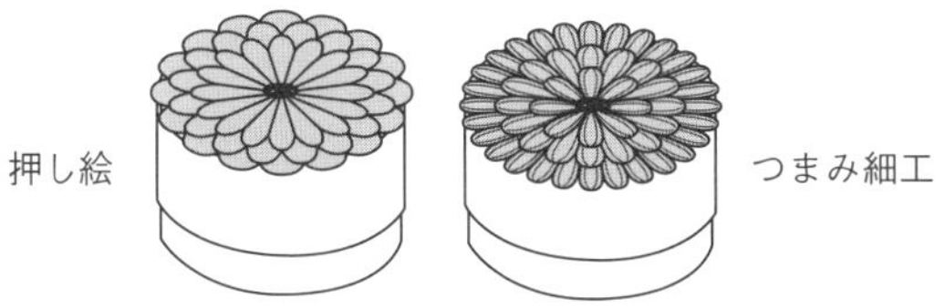
押し絵
つまみ細工

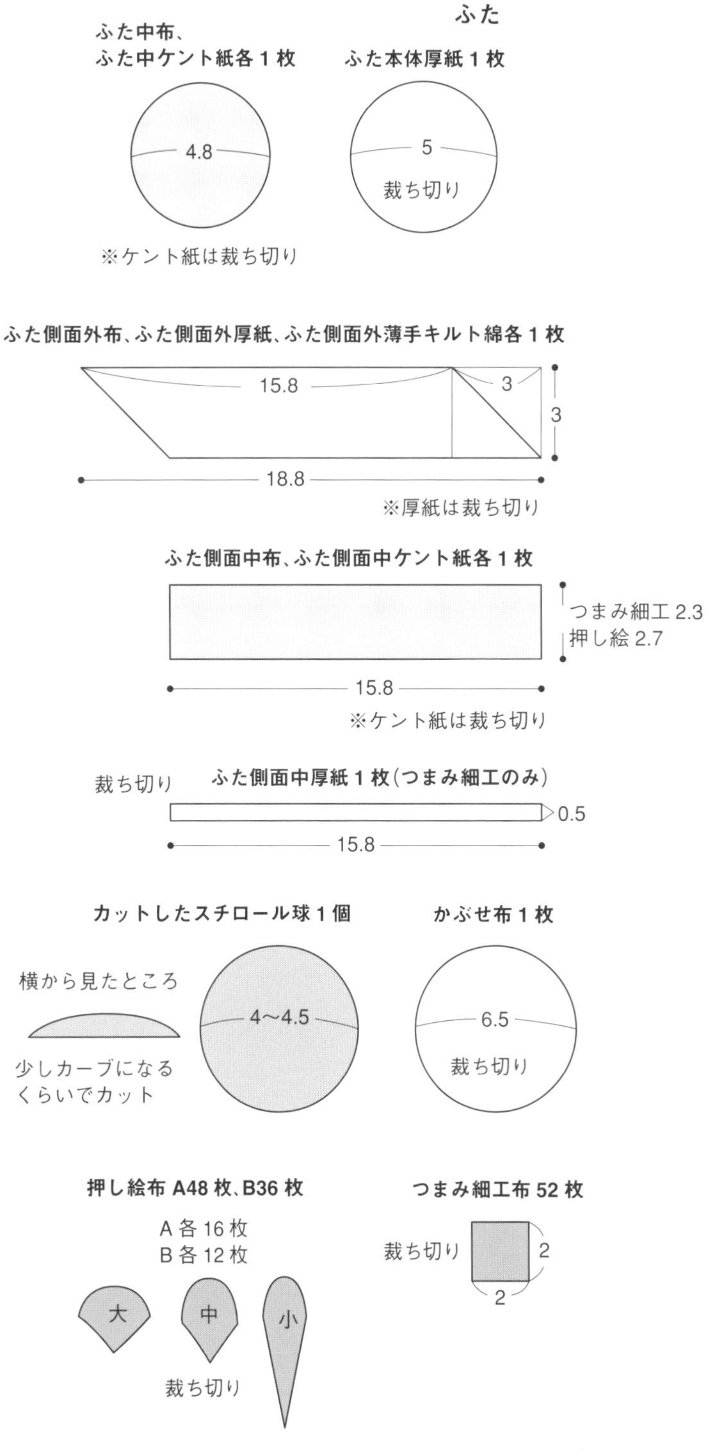
ふた
ふた中布、
ふた中ケント紙各１枚
4.8
※ケント紙は裁ち切り
ふた本体厚紙１枚
5
裁ち切り
ふた側面外布、ふた側面外厚紙、ふた側面外薄手キルト綿各１枚
15.8
3
3
18.8
※厚紙は裁ち切り
ふた側面中布、ふた側面中ケント紙各１枚
つまみ細工 2.3
押し絵 2.7
15.8
※ケント紙は裁ち切り
裁ち切り
ふた側面中厚紙１枚(つまみ細工のみ)
0.5
15.8
カットしたスチロール球１個
横から見たところ
少しカーブになる
くらいでカット
4〜4.5
かぶせ布１枚
6.5
裁ち切り
押し絵布 A48 枚、B36 枚
A 各 16 枚
B 各 12 枚
大
中
小
裁ち切り
つまみ細工布 52 枚
裁ち切り
2
2

**ふた上の形の違い**

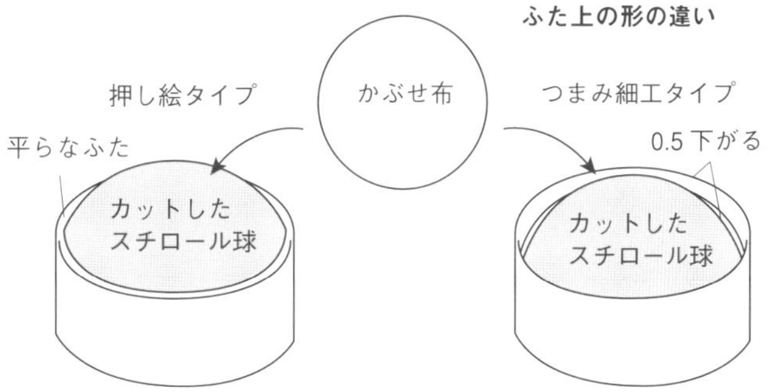
押し絵タイプ
かぶせ布
つまみ細工タイプ
平らなふた
0.5 下がる
カットした
スチロール球
カットした
スチロール球

つまみ細工は一段下がったふたの上に、押し絵タイプは
平らなふた（ふた上がついていない基本のかぶせぶた）の上に
カットしたスチロール球をのせ、かぶせ布を重ねて余分をカットし
ボンドでつける

## 身

**身底裏布、身底裏ケント紙、**
**身底中布、身底中ケント紙各１枚**

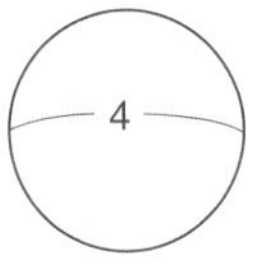
4

※ケント紙は裁ち切り

**身底本体厚紙１枚**

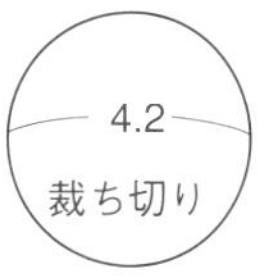
4.2
裁ち切り

**身側面外布、身側面外厚紙、身側面外薄手キルト綿各１枚**

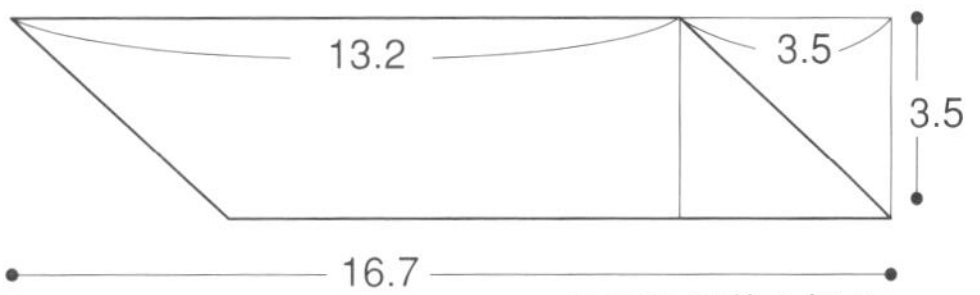
13.2
3.5
3.5
16.7

※厚紙は裁ち切り

**身側面中布、身側面中ケント紙各１枚**

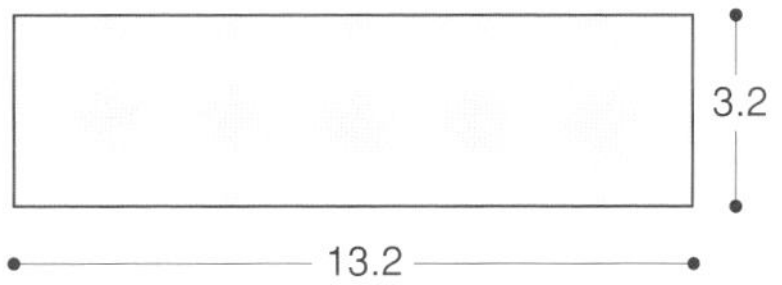
3.2
13.2

※ケント紙は裁ち切り

**A**

**B**

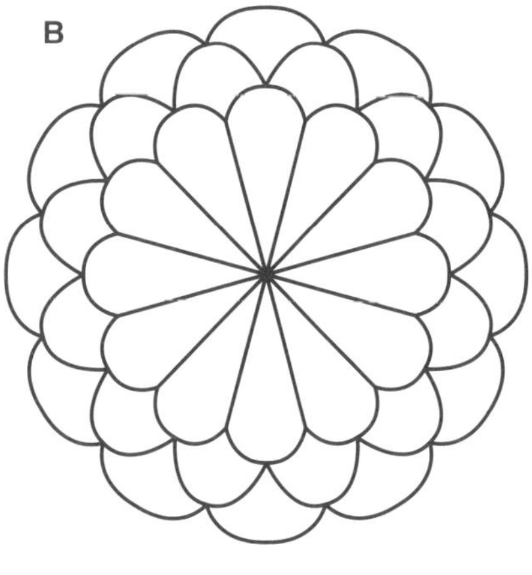

*P.40*

# 11月 秋の和菓子 箱 巻き箱

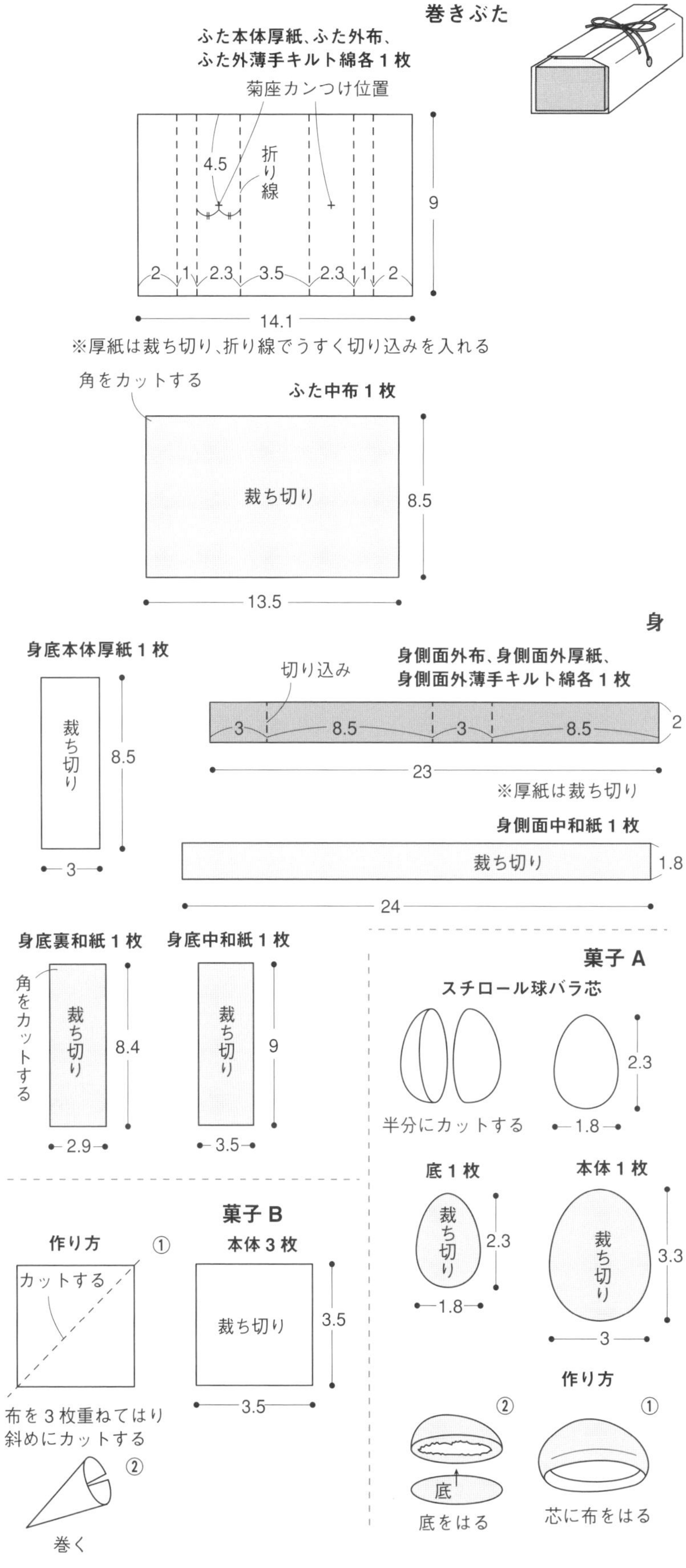

巻きぶた
ふた本体厚紙、ふた外布、
ふた外薄手キルト綿各１枚
菊座カンつけ位置
4.5
折り線
9
2 1 2.3 3.5 2.3 1 2
14.1
※厚紙は裁ち切り、折り線でうすく切り込みを入れる
角をカットする
ふた中布１枚
裁ち切り
8.5
13.5
身
身底本体厚紙１枚
裁ち切り
8.5
3
切り込み
身側面外布、身側面外厚紙、
身側面外薄手キルト綿各１枚
3 8.5 3 8.5
2
23
※厚紙は裁ち切り
身側面中和紙１枚
裁ち切り
1.8
24
身底裏和紙１枚
角をカットする
裁ち切り
8.4
2.9
身底中和紙１枚
裁ち切り
9
3.5
菓子 A
スチロール球バラ芯
半分にカットする
2.3
1.8
底１枚
裁ち切り
2.3
1.8
本体１枚
裁ち切り
3.3
3
作り方
②
①
底
底をはる
芯に布をはる
菓子 B
作り方
①
カットする
布を３枚重ねてはり
斜めにカットする
②
巻く
本体３枚
裁ち切り
3.5
3.5


**材料**

**・箱**

ふた外用布20×15cm　ふた中用布15×10cm　身側面外用布25×5cm　身底中用和紙（身側面中、身底裏分含む）25×10cm　直径0.6cm菊座カン2個　直径0.15cm組ひも30cm　薄手キルト綿、厚紙、両面接着シート各適宜

**・和菓子**

和菓子用布各種　直径2cmスチロール球、直径1.5cm棒状スチロール、直径1.8cmスチロール球バラ芯、28番ワイヤー、薄手キルト綿、ケント紙、両面接着シート各適宜

**出来上がり寸法**　箱9×4×3cm

**作り方のポイント**

●箱の作り方は60ページ、和菓子の作り方は44・45ページ参照。
●布の裏にはすべてに両面接着シートをはる。
●布の折り代は0.5～1cmつける。
●ふたと側面の薄手キルト綿は大きめにカットしておき、厚紙にはってからそろえてカットする。
●和菓子は好みのものをアレンジして作るとよい。

**作り方**

①60ページを参照して、巻き箱を作る。
②44・45ページを参照して和菓子を作って箱の中に入れる。

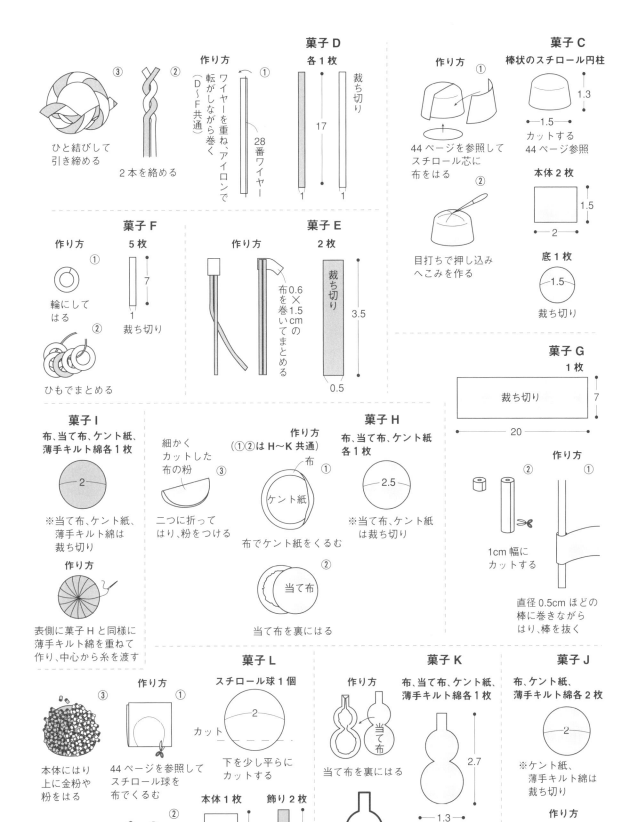

## 菓子C

**棒状のスチロール円柱**

1.3

1.5

カットする
44ページ参照

**本体2枚**

1.5

2

**底1枚**

1.5

裁ち切り

**作り方**

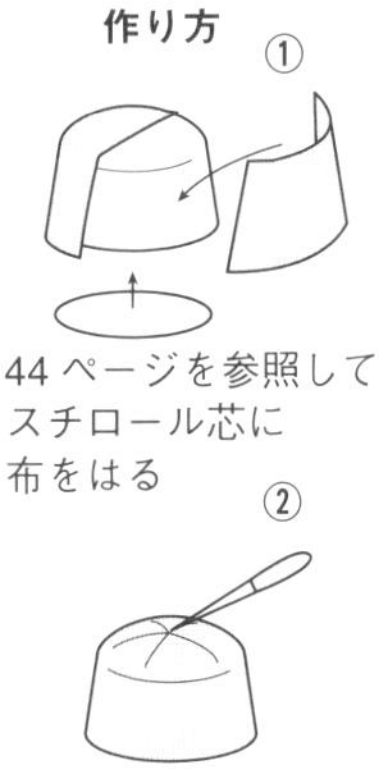

① 44ページを参照して
スチロール芯に
布をはる

② 目打ちで押し込み
へこみを作る

## 菓子D

**各1枚**

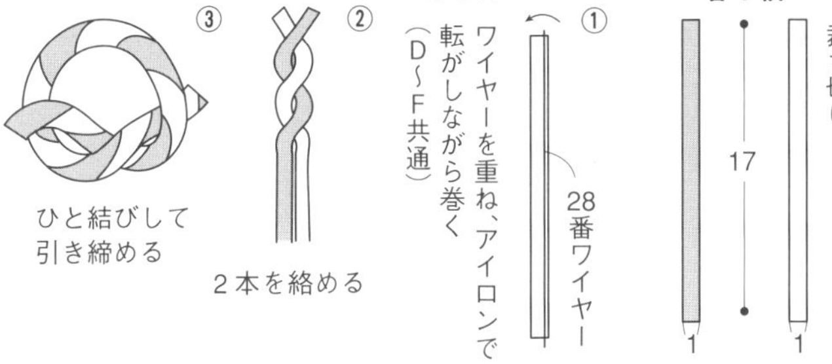

17
1
1
裁ち切り
28番ワイヤー


**作り方**

① ワイヤーを重ね、アイロンで転がしながら巻く（D～F共通）

② 2本を絡める

③ ひと結びして
引き締める

## 菓子E

**2枚**

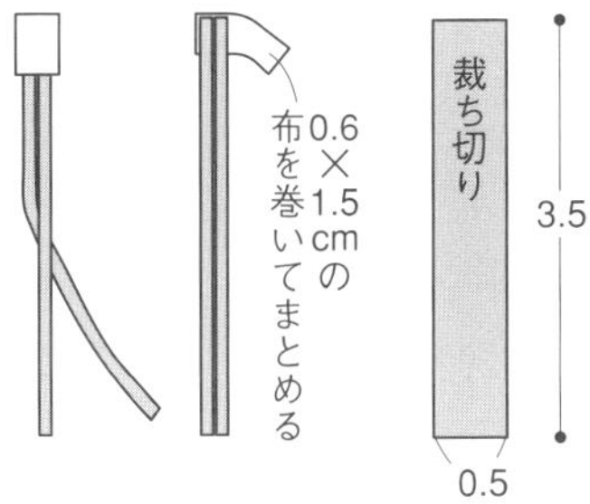

裁ち切り
3.5
0.5


**作り方**

0.6×1.5cmの布を巻いてまとめる

## 菓子F

**5枚**

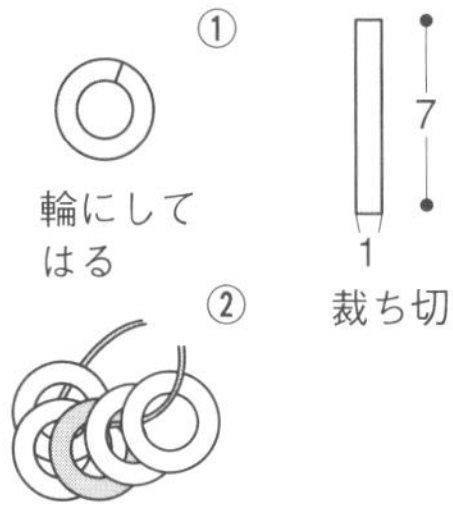

7
1


裁ち切り

**作り方**

① 輪にして
はる

② ひもでまとめる

## 菓子G

**1枚**

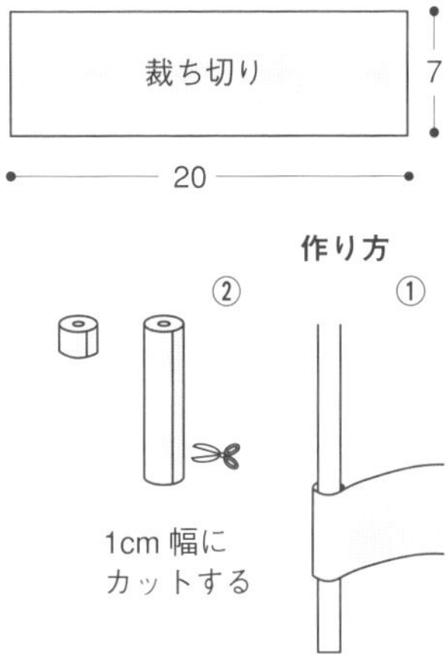

裁ち切り
7
20


**作り方**

① 直径0.5cmほどの
棒に巻きながら
はり、棒を抜く

② 1cm幅に
カットする

## 菓子H

**布、当て布、ケント紙**
**各1枚**

2.5

※当て布、ケント紙
は裁ち切り

**作り方**
**（①②はH～K共通）**

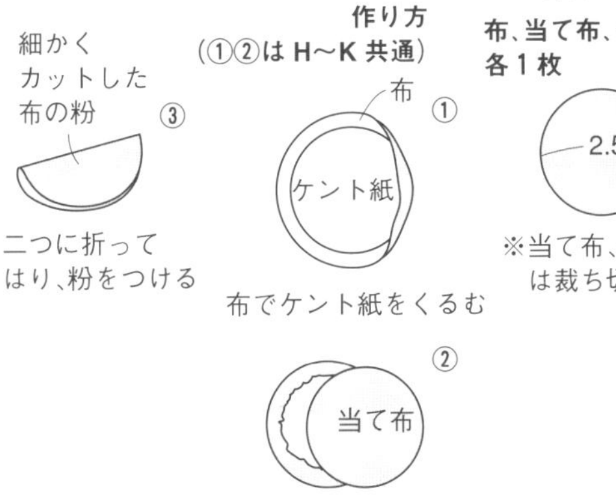

布
ケント紙
当て布
細かく
カットした
布の粉


① 布でケント紙をくるむ

② 当て布を裏にはる

③ 二つに折って
はり、粉をつける

## 菓子I

**布、当て布、ケント紙、**
**薄手キルト綿各1枚**

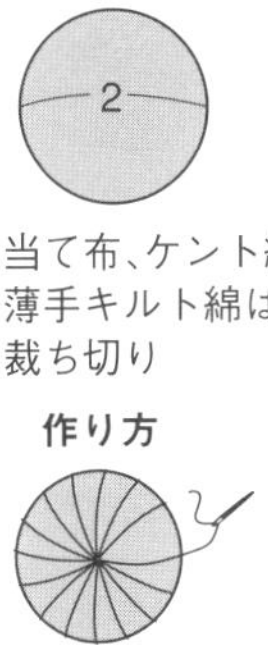

2


※当て布、ケント紙、
薄手キルト綿は
裁ち切り

**作り方**

表側に菓子Hと同様に
薄手キルト綿を重ねて
作り、中心から糸を渡す

## 菓子J

**布、ケント紙、**
**薄手キルト綿各2枚**

2

※ケント紙、
薄手キルト綿は
裁ち切り

**作り方**

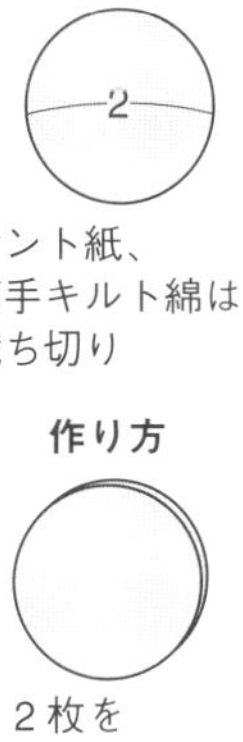

2枚を
はり合わせる

## 菓子K

**布、当て布、ケント紙、**
**薄手キルト綿各1枚**

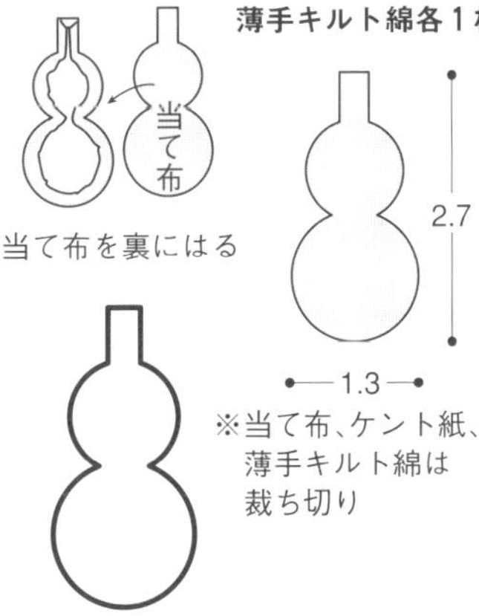

当て布
2.7
1.3


※当て布、ケント紙、
薄手キルト綿は
裁ち切り

**作り方**

当て布を裏にはる

## 菓子L

**スチロール球1個**

2

カット

下を少し平らに
カットする

**本体1枚**

裁ち切り

10

5

**飾り2枚**

裁ち切り

15

1

**作り方**

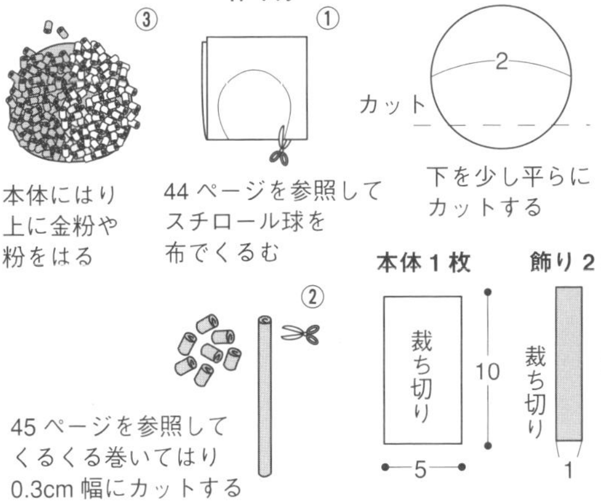

① 44ページを参照して
スチロール球を
布でくるむ

② 45ページを参照して
くるくる巻いてはり
0.3cm幅にカットする

③ 本体にはり
上に金粉や
粉をはる

P.42

# 11月 秋の和菓子箱　重箱

**材料**

**・箱**

ふた上用布（ふた側面外、身側面外、手提げ盆側面外、手提げ盆持ち手外分含む）30×40cm

ふた中布（ふた側面中、身側面中、身底中、身底裏、手提げ盆底中、手提げ盆底裏、手提げ盆側面中、手提げ盆持ち手中分含む）35×50cm　キルト綿、薄手キルト綿、厚紙、ケント紙、両面接着シート各適宜

**・和菓子**

和菓子用布各種　直径2.5・3cmスチロール球、直径3cm棒状スチロール、28番ワイヤー、素玉ペップ、薄手キルト綿、ケント紙、両面接着シート、金箔各適宜

**出来上がり寸法**　箱8.2×8.2×7cm　和菓子直径3cm

**作り方のポイント**

●箱の作り方は48・56ページ参照。和菓子の作り方は44・45ページ参照。

●布の裏にはすべてに両面接着シートをはる。

●布の折り代は0.5～1cmつける。

●ふた上のキルト綿や側面の薄手キルト綿は大きめにカットしておき、厚紙にはってからそろえてカットする。

●側面中のケント紙や厚紙は長めに用意しておき、実際に内側に合わせて長さを調整してから布でくるむとよい。

**作り方**

①48・56ページを参照して、印籠ぶたの箱を作る。

②44・45ページを参照して和菓子を作って箱の中に入れる。

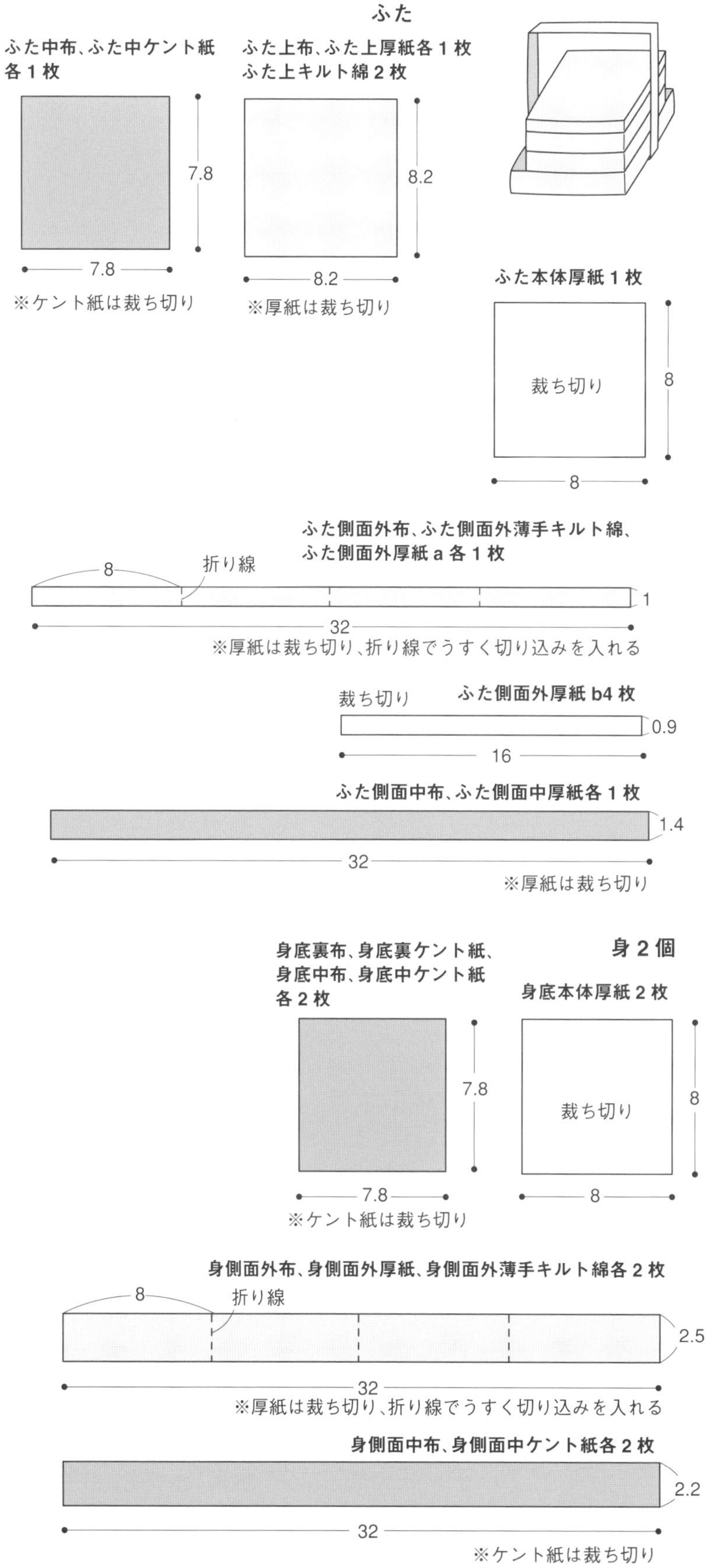
ふた
ふた中布、ふた中ケント紙各1枚
7.8
7.8
※ケント紙は裁ち切り
ふた上布、ふた上厚紙各1枚
ふた上キルト綿2枚
8.2
8.2
※厚紙は裁ち切り
ふた本体厚紙1枚
裁ち切り
8
8
ふた側面外布、ふた側面外薄手キルト綿、ふた側面外厚紙a各1枚
8
折り線
1
32
※厚紙は裁ち切り、折り線でうすく切り込みを入れる
裁ち切り
ふた側面外厚紙b4枚
0.9
16
ふた側面中布、ふた側面中厚紙各1枚
1.4
32
※厚紙は裁ち切り
身2個
身底裏布、身底裏ケント紙、身底中布、身底中ケント紙各2枚
7.8
7.8
※ケント紙は裁ち切り
身底本体厚紙2枚
裁ち切り
8
8
身側面外布、身側面外厚紙、身側面外薄手キルト綿各2枚
8
折り線
2.5
32
※厚紙は裁ち切り、折り線でうすく切り込みを入れる
身側面中布、身側面中ケント紙各2枚
2.2
32
※ケント紙は裁ち切り

## 手提げ盆

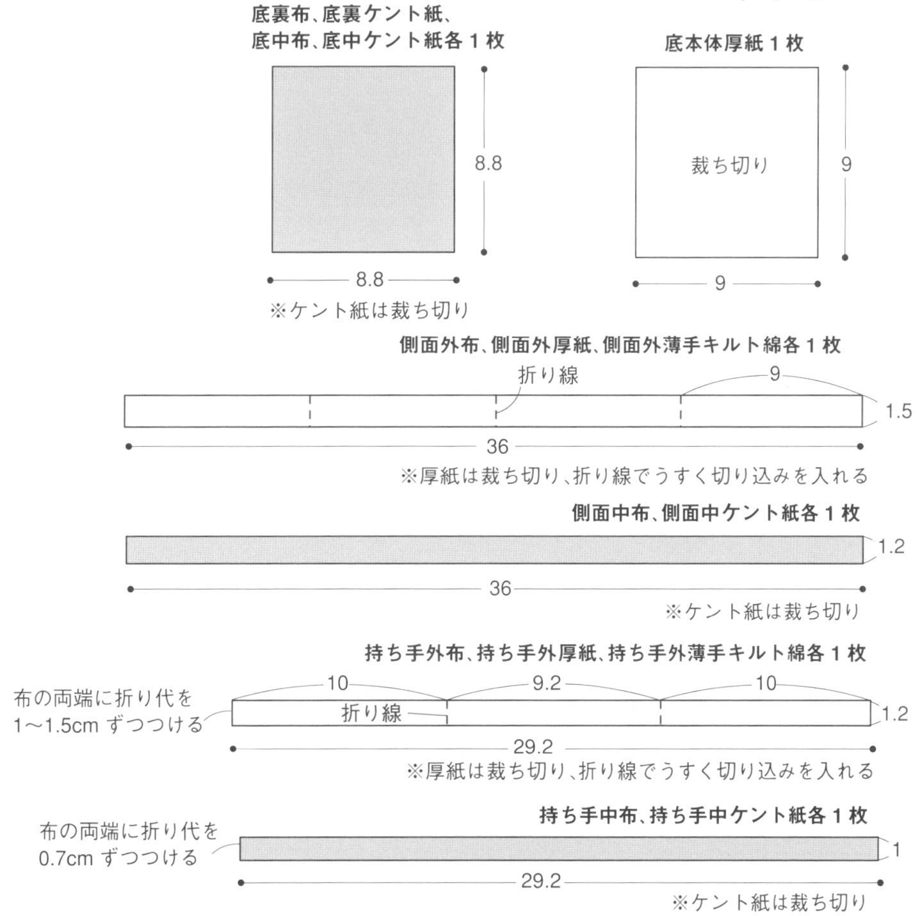

底裏布、底裏ケント紙、
底中布、底中ケント紙各１枚
8.8
8.8
※ケント紙は裁ち切り
底本体厚紙１枚
裁ち切り
9
9
側面外布、側面外厚紙、側面外薄手キルト綿各１枚
折り線
9
1.5
36
※厚紙は裁ち切り、折り線でうすく切り込みを入れる
側面中布、側面中ケント紙各１枚
1.2
36
※ケント紙は裁ち切り
持ち手外布、持ち手外厚紙、持ち手外薄手キルト綿各１枚
布の両端に折り代を
1〜1.5cm ずつつける
10
9.2
10
折り線
1.2
29.2
※厚紙は裁ち切り、折り線でうすく切り込みを入れる
持ち手中布、持ち手中ケント紙各１枚
布の両端に折り代を
0.7cm ずつつける
1
29.2
※ケント紙は裁ち切り


## 半円和菓子

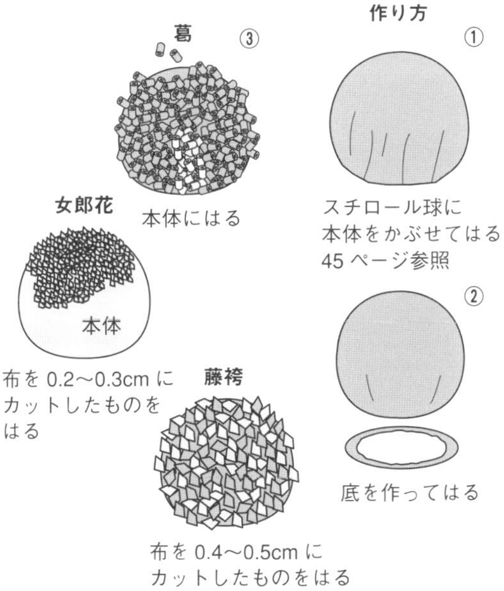

作り方
①
スチロール球に
本体をかぶせてはる
45 ページ参照
②
底を作ってはる
葛
③
本体にはる
女郎花
本体
布を 0.2〜0.3cm に
カットしたものを
はる
藤袴
布を 0.4〜0.5cm に
カットしたものをはる


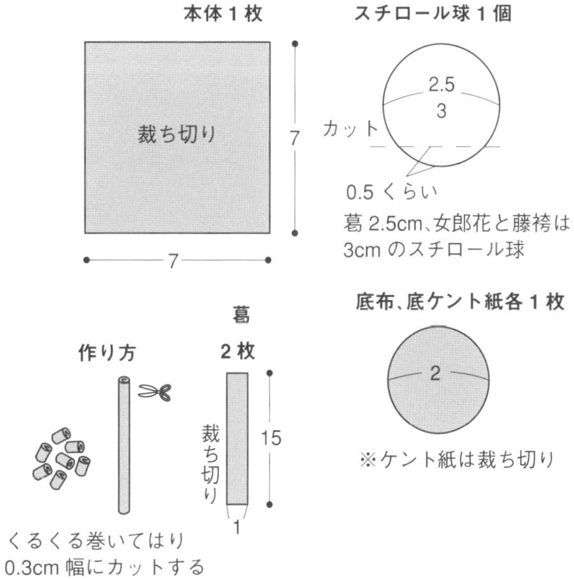

本体１枚
裁ち切り
7
7
スチロール球１個
2.5
3
カット
0.5 くらい
葛 2.5cm、女郎花と藤袴は
3cm のスチロール球
底布、底ケント紙各１枚
2
※ケント紙は裁ち切り
作り方
くるくる巻いてはり
0.3cm 幅にカットする
葛
2 枚
裁ち切り
15
1

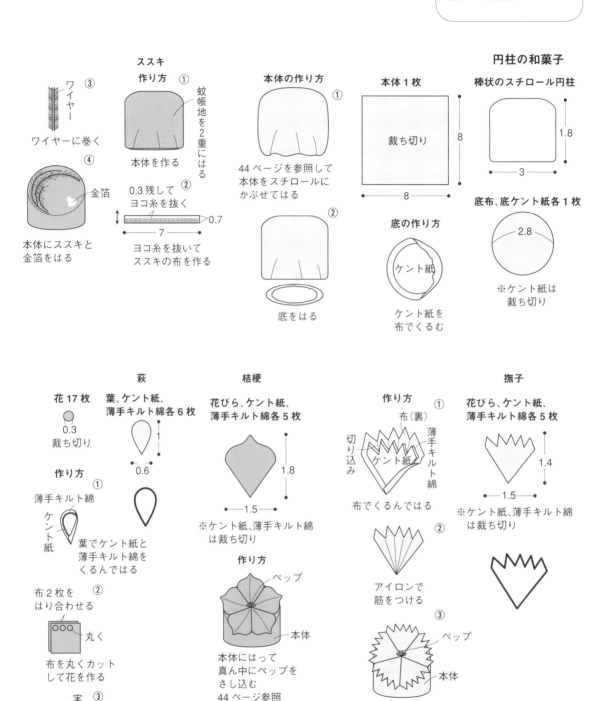

P.42

## 11月 秋の和菓子 箱 重箱

### ススキ

作り方

③

ワイヤー

ワイヤーに巻く

④

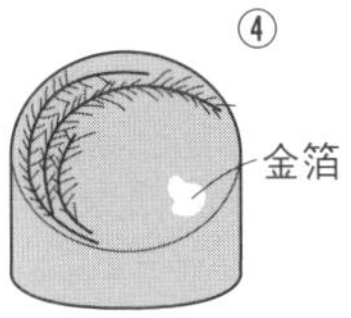
金箔

本体にススキと金箔をはる

①

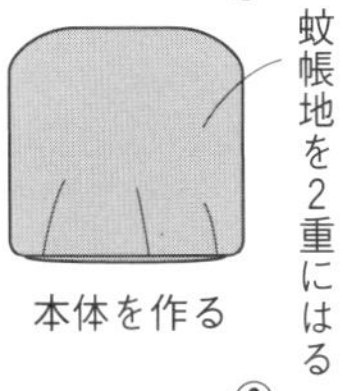
蚊帳地を2重にはる

本体を作る

②

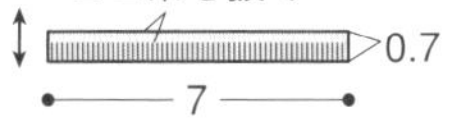
0.3残して
ヨコ糸を抜く
0.7
7

ヨコ糸を抜いてススキの布を作る

### 本体の作り方

①

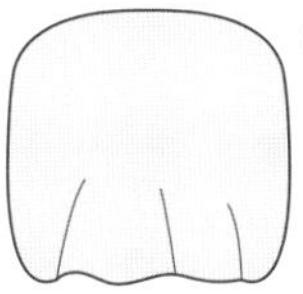

44ページを参照して本体をスチロールにかぶせてはる

②

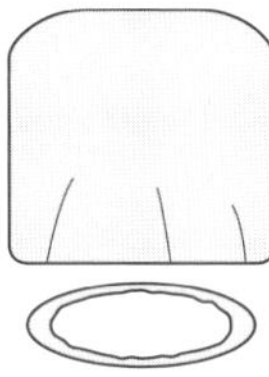

底をはる

### 本体1枚

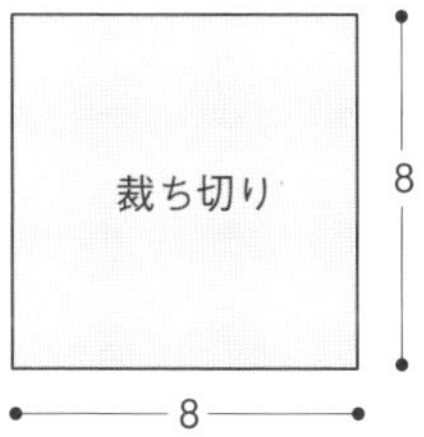
裁ち切り
8
8

### 底の作り方

ケント紙

ケント紙を布でくるむ

### 円柱の和菓子

棒状のスチロール円柱

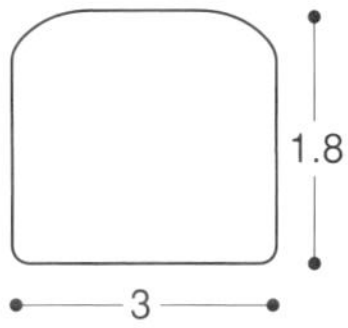
1.8
3

底布、底ケント紙各1枚

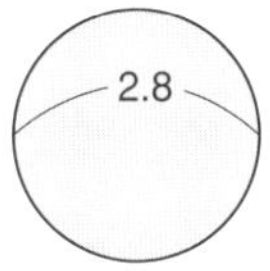
2.8

※ケント紙は裁ち切り

### 萩

花17枚

0.3

裁ち切り

葉、ケント紙、薄手キルト綿各6枚

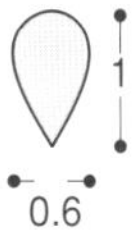
1
0.6

作り方

①

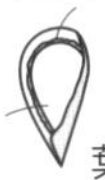
薄手キルト綿
ケント紙

葉でケント紙と薄手キルト綿をくるんではる

②

布2枚をはり合わせる

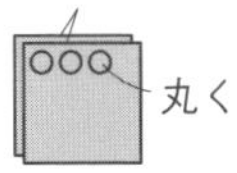
丸く

布を丸くカットして花を作る

③

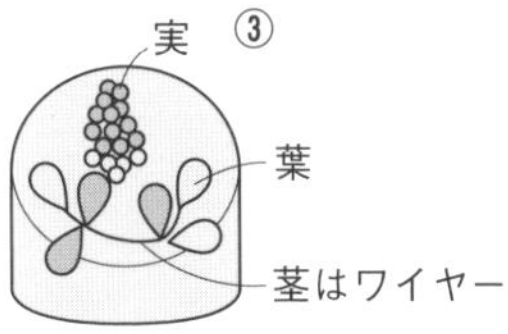
実
葉
茎はワイヤー

花、葉、茎をはる

### 桔梗

花びら、ケント紙、薄手キルト綿各5枚

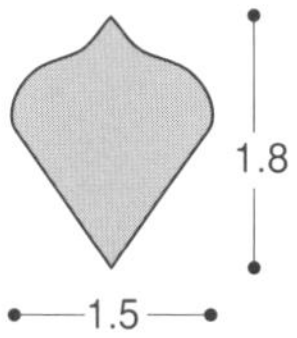
1.8
1.5

※ケント紙、薄手キルト綿は裁ち切り

作り方

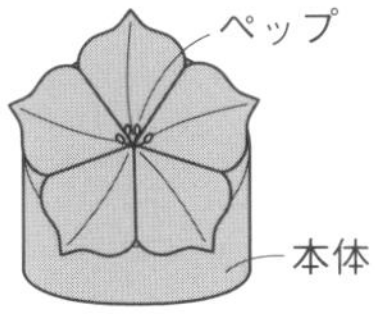
ペップ
本体

本体にはって真ん中にペップをさし込む
44ページ参照

### 撫子

作り方

①

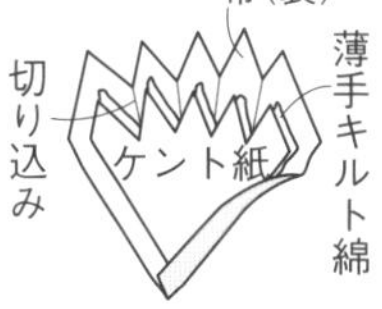
布(裏)
切り込み
ケント紙
薄手キルト綿

布でくるんではる

②

アイロンで筋をつける

③

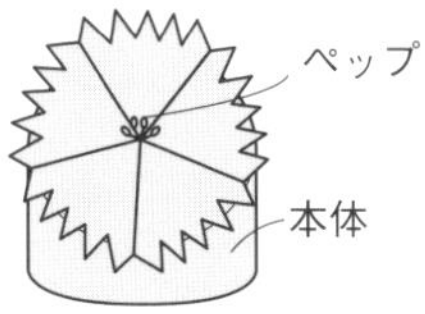
ペップ
本体

本体にはって真ん中にペップをさし込む

花びら、ケント紙、薄手キルト綿各5枚

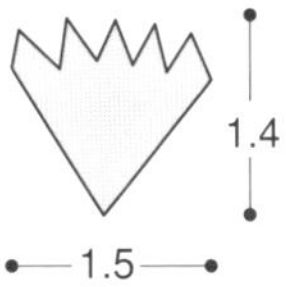
1.4
1.5

※ケント紙、薄手キルト綿は裁ち切り

P.46

# 12月 クリスマスの箱

**材料**

**・箱**

ふた上用布（ふた側面外分含む）25×70cm　ふた中布（ふた側面中布、身側面中布、身底中布分含む）35×70cm　身側面外（身底裏分含む）25×65cm　キルト綿、薄手キルト綿、厚紙、ケント紙、両面接着シート各適宜

**・雪だるま**

本体用布15×10cm　リボン用布15×5cm　帽子用布5×5cm　直径2.5・3cmスチロール球各1個　直径0.3cmビーズ2個　直径0.4cmビーズ1個　つまようじ2本　ケント紙、両面接着シート各適宜

**・ツリー**

大　葉用布（葉底分含む）10×15cm　幹用布（幹底分含む）10×5cm　高さ6cm円錐形スチロール1個　幹用円柱木片1.5×1.5cm1個　直径1cm星形ピン1本　装飾用モール、星形ビーズ、ラインストーン各適宜

小　葉用布（葉底分含む）10×10cm　幹用布（幹底分含む）10×5cm　高さ3cm円錐形スチロール1個　幹用円柱木片1×1.5cm1個　直径1cm星形ピン1本　装飾用モール、星形ビーズ、ラインストーン各適宜

**出来上がり寸法**　箱21.5×17.5×4.5cm　雪だるま高さ5.5cm　ツリー大高さ8cm　小高さ5.5cm

**ふた**

**ふた上布、ふた上厚紙各１枚**
**ふた上キルト綿３枚**

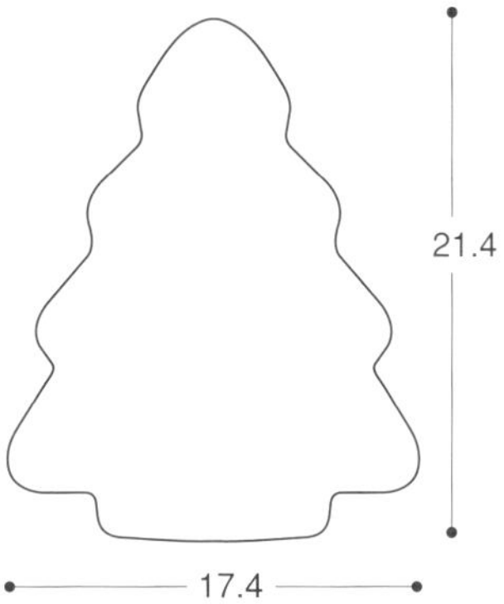
21.4
17.4

※厚紙は裁ち切り

**ふた中布、ふた中ケント紙各１枚**

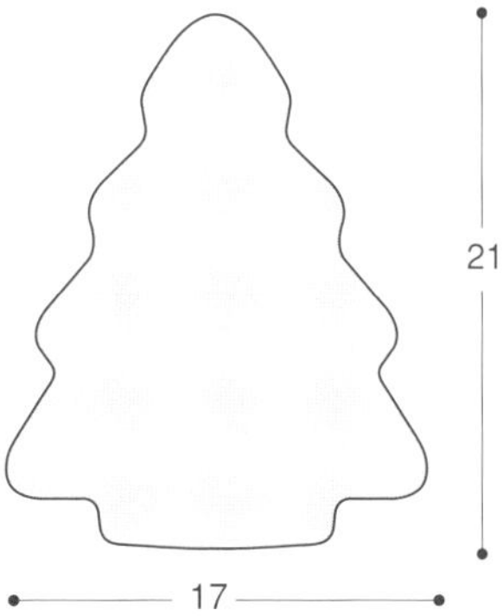
21
17

※ケント紙は裁ち切り

**ふた本体厚紙１枚**

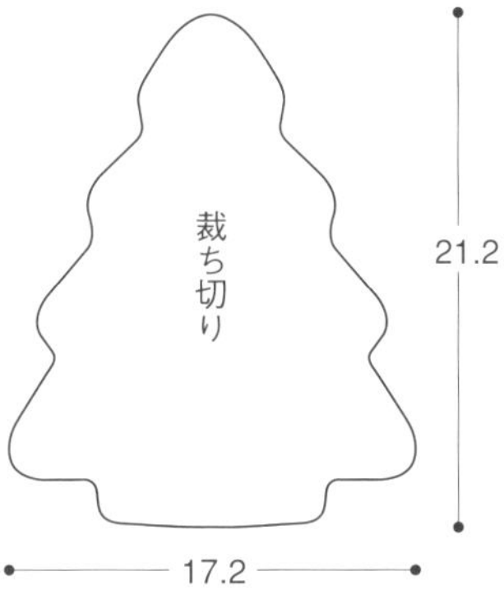
裁ち切り
21.2
17.2

**ふた側面外布、ふた側面外厚紙、ふた側面外薄手キルト綿各１枚**

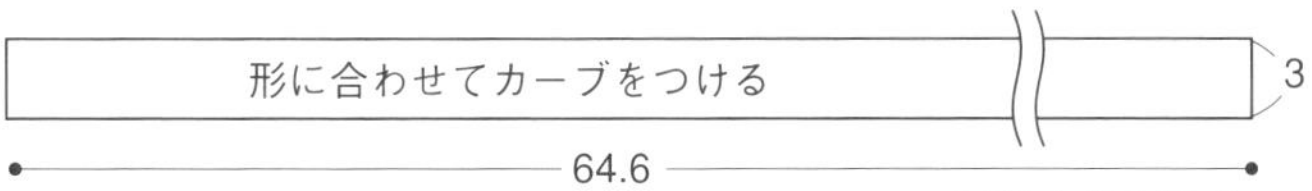
形に合わせてカーブをつける
3
64.6

※厚紙は裁ち切り

**ふた側面中布、ふた側面中ケント紙各１枚**

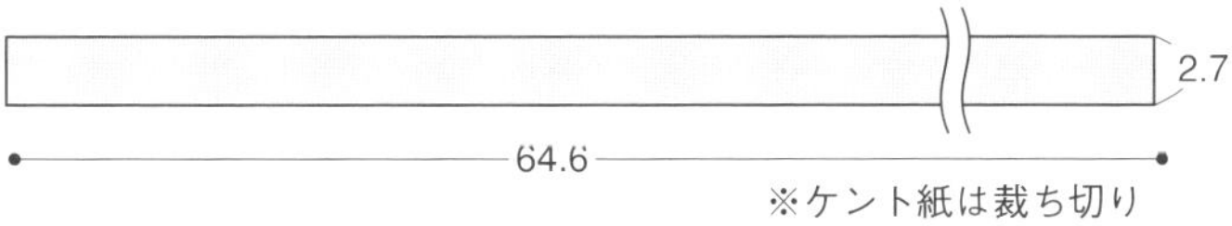
2.7
64.6

※ケント紙は裁ち切り

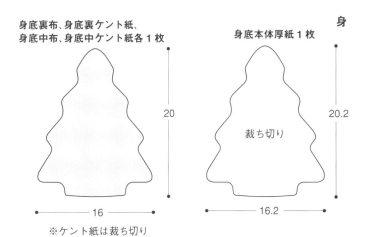

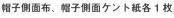

P.46

## 12月 クリスマスの箱

### 作り方のポイント

●箱の作り方は48・51ページ参照。
●布の裏にはすべてに両面接着シートをはる。
●布の折り代は0.5～1cmつける。
●ふた上のキルト綿や側面の薄手キルト綿は大きめにカットしておき、厚紙にはってからそろえてカットする。キルト綿の1枚は厚紙より1～2cm小さくカットする。
●側面中のケント紙は長めに用意しておき、実際に内側に合わせて長さを調整してから布でくるむとよい。
●側面は、ペンなどでしごいてカーブをつけるとよい。
●ツリーは、ベースになるスチロールや指輪立てに合わせて好みの大きさで作る。

### 作り方

①48・51ページを参照して、かぶせぶたの箱を作る。
②雪だるま、ツリーを作って箱の中に入れる。

### 身

**身底裏布、身底裏ケント紙、身底中布、身底中ケント紙各１枚**

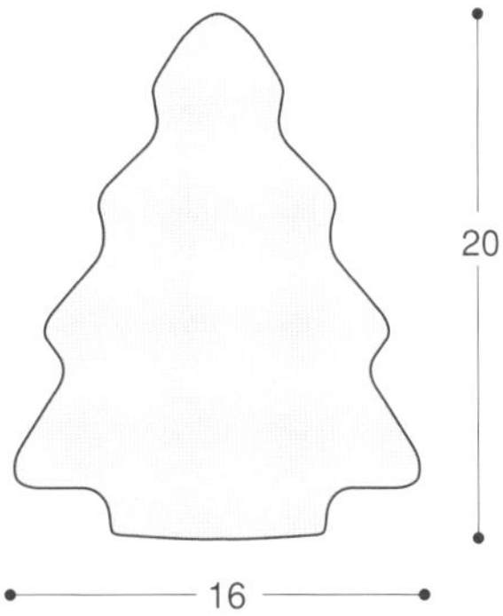
20
16

※ケント紙は裁ち切り

**身底本体厚紙１枚**

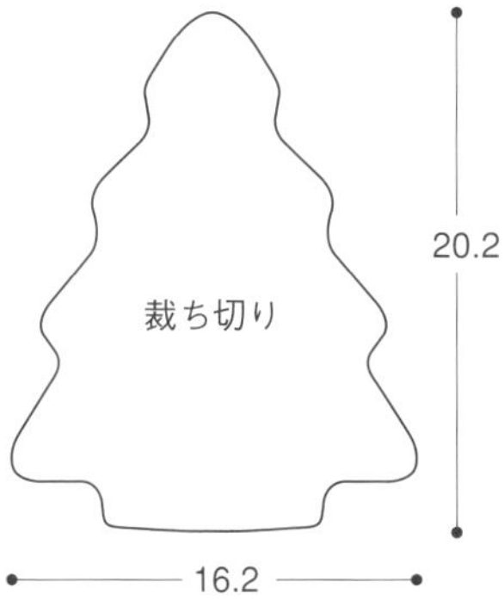
裁ち切り
20.2
16.2

**身側面外布、身側面外厚紙、身側面外薄手キルト綿各１枚**

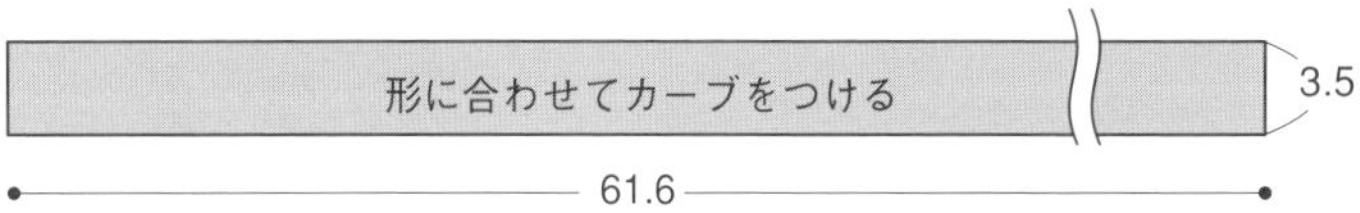
形に合わせてカーブをつける
3.5
61.6

※厚紙は裁ち切り

**身側面中布、身側面中ケント紙各１枚**

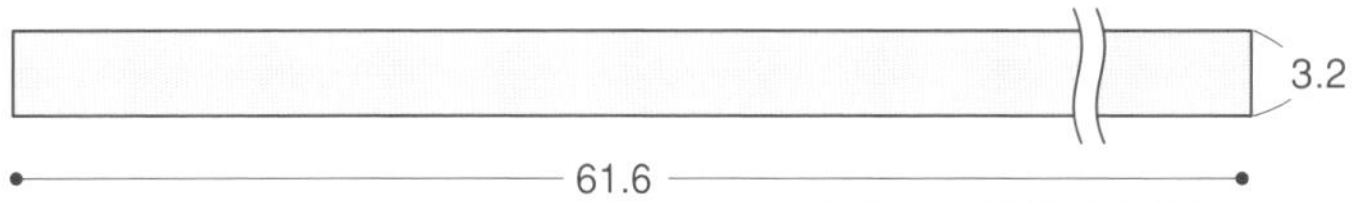
3.2
61.6

※ケント紙は裁ち切り

### 雪だるま

**本体布１枚**

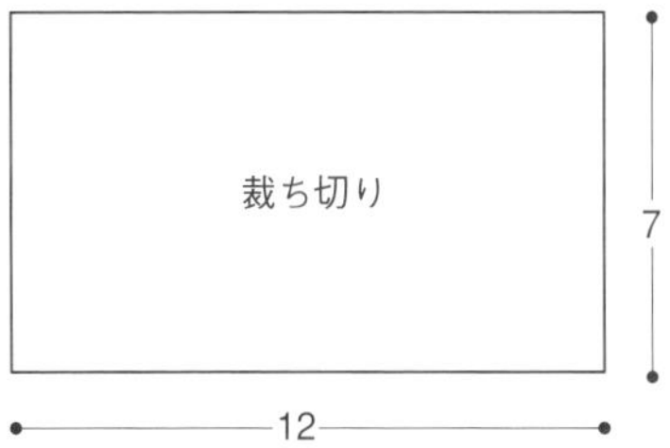
裁ち切り
7
12

**胴用スチロール球１個**

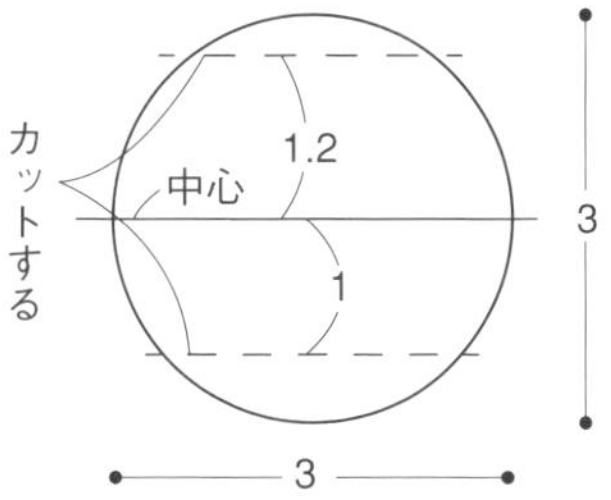
カットする
中心
1.2
1
3
3

**頭用スチロール球１個**

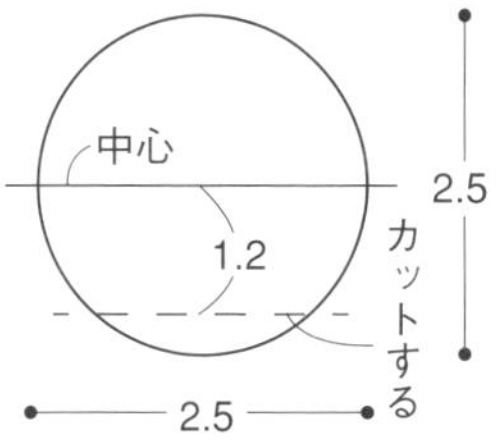
中心
1.2
2.5
カットする
2.5

**底布、底ケント紙各１枚**

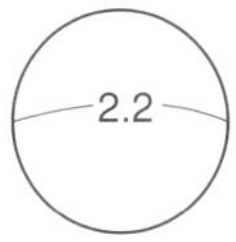
2.2

※ケント紙は裁ち切り

**帽子の作り方**

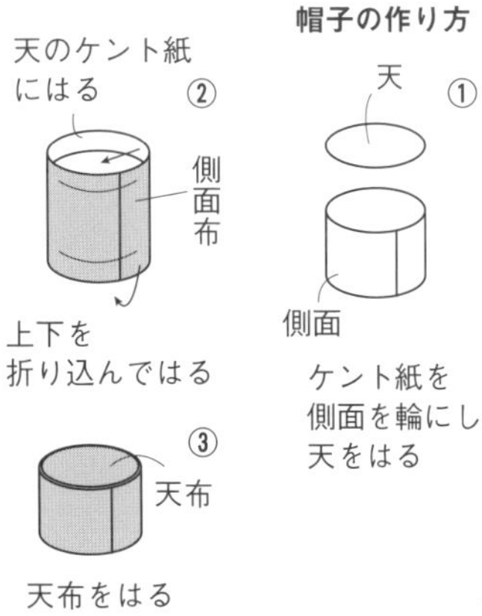
天
①
側面
ケント紙を
側面を輪にし
天をはる
天のケント紙
にはる
②
側面布
上下を
折り込んではる
③
天布
天布をはる

**リボン１枚**

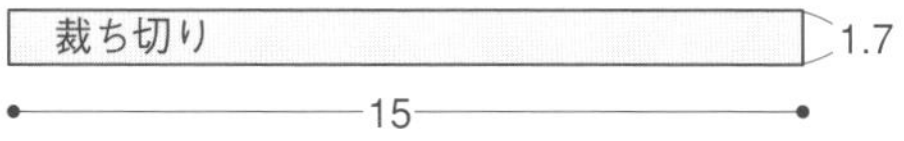
裁ち切り
1.7
15

**腕２本**

3.2
つまようじに
黒く色をぬり
カットする

**リボンの作り方**

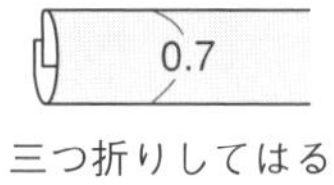
0.7
三つ折りしてはる

**底の作り方**

ケント紙
ケント紙を
くるんではる

**帽子側面布、帽子側面ケント紙各１枚**

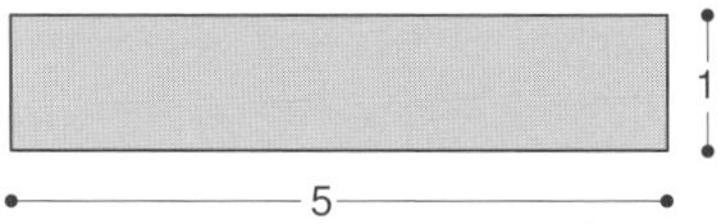
1
5

※ケント紙は裁ち切り

**帽子天布、帽子天ケント紙各１枚**

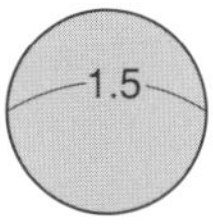
1.5

裁ち切り

## 雪だるまの作り方

①

頭
胴

スチロール球を
はり合わせる

②

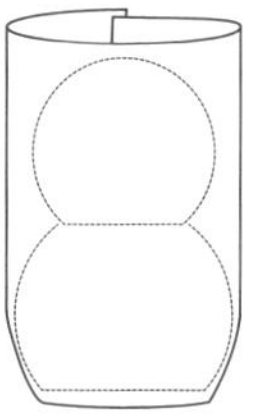

スチロール球に布を
巻き、形に沿ってはる

③

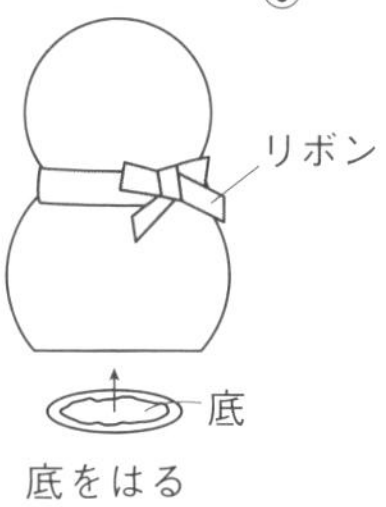
リボン
底
底をはる

首の位置に
リボンを巻き
底をはる

④

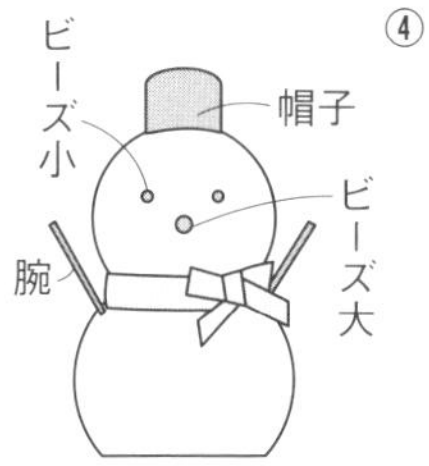
ビーズ小
帽子
ビーズ大
腕

目打ちで穴をあけて
ボンドをつけ、目、鼻を
埋め込むようにはり
腕を差し込む

## ツリー

### 幹

**木片１個**

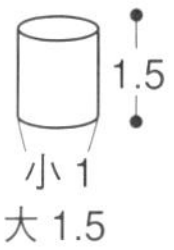
1.5
小１
大 1.5

**幹布１枚（共通）**

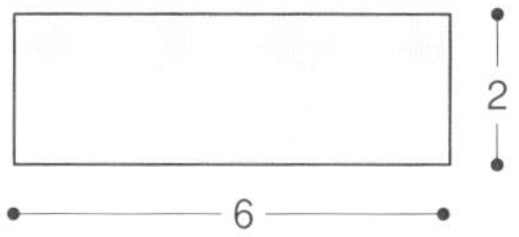
2
6

**幹底布２枚**
**幹底ケント紙１枚**

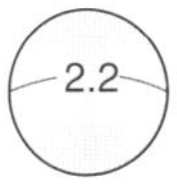
2.2

※ケント紙と布の
１枚は裁ち切り

**幹底の作り方**

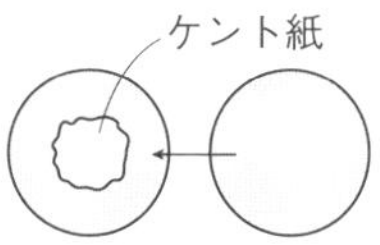
ケント紙

ケント紙を布でくるみ
裁ち切りの底布をはる

**幹の作り方**

①

木片

木片に
幹布を巻く

②

上下を
折り込んで
はる

③

底

底をはる

### 葉

**葉底布、底ケント紙**
**各１枚（共通）**

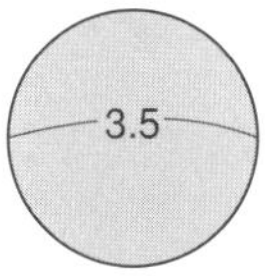
3.5

※ケント紙は裁ち切り

**好みのサイズの円錐形のスチロール**
**または指輪立て１個**

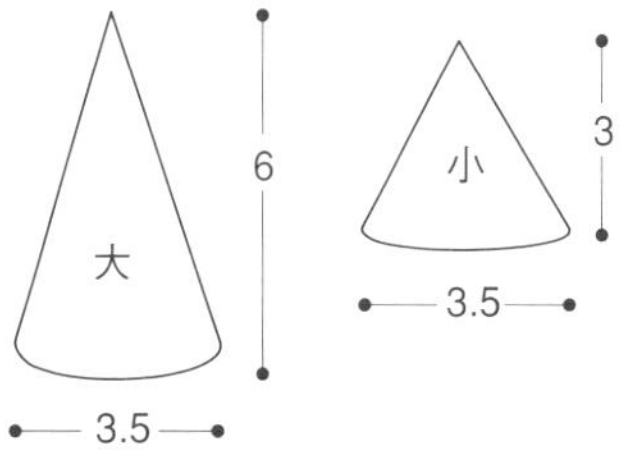
6
大
3.5
3
小
3.5

**葉１枚**

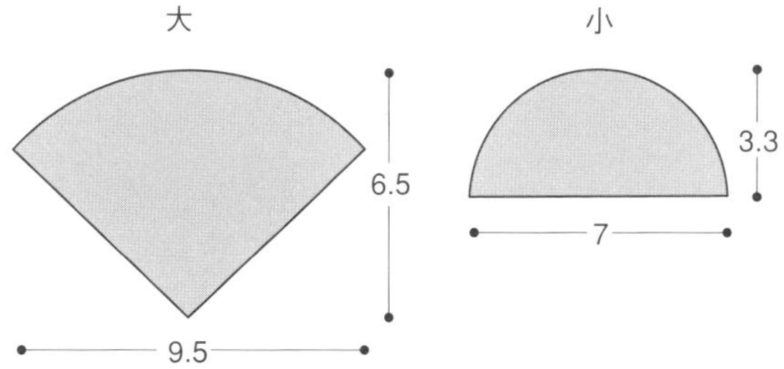
大
小
6.5
9.5
3.3
7

**葉の作り方**

①

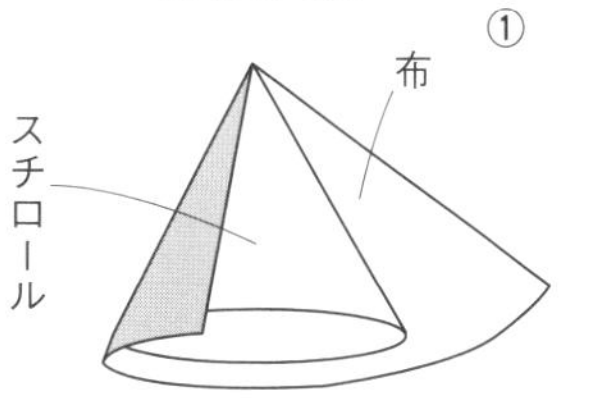
布
スチロール

スチロールに布を巻き
底側を折り込む

②

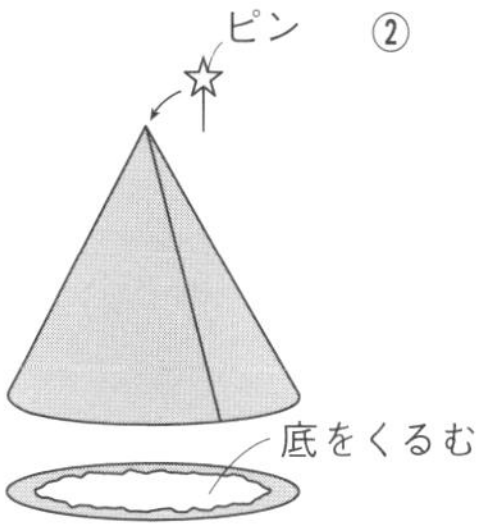
ピン
底をくるむ

底をはり
頂点にピンを刺す

**まとめ方**

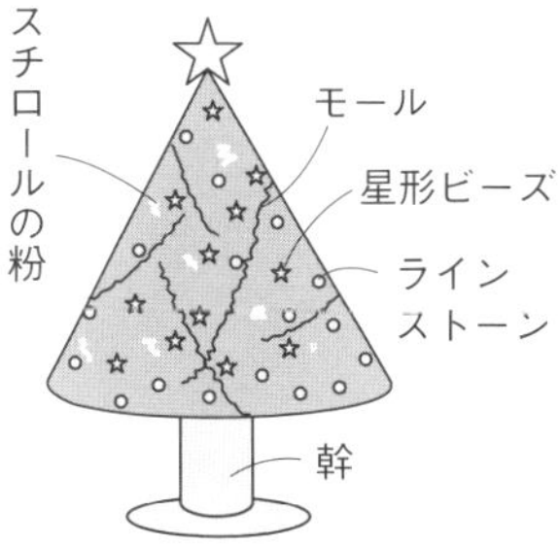
スチロールの粉
モール
星形ビーズ
ライン
ストーン
幹

幹を葉の底にはり
飾りをはる

P.46

# 12月 クリスマスの箱

80%縮小型紙、125%拡大して使用してください

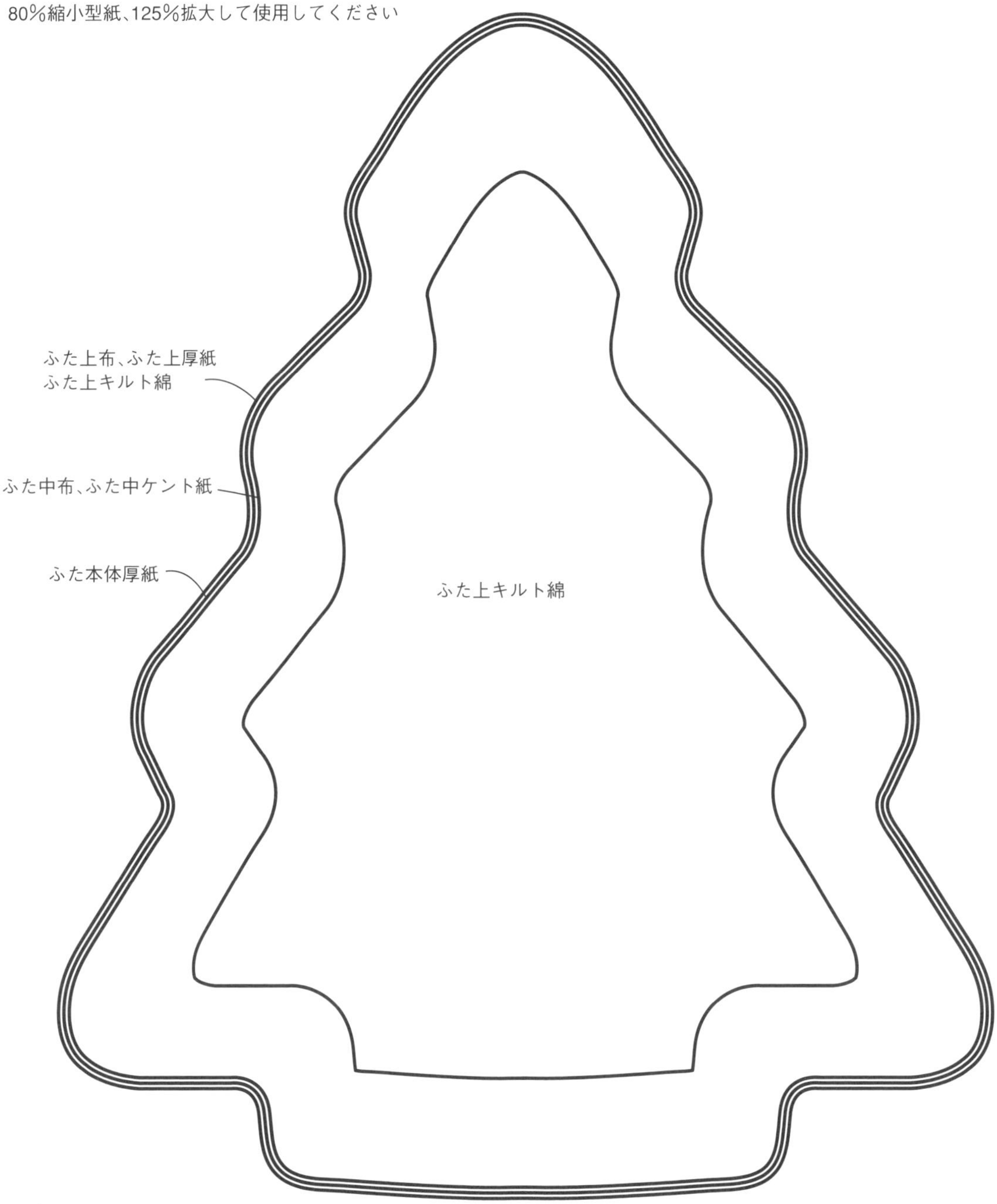
ふた上布、ふた上厚紙
ふた上キルト綿
ふた中布、ふた中ケント紙
ふた本体厚紙
ふた上キルト綿

80%縮小型紙、125%拡大して使用してください

## ツリー

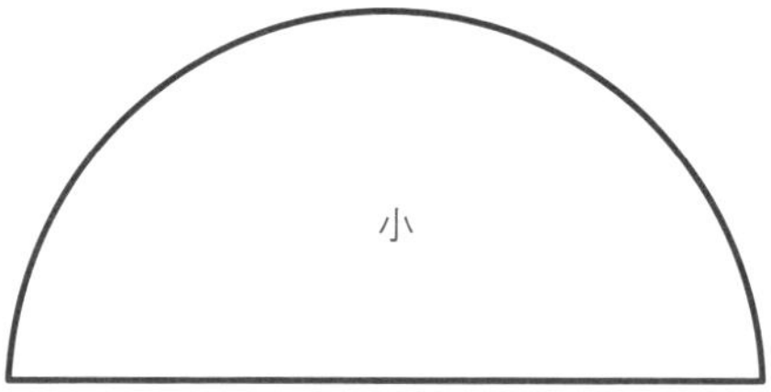
小

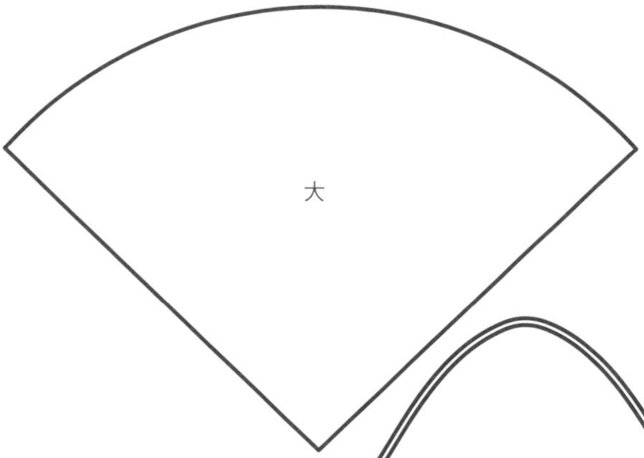
大

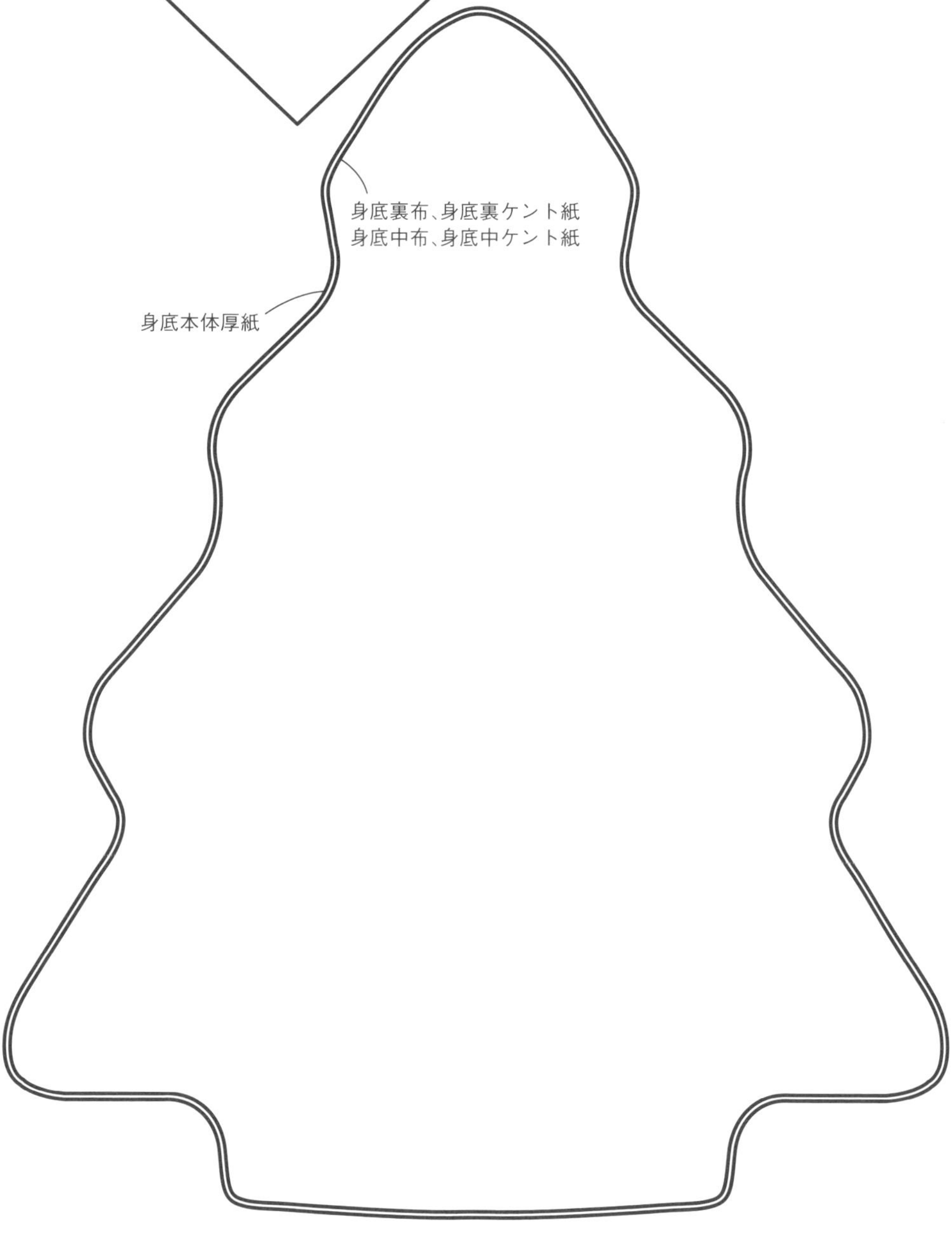
身底裏布、身底裏ケント紙
身底中布、身底中ケント紙
身底本体厚紙

## 西浦美喜子
*Mikiko Nishiura*

１９４８年生まれ、香川県出身。和布の小物作家。東京、大阪でグループ展に出品、２００９年、２０１３年には大阪で個展を開催。箱にかわいい押し絵や小物をあしらった季節感のある作品が人気。東大阪市でちりめん教室を開いている。


◆材料が購入できるお店

**古布おざき**
〒５６２-００２７
大阪府箕面市石丸２-７-８
ＴＥＬ・ＦＡＸ ０７２-７２９-９１２７
古布専門店。絹物、とくにちりめんの品ぞろえが充実しており、布の相談にものってもらえる。ｗｅｂと電話での販売が中心で、店舗での購入は予約制。イベントへの出展も多いので、ＨＰでご確認を。
http://www.kofuozaki.com

◆スタッフ

撮影…………山本和正
デザイン……中田聡美
作り方………大島幸
編集…………恵中綾子（グラフィック社）


# 十二か月の和の小箱と飾り物
飾って使える 愛らしいひとそろい

２０２０年11月25日　初版第１刷発行

著　者　西浦美喜子
発行者　長瀬 聡
発行所　株式会社グラフィック社
〒１０２-００７３
東京都千代田区九段北１-14-17
ＴＥＬ　０３-３２６３-４３１８（代表）
　　　　０３-３２６３-４５７９（編集）
ＦＡＸ　０３-３２６３-５２９７
郵便振替　００１３０-６-１１４３４５
http://www.graphicsha.co.jp

印刷製本　図書印刷株式会社




ISBN978-4-7661-3353-0　C2076